"사람들은 저에게 퇴임 후에는
또 무슨 일을 할 것이냐고 묻기도 합니다.
그럴 때면 저는 '느낌이 좋은 사람이 되고 싶다'고
선문답을 합니다. 하루하루를 침묵 속에
지내다보면 마음은 절로 조용해집니다."

● 박청수

어머니가 가르쳐준 길

박청수 교무의 아름다운 삶 이야기

한길사

어머니가 가르쳐준 길
박청수 교무의 아름다운 삶 이야기

지은이 · 박청수
펴낸이 · 김언호
펴낸곳 · (주)도서출판 한길사

등록 · 1976년 12월 24일 제74호
주소 · 413-756 경기도 파주시 교하읍 문발리 520-11
www.hangilsa.co.kr
E-mail: hangilsa@hangilsa.co.kr
전화 · 031-955-2000~3   팩스 · 031-955-2005

상무이사 · 박관순 | 영업이사 · 곽명호
편집 · 박희진 이지은 임소정 | 전산 · 김현정
경영기획 · 김관영 | 마케팅 및 제작 · 이경호 박유진
관리 · 이중환 김호민 문주상 장비연 김선희

CTP 출력 및 인쇄 · 현문인쇄 | 제본 · 자현제책사

제1판 제1쇄 2011년 11월 25일

값 15,000원
ISBN 978-89-356-6201-2 03810

• 잘못 만들어진 책은 구입하신 서점에서 바꿔드립니다.

이 도서의 국립중앙도서관 출판시도서목록(CIP)은 e-CIP홈페이지(http://www.nl.go.kr/ecip)와
국가 자료공동목록시스템(http://www.nl.go.kr/kolisnet)에서 이용하실 수 있습니다.
(CIP제어번호: 2011004873)

• 차례

너른 세상에 나아가 많은 사람을 위해 일해라 • 책을 펴내며 9

제1장 나의 인생을 열어준 우리 어머니

나의 인생을 열어준 어머니 · 17
내가 하는 일의 큰 후원자 · 29
감사의 집에서 함께하던 날 · 34
어머니의 시집살이 · 45
대성통곡을 했습니다 · 49
달님과의 은밀한 대화 · 62
딱 맞았어, 나는 만족한다 · 72
마지막 떠나시던 날 · 78
백잿날에 드리는 글월 · 85
어머니 장롱 속엔 비단옷감이 차곡차곡 · 96
삶의 이야기가 있는 집 · 105

제2장 나의 교화 체험

활화산 같은 젊은 날의 열정 · 121
고작 짧은 2년 · 126
우이동 수도원 철수 · 132
강남교당의 26년 · 139
엿장사 15년 · 160
마음으로 만난 사람들 · 167
한센병 환자들과 31년 · 175
은퇴 수녀님들과의 아름다운 만남 · 182
뱃속의 아기도 맡아주세요 · 186
탈북청소년을 위한 학교를 세우다 · 190

제3장 누군가를 도와야만 나는 자유롭습니다

스위스로 가는 설레임 · 219
캄보디아 평화원탁회의 · 223
국교도 단절된 캄보디아를 돕다 · 229
설산 라다크로 가는 길 · 247
'마더'라 부르던 아이들 · 254
히말라야에 학교를 세우고 · 261
들지도 못할 무거운 짐, 카루나 병원 · 266
라다크에 생긴 국제선센터 · 279
원주민 인디오들과 춤추다 · 292
아! 아프리카 · 299
가슴 아픈 지구촌의 재앙 · 309
우리의 핏줄 라이따이한 · 312

제4장 큰 스승님들, 마음의 속뜰에서 만난 인연들

제가 늘 지켜보고 있으니 마음 든든하지요? · 317
세정 알아주시던 분 | 법정 스님께 · 323
민심의 향배 바꾸는 영향력 | 김수환 추기경님께 · 329
힘 빠지거든 오세요 | 박완서 선생님께 · 335
선하고 좋은 사람들 | 와다 여사와 실비아 여사를 생각하며 · 355
내가 모신 육타원 스승님 · 364
회상의 법모, 용타원 스승님 · 371
눈빛이 형형한 상타원 전종철 님 · 378

박청수 교무 연보 · 381

너른 세상에 나아가 많은 사람을 위해 일해라

• 책을 펴내며

시집, 그까짓 시집 무엇하러 갈 것이냐? 다른 길이 있는 줄을 모르면 여자로 태어나서 시집을 안 갈 도리가 없지만, 더 좋은 길이 있는데 무엇하러 시집을 갈 것이냐? 너는 커서 꼭 교무(원불교 교역자)가 되어라. 기왕이면 한평생 많은 사람을 위해 살고 큰 살림을 해라.

어머니가 어린 내 귀에 못이 박히도록 하신 말씀이다.

그 시절, 내가 자라던 시골에는 시집와 사는 여자 가운데 그다지 행복해 보이는 사람도 없었고, 새로 시집온 새댁들이 남몰래 눈물짓는 것도 보았다. 좀더 성장한 훗날에야 더 잘 알게 되었지만 어머니도 전형적인 한국 여인으로 기구하게 살아온 한평생의 삶이었다. 엄격한 시어머니를 모시는 일도 쉽지 않은데다 스물일곱에 남편과 사별하고, 아들을 소중하게 여기던 때 아들도 없이 우리 자매를 길러야 했던 어머니는 결혼과 시집이야말로 엄청난 멍에가 아닐 수 없었을 것이다.

어린 내 눈에 비친 원불교 교무님은 어머니가 지성으로 섬길 뿐 아니라 많은 사람이 극진히 모시는 것 같았다. 그분은 매양 정결하게 살아가면서 남달리 인자한 모습으로 모든 사람을 감싸고 계셨다. 그분은 신선 같아 보였고 세상에서 가장 부러운 분이었다. 그런데 어머니가 경 읽듯이 말씀하신, 그처럼 훌륭해 보이는 교무님이 되라고 하셨다. 어린 시절 가장 큰 꿈은 교무가 되는 것이었다.

어머니는 "네가 만약 교무만 된다면 이 어미는 어떠한 어려움이 있어도 너를 끝까지 가르칠테다"라고 하셨다. 어머니는 나를 공부시키기 위해 남원 수지 산골마을에서 전북여중·전주여고까지 보냈다. 다행히 방황 없이 어머니의 가르침에 순종하며 고등학교를 졸업했다. 그 시절엔 졸업을 했다고 해서 쉽게 바꾸어 입을 외출복도 없던 때였지만, 백선 한 줄을 떼어낸 교복을 입은 채 잠시 외가댁에 다녀왔다. 외가댁에서 돌아와 방문을 들어섰을 때 아랫목에 기장이 긴 한복 검정 치마가 걸려 있었다. 그 검정 치마를 보는 순간 왠지 모르게 엄숙한 마음에 사로잡혔다. 그 치마는 원불교 정녀가 되기 위해 내가 입어야 하는 것임을 직감적으로 알아차렸기 때문이다. "총부에서 오라는 전갈이 왔다"고 말씀하시는 어머니의 모습은 큰 소원이라도 성취하신 분처럼 마냥 행복해 보였다.

가방도 없던 그 시절, 어머니는 고리짝에다 짐을 챙기셨다. 부정이라도 타면 큰일이라도 날 것처럼 매사를 유난히 신중하게 처리하셨다. 나의 어린 뜻이 자라 이제 원불교로 옮겨 심어지고 있었다.

어머니께서 몰래 지어놓으신 그 검정 치마를 보면서 '나는 더 값진 일, 더 큰일, 더 많은 사람을 위해 교무가 되어야 한다'라고 마음속으로 다짐했다.

교무가 되는 일, 그 소망과 희망이 드디어 이루어지고 있는데도 왠지 모를 긴장감이 나 자신을 휩싸고 있었다. 아직 잘 모르긴 해도 수도자의 길, 그 인고의 세월에 대한 무게 같은 것을 느꼈기 때문일 것이다. 그렇게 오랫동안 예정되었던 출가인데도 새삼 커다란 용기가 필요했다. 지금까지 가깝에 지냈던 친구와 모든 인연에게 마치 영원히 작별을 고하는 것처럼 편지를 썼다. 물론 나의 쪽 주소는 비어 있었다. 그것은 쌓은 관계의 정리였고 단절의 예고였다.

고등학교를 졸업한 지 20여 일 만에 세속의 삶과 결별하고 원불교 정녀가 되고 교무가 되기 위해 아직 봄바람이 차갑던 봄날에 출가의 길을 떠났다.

원불교 교무가 되어, 세상을 살아가는 동안 의미 있는 일이라고 여겨지는 일들, 그 일을 하면 유익할 것이라고 믿어지는 일들을 나의 일감으로 챙기며 살아왔다. 처음에는 매양 단순 소박한 것들이었다. 그러나 세월이 흐르는 동안 작았던 것은 점점 커지고 숨은 것은 드러나고 있다.

매사를 그때그때 오직 나의 직관력(直觀力)에 의지하여 직감적으로 느껴지는 것을 판단의 척도로 삼고 일해왔다.

사람들은 때로 나를 두고 '남을 위해 좋은 일 하는 사람'이라고 말한다. 그런 말을 들을 때면 마음속으로 내가 '남을 위해 사는 것'이 아니라 오히려 '남'들이 내 삶을 가꾸는 텃밭이 되어주고 때로는 넓은 농경지도 되어서 삶의 의미를 충족시켜주고 성취감과 보람까지 안겨주는 고마운 인연이라고 생각한다. 나를 필요로 하는 그들, 내가 선택한 불특정 다수의 그들이 없었다면 내 인생의 의미는 반으로 삭감되었을 것이다.

1년 중 8개월이 겨울인 북인도 히말라야 설산 라다크 3,600미터 고지에도 10년 동안 열정을 바쳤다. 그곳에 초중고등학교를 세우고 50개 병상의 종합병원을 세워 설산 사람들도 현대의료 혜택을 힘입을 수 있게 했다.

우리나라와 국교가 단절되었던 캄보디아, 지뢰가 많이 묻힌 그 땅에 들어가 지뢰를 제거하고, 고아원을 세우고, 물이 귀한 그곳에 샘물을 파주고, 무료 구제병원을 세워 연인원 13만여 명이 의료 혜택을 입고 있다.

어머니는 항시 "너른 세상에 나아가 많은 사람을 위해 일해라" 하셨다. 그 너른 세상은 나의 발길이 세계 53개국에 닿게 했고 "많은 사람을 위해 일해라" 하신 말씀 따라 세계 55개국을 도왔다. 나의 목숨이 불완전 연소되지 않도록 단속하며 촌음을 아껴 앞만 바라보면서 내달리듯 살아왔다.

성차별 없는 원불교에 매주 두 번의 설교를 할 수 있는 단상이 있어, 세계 53개국을 방문하면서 보고 느낀 대로 지구촌에 고통받는 사람들의 이야기를 전하며 우리가 그들을 돕자고 호소했다. 그리하여 그 모든 일을 하나하나 해낼 수 있었다. 원불교에서는 남에게 유익될

일, 세상을 좋게 하는 일에 힘쓰면 어느 누구도 간섭하지 않는다.

나에게는 종교의 벽도 없었다. 천주교 시설 성 라자로 마을 나환자들을 31년간 도왔고 법정 스님이 회주이셨던 맑고 향기롭게와 대한성공회, 그리고 기독교와도 인연을 맺고 합력했다. 이 모두는 원불교의 타종교에 대한 배타성 없음과 열린 교리에 바탕하여 할 수 있는 일이었다.

나의 인생은 원불교를 만난 것이 은혜이고 축복이다. 나의 온정의 저수지가 마르지 않도록 긴긴 세월 동안 뒷바라지해준 고마운 모든 분에게 머리 숙여 감사드린다.

2년 전 세상을 떠나신 어머니의 삶을 책으로 펴내면서, 어머니 말씀 따라 한평생 실천했던 의미 있는 일을 마치 상을 차려 바치듯 하느라 그간 발간된 다섯 권의 책에 발표했던 글의 일부를 이 책에 다시 수록함을 밝힌다.

이 책을 펴내준 한길사 김언호 사장님과 수고해주신 여러분에게 감사드린다.

2011년 겨울
삶의 이야기가 있는 집에서
박청수

제1장
나의 인생을 열어준 우리 어머니

나의 인생을 열어준 어머니

수도생활에서 날마다 '진리의 말씀'으로 외우고 있는 경들은 문자로 익힌 것이 아니라, 어린 시절 할머니의 무릎에서 잠들 때 자장가처럼 듣던 소리와 새벽마다 잠결에 어머니의 음성으로 듣던 소리가 귀에 젖어 저절로 외워진 것이다.

어머니의 두 딸, 우리 어린 자매는 밤마다 어머니를 따라 교당에 가는 일이 여간 신나는 일이 아니었다. 어른들 곁에 있다가 어느 결엔가 잠들어버린 우리를 어머니께서 깨워 집으로 돌아올 때면, 선잠에서 깨어난 나는 신선한 밤공기를 마시며 어머니가 밝혀 드신 등불을 따라 걸었다. 그러한 밤이면 나의 정신은 밤하늘의 별만큼이나 초롱초롱했다.

어머니의 장롱 속에 들어 있는 비단 옷감은 언제 보아도 신기하고 좋아 보였다. 어머니가 농지기 비단을 꺼내놓고 수수한 옷감을 매만져볼 때는 매양 교무님의 옷감을 고르실 때였다. 어머니가 화롯불을 다독거리며 인두를 꽂아놓고 정성스럽게 바느질을 할 때도 교무님의 저고리를 꿰매고 계실 때였다.

어머니는 좀 색다른 음식만 만들어도 맨 먼저 교당 교무님께 보내 드렸다. 그 심부름이 내 차례가 되면, 나는 좋은 옷으로 갈아입었고 마음은 잔뜩 설레었다. 함지박에 담아주신 음식을 머리에 이고 집에서 교당까지 꽤 먼 거리를 음식이 넘칠까봐 아주 조심조심 발을 내딛으며 걸어가곤 했다.

남원 읍내가 아주 먼 도시라고 느끼면서 산골마을에서 자라던 나는 이 세상에서 교무님이 가장 훌륭하고 높은 분인 줄로만 알았다. 어린 시절, 가장 부러운 사람은 원불교 교무님이었다.

교당은 언제 가봐도 정결했다. 교무님은 항상 깨끗한 옷만 입고 많은 사람이 우러러보는 것 같았다. 또 그분의 모습은 언제 보아도 인자해서 마치 선녀처럼 느껴졌다. 어머니는 나에게 그분처럼 되어라 하시는 것이었다. 내 인생은 이미 축복받고 있는 듯했고 희망찬 앞길이 훤히 열려 있는 것 같았다.

참으로 기이한 일이지만, 우리 박씨 가문에서는 원불교 정녀가 30여 명이나 나왔다. 그래서 어렸을 때 생각으로는 공인이 될 만한 자질이 부족하거나 변변치 못한 사람만 시집가는 줄 알았다. 그때 우리 마을에서 좀 출중해 보이는 처녀들은 하나하나 원불교로 들어가고 있었다. 원불교에 신심 깊은 대소가 어른들도 원불교 정녀가 되는 것을 퍽 좋게 여기시고 있었다. 하지만 두 딸을 모두 정녀로 만들려 하는 어머니의 뜻을 알고 있는 집안 어른들은 우리 자매를 볼 적마다 "그래도 하나는 시집을 가야지. 너무 섭섭해서……"라고 말

쓰하셨다.

그분들의 어조는 단호하였다. 그래서 우리는 둘 중에 누군가는 꼭 시집을 가야만 되는 줄 알았다. 시집가야 되는 그 '하나'에 누가 걸릴 것인가 하는 문제는 우리에게 매우 심각하고 항상 불확실한 걱정거리였다. 그래서 서로 교무가 되겠다고 수없이 가위바위보를 했다. 때로는 교당 교무님으로부터 승낙받을 수 있는 사람이 정녀가 될 수 있을 것이며 자기가 추천을 받을 것이라고 은근히 서로를 내세우기도 했다.

스물일곱 살에 아버지와 사별하고 일찍 홀로 되신 어머니는 교당을 마음의 안식처로 삼고 교무님을 지성으로 섬기는 재미로 사셨다.

어렸을 때 기억으로는 어머니와 아버지의 다정한 모습을 뵌 적이 없었다. 부엌에서 밥을 짓는 어머니 곁에서 서성대는 나에게 "너희 아버지께 진지 드시라고 해라" 하면, 쪼르르 사랑채로 내려가 아버지가 계시는 방문 앞에서 문도 열지 못한 채 작은 소리로 "아버지 진지 드시래요"라고 말씀드렸다. 그러면 잠시 후에 "음"이라고 하는 짧은 대답이 흘러나왔다.

아버지는 항상 사랑채에서 작은 곱돌화로의 불을 쪼이며 독서에 전념하시는 것 같았다. 어디에 따로 발표한 적은 없지만, 시도 쓰고 신파 연극도 하고 그 당시 테니스도 치던 한량이셨다. 그러한 아버지로부터 특별한 사랑을 받아본 기억이 별로 없다.

우리 집은 위로 상할머니와 할머니가 함께 살았다. 구식 가정에서는 어른 앞에서 어린 자식을 귀여워하는 것을 삼갔던 것 같고, 그래서 아버지와 어머니도 서로 남 보듯이 지내시는 것 같았다.

상할머니는 오히려 건강하고 소탈하셨지만, 더 젊은 할머니는 법도가 까다로운데다 병약한 편이었다. 어머니는 항상 숯불 풍로에다 할머니의 약을 달였고, 할머니께서 흰죽감인 원미가루를 맞지 않아 하면 다시 녹두죽을 쑤거나 흑임자깨죽을 번갈아 쑤어드렸다.

그러던 어느 날 상할머니가 돌아가셨고 치상을 치른 후로 아버지가 몸져눕게 되었다. 남원 읍내에서 한의원이 인력거를 타고 왕진 다녀가기를 여러 차례 했어도 별 차도가 없었다. 너무 상심이 되셨던 할머니는 무당을 불러 굿을 하기 시작했다. 어머니가 시집올 때 가마 뒤에 따라온 귀신이 아버지를 괴롭혀서 병환이 중하다는 것이었다. 무당굿을 하던 그 밤, 어머니는 큰 사죄라도 하는 사람처럼 무릎이 닳도록 무수히 절을 했다. 밤새워 무당굿을 했던 다음 날 석양 무렵, 아버지의 스물여섯 생도 빨간 노을로 타고 있었다.

아버지가 세상을 떠난 후 할머니는 서울에서 학교에 다니던 한 분밖에 없는 삼촌을 뒷바라지하기 위해 상경하셨고, 갑자기 큰 집에 세 모녀만 살게 되었다. 슬하에 아들이 없던 어머니에게는 논도 문전옥답보다는 외지의 것들이 분배되는 것 같았고, 때마침 토지개혁으로 지주 계층이 몰락하게 되어 우리 집의 경제사정은 예전과 같지 않았던 것으로 기억된다.

그래도 "원불교 교무만 되면 끝까지 가르칠 테다" 하시던 어머니의 약속은 실천되었다. 그래서 멀리 전주까지 공부하러 가게 되었다. 당시 남원군에서 전북여중·전주여고를 다니는 학생은 모두 7명이었다. 어머니는 나를 그중에 한 명으로 만드셨다. 그러나 입학하던 그해 6·25전쟁이 발발했다. 얼마 후 수복은 되었어도 세상은 말할 수 없이 어수선했다. 그래도 꿋꿋하신 어머니는 온갖 고생을 무릅쓰고 내 공부 뒷바라지를 하셨다.

고향 수지면 홈실 산골마을로부터 남원 읍내까지는 20리 길이나 된다. 기차역까지는 그보다 더 먼 길이었다. 어머니는 내가 외지에서 여학교를 다녔던 6년과 대학을 다녔던 4년, 10년 동안을 한결같이 남원 기차역까지 마중을 나와 집으로 데려가셨고, 다시 학교로 떠나보낼 때는 남원역까지 올망졸망한 짐을 머리에 이고 배웅해주셨다. 아무 교통수단도 없던 그때는 꼬박 걸어다닐 수밖에 없었다. 그 시절, 남원 읍내를 벗어나 산길을 걷게 되면 운동화가 닳을까봐 아예 신발을 벗어들고 맨발로 20리 길을 걸어다녔다. 어머니는 내가 여학교 기숙사 생활을 할 때나 자취를 할 때에도 두세 말의 쌀을 무거운 것도 아랑곳하지 않고 항상 머리에 이고 기차역까지 나르셨다.

나는 어린 시절부터 여학교를 다닐 때까지 유난히 고운 옷만 입고 자랐다. 반회장의 연두빛 저고리나 노랑 저고리, 그리고 다홍치마나 분홍색 긴 꼬리치마를 입고 컸다. 어머니는 "너는 시집을 안 갈 테니까 시집가서 입는 고운 옷을 원 없이 미리 입는 거다"라고 말씀하셨다.

바느질 솜씨와 음식 솜씨가 마을에서 뛰어나던 어머니는, 내가 방학 때 집에 오면 바느질과 음식 하는 법을 철저히 가르치셨다. 그래서 여고시절에 이미 남자 두루마기까지 다 꿰매어보았고, 엿기름물

❝ 나는 다행히 여고시절에도
  장차 정녀가 될 것이라는 자기확신 속에서 지냈다.
  구도자의 삶, 수도자의 인생, 봉사와 헌신적
  삶의 길로 딸을 떠나보내는 어머니는
  참으로 당부할 말씀이 많으셨다. ❞

에 엿밥이 삭도록 긴 밤을 지켰다가 아궁이에 장작불을 때면서 큰 솥에 엿을 고기도 했다. 그리고 약과·유과·강정 등 한과 만드는 법도 빠짐없이 배웠다. 그때마다 어머니는 "앞으로 이러한 음식을 만들 일은 없겠지만, 그래도 남이 공력 들여 하는 일을 알고는 있어야 한다"고 말씀하시곤 했다.

나는 다행히 여고 시절에도 장차 정녀가 될 것이라는 자기확신 속에서 지냈다. 여학교를 졸업한 그해 3월 어느 날, 외가댁으로부터 돌아왔을 때 집안 분위기가 여느 때와는 좀 달랐다. 방문을 열고 들어서자 아랫목 벽 쪽에는 기장이 긴 검정 치마가 걸려 있었다. 나는 그 검정 치마가 내가 입을 옷임을 직감적으로 알았다.

어머니는 위엄 있는 음성으로 "총부에서 오라는 전갈이 왔다"고 말씀하셨다. 어머니의 음성에는 흥분의 빛깔이 섞여 있었다. 당연히 갈 길인 줄은 알고 있었지만 너무 빨리 떠나도록 재촉받고 있는 것 같았다. 마치 어머니로부터 정녀가 되도록 등이 떠밀리고 있는 듯한 느낌이 들었다.

구도자의 삶, 수도자의 인생, 봉사와 헌신하는 삶의 길로 딸을 떠나보내는 어머니는 참으로 당부할 말씀이 많으셨다. 어머니 말씀을 깊이 명심하느라 경청하고 있던 나는 마음이 좀 무거웠다. 지금까지 철없이 살던 인생의 마디를 뚝 자르고 조금도 법도를 어기지 못하는 엄격한 규범의 틀 속으로 들어가고 있는 것만 같았다. 결국 그렇게 원불교의 정녀가 되고 교무가 되었다.

총부로 떠난 지 3년 후, 교역자 과정을 밟기 위해 원광대학교에 입학하게 됐고, 방학 때마다 다시 어머니 곁으로 돌아갔다. 어머니는 머지않아 교무가 될 사람이라고 딸인 나에게 격을 갖추어 대해주셨다.

당시 원불교 중앙총부 교육부장을 맡고 있던 아우가 전주여고를 졸업하고 잠시 집에 있을 때였다. 매사에 철저한 생활신조를 가지셨던 어머니는, 아우가 장차 공인이 될 사람이면 어떻게 해서라도 대학교육을 시키겠지만 한 가정으로 들어갈 사람이면 고등학교 이상은 공부를 못 시킨다고 단호하게 말씀하고 또 그렇게 실천하셨다.

어머니는 정녀가 될 장녀와 아직 뜻을 못 내고 있는 차녀에게 대단히 차별대우를 하셨다. 나는 부엌에도 들어가지 못하게 하셨지만, 아우에게는 주방일뿐 아니라 여름날 공부하는 언니의 목욕물까지 준비하라고 시키셨다. "너는 앞으로 가정생활을 하면서 큰일을 하는 언니를 잘 보살펴야 되기 때문에 지금부터 훈련이 필요하다"고 하셨다. 아우는 묵묵히 어머니가 시키는 대로 순종하였다. 나는 지금도 그 이유를 잘 모른다. 그렇게 앞다투어 교무가 되겠다던 아우가 왜 그때 잠시 침묵을 지켰는지를.

어느 날은 우리가 함께 들을 수 있도록 이렇게 말씀하셨다.

"나는 외손자 등에 업고 싶지 않다. 그리고 남들이 그러는 것도 부럽지 않다. 같은 환경에서 같은 정신으로 똑같이 길렀는데 어째서 하나는 교무 될 마음이 나지 않는지 도무지 알 수 없는 일이다."

침묵을 지키고 있는 작은딸을 핀잔하는 말씀이었다.

한번은 아우가 어머니에게 검정 스웨터가 입고 싶다고 말씀드렸다. 어머니는 "검정 옷은 아무나 입는 거냐? 마음에 뜻이 서 있는 사람들만 입는 거지" 하며 또 부담이 되는 말씀을 하셨다. 그때 덕수가 계속 검정 옷을 입으면 될 것 아니냐고 조금은 결의에 찬 어조로 말씀드리자 어머니는 반색을 감추지 못하면서 "같이 키웠는데, 그럼 그렇지" 하더니 작은딸의 혼숫감으로 준비해두었던 것들을 당장 남원읍 비단가게에 내다 맡겨 위탁판매(?)를 하셨다.

그렇게 어머니는 소원대로 두 딸을 모두 원불교 교무로 만드셨다.

어머니는 남이 없을 때는 '아가'라고 부르다가도 다른 사람 앞에서는 깍듯이 교역자 호칭을 붙여 '청수 교무, 덕수 교무'라고 부르셨다.

자매가 함께 교역자가 되어 장녀인 나는 사직교당을 개척하고, 차녀인 덕수 교무는 화곡교당을 개척할 때, 어머니는 한 차례씩 목돈을 보내주셨다. 먹고 싶은 음식이나 소용되는 물건이 있거든 절대로 공금을 쓰지 말고 어머니가 보낸 돈으로 부담 없이 쓰라고 하셨다. 그리고 공금을 중히 알라는 말씀을 자주 하셨다.

30대에 정녀로 교화계에서 열심히 일하고 있을 때, 스승의 날이 돌아오면 어머니는 그 이전으로 꼭 소포와 하서를 보내주셨다. 소포는 어머니가 손수 지은 옷이 들어 있었고 나에게 보내주신 하서의 첫머리에는 '사직교당 스승에게', 그리고 아우 덕수 교무에게는 '화곡교당 스승에게'라고 쓰셨다. 편지 내용 중에는 "대중의 정신을 깨우쳐주는 큰 스승이 되고 어미까지도 제도할 수 있는 법력 있는 도인이 되기를 간절히 축수한다"라고 씌어 있었다.

교화현장에서 봉직하는 우리가 고향에 계시는 어머니를 1년에 한두 번도 뵈러 가지 못하자, 어머니는 아예 시골 농토를 정리하여 총부 곁에 집을 짓고 이사를 하셨다. 공무로 총부에 잠시 오는 딸을 볼 수 있는 길을 스스로 여셨던 것이다.

어머니는 마치 총부에 오는 두 딸을 기다렸다가 밥을 해 먹이기 위해 이사하신 분처럼 집에 갈 때마다 진수성찬을 차리셨다. 그러고는 마치 더운 음식 한 번 제대로 못 먹는 자식을 만나신 분처럼 "국이 맛있다. 먹어봐라. 이것은 방금 텃밭에서 뜯어다 만든 것이다. 아주 맛이 있다" 하셨다. 어머니는 우리 수저가 오르내리는 것을 쳐다보면서 마냥 흐뭇해하셨다.

맛있게 먹는 성싶으면 밥그릇에 밥을 얼른 더 덜어놓고는 딸의 눈치를 슬쩍 살피셨다. 마치 우리는 어머니를 위해 밥을 맛있게 먹어드리기라도 한 듯 더는 못 먹겠다며 분량이 많아진 밥 때문에 꼭 언짢아하곤 했다. 또 총부의 일을 마치고 서울로 올라가려 하면 어머니는 마루에 올망졸망 짐을 챙겨놓으시고는 또 눈치를 살피셨다.

"이것은 애호박이다. 저것은 깨끗하게 자란 부추다. 또 저것은 무공해 깻잎과 풋고추다. 머위대는 탕을 해서 먹어라" 하며 챙겨놓은 푸성귀를 하나하나 설명하셨다. 다른 방법으로 효도할 길이 없는 나는 참으로 다 필요 없다고 말씀드리고 싶었지만, 큰 효도하는 셈 치고 어머니를 기쁘게 해드리기 위해 그 무겁고 어설퍼 보이는 보따리를 들고 상경하곤 했다. 어머니는 챙겨준 짐을 잠자코 들고 가는 딸에게 "너는 효녀다" 하며 즐거워하셨다.

어머니는 밭에서 가꾼 채소로 건채도 만드셨다. 가을볕에 애호박을 말려 뽀얀 호박고지를 만들고, 토란대를 벗겨 말려 예쁘게 똬리를 틀어놓으셨다. 밥에 넣을 검정콩, 팥, 심지어는 엿기름까지 길렀다가 빻아서 가루를 만들어 봉지봉지 지어놓으시고는 "네가 마음으로 고맙게 여기는 분들에게 드려라" 하셨다. 그 모두가 감사하기 이를 데 없지만, 물건의 소용됨보다는 수고로움이 더 큰 것 같아 제발 그만두시라고 말씀드려도 막무가내셨다.

어머니의 무서운 점은 당신이 병환이 났을 때이다. 노인이 되면서 자주 낙상을 하셨다. 거동이 불편한 채 한 달이 넘게 누워 계셔도 그 소문이 딸들에게 전해질까봐 철저히 단속을 하셔서 그 사실조차 모를 때가 종종 있었다.

어머니는 손수 가꾼 푸성귀나 당신이 받은 선물들을 다시 이 사람 저 사람에게 나누어주기를 좋아하셨다. 사람을 알뜰히 챙기기 때문에 홀로 계시다 병환이 나도 서로 다투어 간호해드리는 사람이 많아 외롭지 않게 지내셨다. 문병 온 사람들이 서울에 있는 딸에게 소식을 알리자고 말씀드리면 "무엇하러. 공사하는 사람 마음만 번거로울 텐데. 어미가 공사에 도움은 주지 못할망정 방해는 말아야지" 하며 비밀에 부치곤 하셨다.

두 딸만을 위해 한평생을 다 바친 어머니는 칠순이 넘으면서 기력이 뚝 떨어지셨다. 우리는 이제 단독 살림을 그만두고 수양원으로 들어가시자고 권유했다. 처음에는 "아직 아니다" 하며 미루셨다. 그러나 하던 살림을 정리하는 것도 큰 집착을 여의는 공부라고 말씀드리자 우리의 뜻을 따라주셨다.

　활달하고 낙천적인 어머니는 매사에 긍정적이고 적극적이며 남을 즐겁게 해주는 능력이 있었다. 학교교육을 따로 받지는 못하셨지만, 원불교에 대한 신앙심이 돈독하여 인과응보의 진리를 믿고 교리대로 순리의 삶을 실천적으로 살아오셨다. 어머니는 때로 능력 밖의 희사를 기꺼이 하셨지만 자신에게는 검약의 도가 지나칠 만큼 근검절약하셨다.

　또 어머니는 TV 음악 프로나 어학 프로도 열심히 시청하셨다. 무엇을 그렇게 열심히 보시느냐고 여쭈어보면 "나도 내생에는 피아노도 잘 치고 영어도 잘하려고 미리부터 공부하는 거다" 하셨다.

　어머니의 신념대로 길러주신 우리 자매가 오늘날까지 본분을 지키며 살 수 있었던 것도, 그리고 우리의 인생에 작은 보람이라도 가꿀 수 있었던 것도 모두 하늘에 닿아 사무친 어머니의 기도의 위력임을 굳게 믿고 있다.

내가 하는 일의 큰 후원자

내가 중학교에 입학하던 해에 6·25가 발생했다. 너나 할 것 없이 어렵던 때였지만 남원 수지면 홈실 산골마을에서 토지개혁으로 가세가 기운 지주의 가정에서 자라던 나는 가끔 월사금을 제때 내지 못해서 학교로부터 집으로 돌려보내져 전주에서 남원까지 학비를 가지러 가곤 했다. 교통편도 어렵던 그 시절, 열서넛 어린 나이로 때론 군용 트럭을 얻어 타고 남원까지 가서 다시 30리 산길을 혼자 걸어 집에 갔다.

방학도 아닌데 딸이 대문 안으로 들어서면 어머니는 반기기보다는 먼저 깜짝 놀라셨다. 월사금 때문에 집에 온 사정을 말씀드리면 어머니는 뒤꼍의 대밭을 바라보며 한숨을 쉬곤 했다.

"대밭이 생금 밭인데……. 요즈음은 대장수가 마을에 들어오지 않는다."

그럴 때마다 찾아간 분은 남원읍 금융조합에 다니던 외당숙이었고, 그분은 언제나 기꺼이 도움을 주시곤 했다.

그 무렵 시골에서 대학교육이라도 시키려면 전답이나 소를 팔아야만 학비를 마련할 수 있었다. 기숙사에 있거나 자취 생활을 하던 우리 자매를 위해 어머니는 무거운 쌀을 머리에 이고 남원읍 기차역까지 30리 길을 걸어다니셨고, 어린 나도 머리에 쌀을 이고 다녔다.

젊은 나이에 남편과 사별하고 어렵게 두 딸의 교육 뒷바라지를 하시는 어머니의 포부는 딸들을 길러 장차 원불교 교무를 만드는 것이었다. 원불교 교무가 되면 큰 살림, 많은 일을 할 수 있다는 신념을 갖고 계셨기 때문이다. 어머니로부터 투철한 정신 교육을 받은 우리는 딴 맘 없이 교무가 되기 위해 정녀(貞女)의 외길을 걷게 되었다.

내가 사직교당이나 강남교당에서 개척교화를 하며 교당 신축을 하느라 애쓸 때면 이렇게 격려해주셨다.

"호의호식하며 호강하려고 교무가 되었느냐? 남다른 고생을 해야 그만큼 보람도 큰 것이다."

연세가 칠순에 가까워지자 어머니는 남달리 허리가 굽고 보행이 자유롭지 못해지셨다. '젊은 날 우리를 기르고 가르치느라 너무 고생하시고, 두 딸을 전주에 공부시키면서 10년 가까이 무거운 쌀을 머리에 이고 나르느라 몸이 저렇게 망가지셨구나' 하는 생각이 들 때면, 우리 자매는 어머니의 남다른 희생을 통해서 존재한다는 것을 깨닫곤 했다.

우리 자매의 나이가 쉰이 넘었을 무렵, 어머니는 갑자기 이런 말씀을 꺼내셨다.

"내가 너희 환갑을 위해 적금을 붓고 있다."

마치 등을 떠밀기라도 하듯 정녀의 길로 보낸 그 딸들이 나이가 들어가자, 어머니 마음에는 세속의 나이 예순이라는 데 대한 부담을 느끼셨던 것 같다. 그래서 스스로 딸들을 위해 준비하신 듯했다.

평생을 경제적으로 자립해야만 했던 어머니는 가정을 꾸려가려면 절약밖에 다른 방도가 없어 검약 생활이 몸에 배어 있었다. 작은 돈도 당신을 위해서는 절대로 쓰지 못하셨다. 기본요금 정도의 거리일지라도 택시를 타지 않고 버스만 타셨다.

그래도 큰딸인 내가 나라 밖에 여행 갈 일이 생기거나 큰일을 할 때면 기꺼이 목돈을 보내주셨다. 모두 어머니가 한때 하숙생을 돌보며 저축했던 돈인 것을 우리는 알고 있다.

어머니가 "너희 환갑 때 쓸 적금 1,000만원……" 하시면 나는 단호하게 그 호의에 맞서곤 했다.

"어머니, 그렇게 큰돈을 쓸 일이 어디에 있겠어요. 저는 절대로 그 돈 필요 없어요. 우리에게 주실 생각 마시고 어머니 소용되는 데나 아끼지 말고 쓰세요."

그러던 나는 캄보디아 지뢰 제거 작업을 위한 모금 활동을 시작했고, 마치 숨이 넘어가는 응급환자를 살려내기라도 하려는 듯 정신없이 그 일에 몰두했다.

우리가 살고 있는 지구촌 64개국에 1억 1,000만 개의 지뢰가 매설되어 있다고 한다. 특히 그중에서도 20년간 내전이 계속되어온 캄보디아에는 900만 명의 인구보다 많은 1,000만 개의 지뢰가 묻혀, 매달 300여 명이 지뢰를 밟아 목숨을 잃거나 부상으로 다리가 절단되고 있다는 사실을 알게 되었다. 그 지뢰를 모두 제거하려면 100년에서 300년이 걸린다고 한다.

만약 외국의 도움이 없다면 캄보디아의 온 국민이 몸으로 전 국토의 지뢰를 폭파해야 된다는 생각을 했을 때, 캄보디아 지뢰 제거 문제는 내 발등에 떨어진 불처럼 여겨졌다. 그 공포의 땅에서 한 개의 지뢰라도 제거해야겠다는 것이 간절한 염원이 되었고, 힘이 미칠 수 있는 대로 지뢰를 캐내는 것은 스스로 정한 의무였다.

한 개의 지뢰를 제작하여 묻는 데는 고작 5달러가 든다지만 그 지뢰를 제거하는 데는 1,000달러가 든다고 했다. 지뢰 한 개 매설 비용에 비하면 제거 비용이 막대한 것이어서 안타까웠고, 전쟁을 치른다는 것은 인명 살상의 피해말고도 지구의 일부를 공포의 땅으로 만들어버리고, 또다시 그것을 평화의 땅으로 회복하는 데는 엄청난 대가를 치러야 함을 뼈저리게 느꼈다.

그래도 1,000달러만 있으면 한 사람의 생명을 구할 수 있고 절단된 다리를 건강하게 붙여놓을 수도 있다고 생각하면 그 돈은 오히려 저렴하다고 여기면서 나는 지뢰 제거를 위해 혼신의 열정을 바치고 있었다.

'내가 애쓰면 작은 평화로운 마을 하나를 만들 수 있겠지……. 적어도 100명만이라도 살려내야겠는데……' 하면서 애태울 때 어머니는 통장을 내밀며 말씀하셨다.

"네가 생명을 구하려고 그처럼 애쓰니 너의 환갑을 위해 적금 들었던 1,000만 원을 거기에 보태라."

"감사합니다. 어머니……."

나는 그 1,000만 원을 보태어 10만 달러를 채워 지뢰 제거 기관인 영국의 할로트러스트에 보낼 수 있었다.

1,000만 원. 그 돈은 사람에 따라서는 큰 금액이 아닐 수도 있겠지만 택시의 기본요금도 아끼시는 어머니에게는 참으로 큰돈이다. 아니, 돈의 가치로 환산할 수 없는 귀한 뜻이 담긴 돈이다. 어머니는 이렇게 내가 하는 일에 큰 후원자이시기도 했다.

여행을 마치고 돌아올 때면 비행기에서 내리자마자 귀국을 알리는 전화를 걸어 "어머니!" 하면, "워이! 내 새끼 왔는가! 내 새끼가 돌아왔구나. 건강하냐……"라며 반가운 목소리로 환성을 터트리셨다. 그러고는 안도의 긴 숨을 내쉬셨다.

나는 자식을 사랑하는 어머니의 마음이 무엇인지 잘 모른다. 그러나 지금도 사랑의 강보에 싸여 어머니의 소원을 이루어가는 딸이다.

감사의 집에서 함께하던 날

캄보디아 오인환교육센터 개관식을 원만히 마치고 이른 아침 인천 공항에 도착했습니다. 용인 '삶의 이야기가 있는 집'에 여행 가방을 던지듯 두고서 어머니를 뵙기 위해 곧바로 전북 군산 서수에 있는 감사의 집으로 달려갔습니다. 사나흘 전화 문안을 못 올렸는데도 너무 긴 시간이 흘러간 것 같았습니다.

귀국하자마자 봉사자들에게 어머니 문안을 여쭈었더니, 요 며칠째 구미가 없다며 식사를 잘하지 못하셨다고 했습니다. 감사의 집에 당도하였을 때 어머니는 이제 홀로 앉아 계실 수 없게 되었습니다. 어머니가 더욱 쇠잔해지고 계심을 깨달았습니다. 그렇게도 뵙고 싶은 어머니를 잠시 뵙고 또 용인으로 올라왔습니다. 밀린 일을 살피고 3일 만에 다시 뵈러 갔습니다. 어머니는 제 모습이 보이기만 하면 열 손가락을 쫙 벌려 천진스럽게 손뼉을 치고 온 얼굴에는 함박웃음을 가득 담고 "왔다! 우리 딸 왔다!" 하며 반기셨는데, 이제 그럴 기력도 없는 듯 엷은 미소를 지으셨습니다.

어머니가 강남교당에서 감사의 집으로 가실 때 매일 통화를 하기 위해 휴대전화를 사드렸습니다. 어머니는 휴대전화를 사용하실 줄 몰라 매번 봉사자의 도움을 받아야만 했습니다. 통화할 때마다 첫 말씀은 "청수야, 언제 오냐? 엄마가 너 오기만 기다린다"였습니다. 저는 전화할 때마다 봉사자들의 도움을 받는 것이 미안해 휴대전화 사용을 중지했습니다. 대신 봉사자들에게 매일 어머니 문안을 여쭈었습니다. 그러고는 전화를 걸었다고 어머니에게 꼭 전해달라고 했습니다. 전화라는 문명의 이기가 있어서 어머니와 저를 이어주는 끈이 되어주는 것에 고마움을 느꼈습니다.

기력이 뚝 떨어진 모습을 뵙고 왔는데 전화를 받는 봉사자가 무심코 "요즈음 할머니가 쓸쓸하다며 봉사자들더러 함께 있자고, 가지 말라고 하신다"고 했습니다. 그 말을 듣는 순간 '어머니의 쓸쓸함은 내가 해결할 수 있지' 하고 아예 함께 살기 위해 짐을 챙겨 들고 어머니 곁으로 갔습니다(2008.10.3). 어머니의 방은 다섯 분이 한 방을 쓰고 계셨습니다. 저는 이제 어머니와 함께 살기 위해 이곳으로 왔다고 말씀드렸습니다. 그 말을 듣는 어머니는 일만 걱정이 사라진 듯 보였습니다.

어머니는 침대에 누워 계시고 그 밤 저는 방바닥에 이부자리를 펴고 잤습니다. 그런데 한밤중에 자다 말고 큰소리로 "청수야, 덕수야, 어서 와. 청수야, 어서 와" 하며 흐느끼셨습니다. 소스라쳐 일어나 잠결에 "어머니, 저 여기 있어요. 청수 여기 있어요" 하며 울고 계시는 어머니의 몸을 흔들어 깨웠습니다. 저의 음성을 듣고는 이것이 꿈인가 생시인가 싶은 듯 몸을 더듬어보시더니 그제서야 안심이 되시는 듯 큰 숨을 내쉬었습니다. 그 밤 어머니는 침대 밑에 있는 저에게 자꾸만 눈길을 주었습니다. 흐느끼는 어머니의 소리에 잠을 깬 할머니들이 "밤마다 저래요 밤마다……"라고 다들 잠결에 한마디씩 했습니다. 어머니의 딸 부르는 소리가 옆방까지 들려 모든 할머니의 잠을 깨운다고 푸념했습니다.

어머니는 다음 날 밤에도 똑같이 저와 동생의 이름을 부르며 흐느끼셨습니다. 제가 또 잠결에 일어나 침대 곁으로 가서 "저 여기 있어요, 어머니"라고 말하자 그제야 안심하셨습니다. 그 다음 날부터는 부르지 않고 침대 밑에 있는 저를 자꾸 확인하셨습니다. 그런 모습을 보면서, 바쁘게 살아오던 일상생활을 옛일처럼 접어두고 어머니 곁을 떠나지 않기로 마음을 먹었습니다.

어머니가 좀더 건강하셨을 때는 저더러 "너 언제 퇴직하냐?" 하고 항상 물으셨습니다. "어머니, 저 퇴직했어요" 하면 희색이 만면하며 "아이구, 좋아라" 하곤 하셨습니다. 그 말씀은 만날 때마다 묻고 또 묻곤 하셨습니다. "퇴직했어요"란 말만 들으면 처음 듣는 말처럼 항상 기뻐하셨습니다. 어머니께선 마치 염치없는 말씀을 하려는 듯이 "그런데 왜 엄마한테로 안 와. 퇴직했담서……"라고 하셨습니다. "덕수는 언제 퇴직하냐?" 하고 물으시면 "덕수도 퇴직했어요"라고 말씀드렸습니다. 그러면 "그런데 왜 엄마한테로 안 와" 하며 크게 실망하셨습니다.

"저는 용인 헌산중학교 삶의 이야기가 있는 집에서 살고요, 덕수는 중앙수도원에서 살아요" 하면 "너는 바쁜 사람이니까 못 오지만 덕수는 왜 엄마한테로 안 와?" 하며 따지듯이 캐물으셨습니다. "어머니한테 오면 어디서 살죠?" 하면 어머니는 "우리 집에서 살지. 내가 너희가 좋아하는 쑥국도 끓여주고 파전도 부쳐줄란다……" 하며 곧 그 일이 이루어지기를 간절히 바라는 듯 말씀하셨습니다. 퇴직하면 어머니와 함께 살자는 말씀은 우리와 나눈 적이 없으니 어머니의 일방적인 기다림이고 기대였습니다.

어머니께 "어머니 이제 우리 집 없어요, 호주인 제가 그 집 팔았어요"라고 말씀드렸더니 "왜 집을 팔아?" 하며 크게 실망한 듯 저를 바라보셨습니다. "어머니 연세가 아흔인데 어떻게 쑥을 뜯고 국을 끓이셔요, 이젠 그렇게 하실 수 없어요" 하고 말씀드리면 "아, 그까짓 것을 왜 못해. 할 수 있어. 어서 엄마랑 집으로 가자! 엄마는 너희가 퇴직하기만 학수고대하고 있었다" 하셨습니다. 마치 '너희 형제 모여라. 우리 집으로 어서 가자' 하시는 것 같았습니다.

이는 한 번에 그친 것이 아니고 어머니와 만나면 항상 새로 시작하는 이야기였습니다. 어머니는 우리 퇴직만 기다리셨는데 곁으로 오지 않자 크게 실망하시고 결국은 낙망되어 밤마다 우리의 이름을 부르며 흐느껴 우시는 것 같았습니다.

어머니가 당연히 우리를 기다리시고 또 세 모녀가 함께 살고 싶어 하실 것이라 생각합니다. 오직 우리 둘만 바라보고 사셨으니까요. 엉겁결에 세상을 떠나버린 남편을 바라볼 일도 없고, 남들처럼 사랑스런 손자·손녀를 쳐다볼 일도 없이 오직 우리 자매만 바라보면서 한평생을 사셨기에 어머니는 항상 우리를 보고 싶어할 권리 같은 것이 있다고 생각합니다. 그래서 우리를 기다리다 지치지 않도록, 늦지 않게 어머니 앞에 나타나야 된다고 생각하면서 찾아뵙곤 했습니다.

어머니께선 감사의 집에 계시면서 "너희같이 엄마를 찾아오는 자식도 없어. 내 새끼들만 오지"라는 말씀을 자주 하며 만족스러워 하셨습니다. 총부 중앙 수도원에 살고 있는 덕수 교무가 가까운 거리에 계시는 어머니를 자주 찾아뵙고, 휠체어를 챙기고 음식점에 가서 어머니께 맛있는 음식을 사드리곤 했습니다. 그렇게 덕수 교무를 따로 만나시지만 어머니를 뵈러 가면 항상 "덕수는 왜 안 와? 덕수랑 함께 오지" 하셨습니다. 자식은 보고 또 보아도 다시 보고 싶은 것이 부모님 마음인 것을 새삼 깨닫곤 했습니다.

건강하실 때 가면 한사코 좁은 침대 위로 저를 올라오라 하시고는 어머니 곁에 누우라고 하셨습니다. 눈 감고 푹 자라고, 좀 쉬라고 하셨습니다. 그러실 때마다 좁은 침대 위로 올라가 어머니와 살을 포개면서 누었습니다. 눈 감으라는 어머니 말씀 따라 눈 감고 있다보면 어느 결엔가 잠이 들곤 했습니다.

잠에서 깨어날 때면 어머니는 침대 귀퉁이로 물러나 좁은 자리에 앉아 계시면서 제가 편히 눕도록 하셨습니다. 그러고는 마치 어린아이인양 저의 손도 만져보고 몸도 다독거리셨습니다. 눈을 뜨면 "왜 그새 눈을 뜬대, 어서 더 자" 하셨습니다.

저는 용인에서 서울로 나가 한밤을 자고 아침 일찍 버스를 타고 익산까지 가서 택시를 타고 감사의 집에 갔습니다. 어머니를 뵈러 가는 길은 언제나 즐겁고, 차를 타고 차창 밖을 내다보는 것도 한가로

" 어머니는 우리 자매만 바라보며
한평생을 사셨기에 우리를 기다리다가 지치지 않도록,
늦지 않게 어머니 앞에 가야 한다고 생각하면서
어머니를 찾아뵙곤 했다. "

왔습니다. 어머니와 놀다가 함께 식사도 하고 석양 무렵이 되어서야 서울로 돌아오곤 했습니다. 어머니에게 가는 길은 항상 좋지만 한 달에 세 번 다니기에는 좀 바빠서 어머니와 협상을 벌인 적이 있습니다.

"어머니 제가 여기에 오려면 시간도 많이 걸리고 차비도 5만 원이나 드니까 한 달에 한 번을 줄여 두 번만 올까요?" 하고 여쭈었습니다. 어머니는 절약·검약 정신으로 한평생을 사셨지만, 저에게 "청수야, 한달에 그 5만 원 아낀다고 큰돈 모이지 않는다. 엄마가 보고 싶을 때 그 돈 5만 원 쓰고라도 엄마한테로 얼른 오너라" 하셨습니다.

어느날 어머니와 하루 종일 놀고 난 후, 어머니가 저녁식사를 하시기에 "서울까지 가려면 늦어서 저 올라갑니다" 하고 나오려 하자, 수저를 놓고 "왜 간대, 가면 안 돼" 하며 울어버리셨습니다. 그런 어머니를 뒤로하고 불러놓은 택시를 타고 익산 버스 정류장으로 가는 동안 제 눈에서는 하염없이 눈물이 흘러내렸습니다. 정류장이 가까워질 무렵, 택시를 돌려 다시 감사의 집 어머니 곁으로 되돌아갔습니다. 어머니는 꼭 아기처럼 "또 왔네" 하며 좋아하셨습니다. 어머니 곁에서 한 밤을 자고 아침에 떠나올 때는 흔쾌히 보내주셨습니다.

그래서 어머니를 속일 생각을 해냈습니다. 낮 동안에는 아무리 오래 있어도 서울로 되돌아오려고만 하면 너무 섭섭해하시니, 석양 무렵에 어머니에게 갔다가 아침에 떠나기로 했습니다. 어머니 곁에서 한 밤을 자고 아침에 떠나올 때는 당연히 가야 할 사람, 보내야 할 사람처럼 여기고 웃으면서 보내주셨습니다. "내일모레 또 와야 혀, 나는 네가 보고 싶어 죽겠다" 하는 말씀을 뒤로하고 서울로 올라오곤 했습니다.

    요양원 시설에 계시는 분들은 날이 밝으면 모두 기저귀부터 바꾸어드렸습니다. 어머니는 기저귀를 거북하게 여기고 한사코 싫어하셔서, 침대에서 내려와 손에 잡히는 문이나 벽을 의지하면서 조심조심 걸어 홀로 화장실 출입을 하셨습니다. 그러다 스스로 거동할 능력이 없어지자 모든 것을 포기하고 기저귀 차는 것을 받아들이셨습니다.

    봉사자들은, 노인들에게 칫솔로 양치를 시켜드리고 세수도 시켜드렸습니다. 그러고는 아침식사 시간에 누운 채로 식사해야 되는 분은 누운 채로 식사하도록 떠먹여드리고, 치매 증세로 밥을 보고도 우두커니 앉아 있기만 한 할머니에겐 아기에게 하듯 수저를 들고 식사를 도와드렸습니다. 모든 봉사자는 한결같이 말 없이 환자가 편하도록 진심으로 친절을 다하고 있었습니다.

    저는 모든 것을 지켜보면서, '어느 집에서 어느 가족이 저렇게 노인을 시중들 수 있을까' 하는 생각을 해보았습니다. 이런 시설이야말로 노인과 가족 모두에게 큰 도움이 되고 있음을 알 수 있었습니다. 감사의 집에서 함께 생활하면서 우리나라의 노인복지시설이 상당한 수준에 이르렀다는 생각을 했습니다.

    할머니들의 낮 동안의 대화는 "우리 자식은 언제쯤 올지 모르겠다"며 간절히 자식을 기다리는 말이 전부였습니다. 어머니 침대 맞은편에 계시는 아주 얌전해 보이는 한 노인은 하루 종일 한마디 말도 않은 채 눈만 떴다 감았다 하면서 창가를 바라보고, 앉아 있기도 하고 또 누워 있기도 했습니다. 그 노인은 자식이 감사의 집에 어머니를 맡긴 뒤로 1년에 한 번도 찾아오지 않자 기다리다 지쳐서 우울증에 걸려 때로는 식사도 거부하면서 단식을 한다고 했습니다. 그분을 뒷바라지하는 봉사자는 이것저것 반찬을 입에 넣어드리면서 모두 맛있다고 식욕을 돋우는 말을 했습니다.

아침식사 후에는 낮잠 자는 시간이었습니다. 그리고 낮잠에서 깨어나면 또 기저귀를 갈아드렸습니다. 식사 때마다 한두 숟갈 뜨시고는 "그만 먹을란다" 하는 어머니에게 "어머니, 어디가 제일 아프세요?" 하고 걱정스러워 여쭈면, 기운만 좀 없지 아픈 데는 없다고 하셨습니다. 살이 쭉 빠져버리고 폭삭 야위어 아무 기력이 없어 보이는 데도 어머니는 아픈 데가 없다며 걱정하지 말라고 말씀하셨습니다.

함께 지내는 동안 할 일이 없을 것 같아 책을 읽으려고 가져갔습니다. 그러나 어머니가 밤낮 없이 저에게서 눈을 떼지 않고 바라보고 계시니 책을 읽는 것도 잘못인 것 같아 덮어버리고 어머니와 옛날이야기를 나누곤 했습니다. 어머니는 어제오늘 있던 일은 곧 잊어버리셔도 옛날 일은 똑똑하게 잘 기억하고 계셨습니다.

어머니는 갑자기 생각이 나신 듯 저를 바라보더니 "너희 할머니 살아계시냐?" 하고 황급한 어조로 물으셨습니다. 저는 좀 놀란 음성으로 "옛날에 돌아가셨어요" 하고 말씀드리자 어머니는 "아이고 무서워" 하면서 이불로 얼굴을 가리셨습니다. 젊은 시절 모진 시집살이를 하던 기억이 불현듯 떠오르신 것 같았습니다.

노인들 방에서 24시간씩 하루이틀을 지내다보니 정신적으로 무중력 상태에 빠지는 것 같았습니다. 그래서 어머니에게 허락을 받고 산책을 나가 아무도 없는 들길을 혼자 걸었습니다.

어머니는 소원대로 저를 교무로 만든 다음 지성으로 기도하며 한시도 눈을 떼지 않고 지켜보고 계셨습니다. "청수야, 나는 네가 세계를 주름잡고, 윤이 나고 광이 나게 큰일 하게 해주시라고 항상 기도한다" 하던 어머니 말씀이 환청처럼 들려왔습니다. 제가 일한 곳을 꼭 한 번 가보고 싶은 어머니는 "청수야, 네가 인도 히말라야 설산에 학교를 지었담서, 나도 한 번 따라가보자" 하고 간청하듯 말씀하셨습니다. 어머니의 소원은 마치 '달나라에 가보자' 하는 말씀처럼 들렸습니다. "거기는 못 가셔요" 하고 얼버무리면 "아, 왜 못 가? 가면 가지" 하면서 서운해하시던 모습도 다시 떠올랐습니다. 철이 들고 나서는 어머니에게 불효하지 않으려고, 아니 그보다 후회될 일을 하지 않으려고 유념하면서 살아왔습니다.

젊은 날, 아직 철이 없던 시절, 어머니는 평소 몹시 아파하던 허리의 디스크 수술을 벼르고 벼르다, 서울 한양대학교 병원에서 받은 후, 제가 봉직하고 있던 사직교당으로 퇴원하셨습니다. 아직 사직교당을 신축하기 전이라 적산가옥에서 개척교화를 하던 때였습니다. 제가 쓰던 방 한 칸도 매우 좁았습니다. 단칸방 처소에 모시면서 교도들 몰래 어머니를 숨기듯 모시고 지냈습니다.

어느 날 아무 연락도 없이 교도 한 분이 교당을 찾아오셨습니다. 놀라고 당황하여 엉겁결에 방에 딸린 짐방처럼 쓰고 있던 작고 비좁은 골방으로 어머니를 옮겨 눕혀드렸습니다. 까닭을 모르는 그 교도는 꽤 오랜 시간 한가롭게 이런저런 이야기를 하다 갔습니다. 그동안 아무 내색을 하지 못하고 천연스러웠지만 어머니 걱정으로 마음이 초조했습니다. 그분이 떠난 다음 얼른 작은 골방 문을 열었습니다. 스스로 운신도 할 수 없던 어머니는, 황급히 눕혀드렸던 그대로 누워 계셨습니다.

어머니의 얼굴엔 땀이 비오듯 흐르고 있었습니다. 어머니는 너무 고통스러워 공포에 질린 듯한 표정이었습니다. 그 참담한 순간에 제가 어떻게 하였는지는 잘 기억이 나지 않습니다. 그때 철없이 저질렀던 큰 잘못은 가슴에 불효의 옹이로 박혀 있습니다. 그렇게 잘못했는데도 어머니는 저를 책망하지 않으셨습니다. 아마 사가의 어머니는 교당의 공가에서는 숨은 듯 지내는 것이 맞다고 여기셨던 것 같습니다.

인생의 황혼기에 접어든 어머니가 "나도 갖다오면 너같이 교무 될란다" 하며 저를 부러운 눈길로 바라보시곤 하던 모습도 새롭게 떠올랐습니다.

어머니의 시집살이

　살고 있는 새집을 보여드리고도 싶고, 또 이제는 바쁘지 않으니 어머니를 잠시 모시고 지내볼 요량으로, 감사의 집으로부터 휴가를 받아 삶의 이야기가 있는 집으로 모시고 왔습니다.
　저의 침실은 작지만 어머니를 모시기 위해 환자용 침대 하나를 더 들여놓았습니다. 그리고 이것저것 제 식대로 음식을 만들었습니다. 우리 모녀가 단둘이 한 상에서 밥을 먹어보는 특별한 행복을 느껴보았습니다. 한시바삐 삶의 이야기가 있는 집 아래층 전시실을 구경시켜드리고 싶었습니다.
　어머니가 원하셨던 저의 삶 대로 일생 동안 열심히 살았습니다. '저의 삶의 이야기가 담긴 그 모든 것을 보면 얼마나 기뻐하실까' 하고 생각했습니다. 어머니가 삶의 이야기가 있는 집 전시실을 보시는 것은 저의 큰 기대이고 또 소망이었습니다. 조금은 설레는 마음으로 어머니를 휠체어에 태우고 1층 전시실로 들어갔습니다.
　구십을 넘기고 정신이 흐릿해진 어머니를 모시고 1층 시청각실 원형방, '사진으로 본 저의 일생'을 구경시켜드렸습니다. 어머니는 아버지의 사진도, 할머니의 사진도 아무 감상이 없는 듯 건성으로 보셨습니다. 다 구경하고 나와서 "어머니, 이 방에서 무엇을 보셨어요?" 하고 여쭈었습니다. 어머니는 "몰라, 아무것도 안 봤어"라고 대답하셨습니다. 저의 실망은 너무 컸습니다. 20대의 어머니 모습인 듯한 독사진은 잔뜩 긴장한 모습으로 찍었고 50대를 넘기고 찍은 사진은 활달해 보이고 기상도 늠름하고 매우 당당해 보였습니다. 어머니의 매우 연로하신 모습도 있었는데 어머니는 "몰라, 아무것도 안 봤어"라고 하셨습니다. 너무 재미없고 섭섭했지만 그래도 전시관 1, 2층을 모두 보여드렸습니다.

제1전시실 시청각실 원형방에는 저의 세 살적 귀여운 사진도 있습니다. 그리고 아홉 살 때, 여섯 살 된 덕수 아우와 저를 양옆에 목단꽃을 들려 세우고 어머니가 한가운데 앉아 계시는 사진도 걸려 있습니다. 그 사진에 아홉 살 밖에 안 된 저의 표정이 단순한 어린이 같지 않고 너무나도 복잡한 내용을 얼굴에 담고 있습니다. 그런 저의 표정을 바라볼 때마다 행복하지 못했던 어린 날의 성장과정이 고스란히 떠오르곤 합니다.

그 무렵 어린 소녀인 저에게 큰 문제는, 저를 특별히 사랑하고 또 제가 아주 좋아하던 할머니가 매일같이 어머니에게 불호령을 내리는 것이었습니다. 어머니는 음식도 잘하고 바느질도 잘하고 건강하고 부지런하셨습니다. 할머니에게 불을 때서 세끼 진지를 지어드리고, 풍로에다 숯불을 피워 약을 달였습니다. 그러나 할머니는 진지상의 밥이 좀 될 때는 "샘물이 말랐냐. 꼬두밥 같아서 먹을 수가 있어야지" 하고 언성을 높이셨습니다. 할머니는 누워 계시지는 않아도 병약하셨는지 항상 한약을 달고 사셨습니다. 한약물이 많으면 "이렇게 웨국(약물이 많음)을 잡아주면 배만 부르지 무슨 약효험이 있겠느냐"고 언짢아하셨습니다.

  자주자주 살펴도 약물이 적기도 했습니다. 약 달이는 일은 참 어려운 것 같았습니다. 약이 너무 달아버리면 어머니는 걱정이 되는 듯 "약이 너무 달아버렸네" 하셨습니다. 약수건에다 막대기를 대고 꼭 짜도 약물이 많지 않았습니다. 약물이 적은 약사발을 받아든 할머니는 "삐애기(병아리) 눈물만큼 준다" "이것도 약이라고 주냐"며 역정을 내셨습니다.

  할머니는 언제나 어머니를 못마땅하게 여기고 일마다 트집을 잡으셨습니다. "나는 똥을 한 번 누려면 안 나와서 고생을 한다. 겨우겨우 염생이 똥만큼 방울방울 누는디, 누구는 밥 잘 먹고 소화가 잘돼서 굵은 똥을 내질러놓은 것을 보면 그것도 보기 싫다. 재로 잘 덥기나 하든지" 하면서 건강한 사람 대변보는 것조차도 무안을 주셨습니다. 어머니가 할머니 앞에서 잘못했다고 빌면 할머니는 단호한 음성으로 "듣기 싫다" 하며 홱 돌아앉아버리곤 했습니다. 그럴 때 어머니 모습은 너무나도 안돼 보이고 불쌍해 보였습니다.

  할아버지는 어머니가 열여덟에 시집오던 해에 세상을 뜨셨다고 합니다. 제가 아홉 살 때, 아버지도 스물여섯 나이로 세상을 떠나버리셨습니다.

  할머니는 아버지에게도 매우 엄격하셨습니다. 아버지도 매양 할머니로부터 무엇인가 주의 말씀을 듣는 것 같았습니다. 상할머니가 계셨어도 시어머니를 조심하는 것 같지 않고, 오히려 상할머니가 며느리 눈치를 보는 것 같았습니다. 할머니는 집안의 왕이었습니다. 남 보기에 정갈하고 하도 근엄하여 함부로 범접할 수 없는 점잖은 분이었습니다.

어머니뿐 아니라 훗날 작은어머니에게도 무서운 시어머니였으니 모두가 상극의 인연들이 만나 한판 굿을 벌인 셈입니다. 저의 기억으로 어머니는 상할머니와 한 방을 썼습니다.

어머니와 아버지가 다정히 서 계시는 모습도 본 일이 없고 어떠한 말씀을 나누는 것도 본 적이 없습니다. 어머니는 "어쩌다 너희 둘을 낳았지. 나에게 결혼생활이라는 것은 없었어"라고 말씀하셨습니다.

어린 저는 할머니와 어머니 사이가 하도 나빠서 속상했고 그런 집안 분위기 때문에 바람을 쏘이고 오겠다며 들판을 걸었다고 합니다. 어린 마음에 상처를 많이 받아 저의 아홉 살적 표정은 매우 우울해 보입니다. 어머니가 "너는 시집가지 말고 원불교 교무가 되어 너른 세상에 나아가 많은 사람을 위해 일해라" 하셨을 때에 저의 잠재의식 속에는 '원불교 성직자 교무만 되면 어머니처럼 시집와서 시어머니로부터 불호령만 받고 서럽게 살아야 되는 그 무서운 시집살이 고통만은 면할 수 있겠지' 하는 생각이 있었습니다. 그래서 두 마음 없이 원불교 교무가 되기 위해 기꺼이 출가의 길을 떠나게 되었을 것이란 생각이 들기도 합니다. '저의 어린 시절엔 아름다운 추억이 없습니다'라고 써붙이기라도 한 듯 보이는 아홉 살적 사진을 지금도 유심히 바라봅니다.

대성통곡을 했습니다

삶의 이야기가 있는 집에서 어머니를 잠시 모시고 있을 때였습니다. 서재와 침실까지는 제법 거리가 되는데 어머니는 서재에 있는 딸을 보기 위해 마치 어린아이처럼 북북 기어나오고 계셨습니다. 너무 놀라 "어머니, 저를 부르시지 왜 기어서 나오세요?" 했을 때 아무 생각이 없으신 듯 "괜찮아" 하셨습니다.

어머니가 1년 전 강남교당에 계실 때에는 때때로 제가 있는 교화의 방 3층까지 누구의 도움도 없이 거뜬히 올라오시곤 했습니다. 그때 애써 올라오신 어머니를 반기지 못하고, '제가 내려가면 뵙는데 왜 올라오셨느냐'고 못마땅히 여기곤 했습니다.

감사의 집에서도 자유롭게 걸어다니는 분이 많은데, 아마 어머니는 걷기를 싫어하고 침대에만 계시다가 다리에 힘이 빠져버려 이제는 보행능력이 전혀 없어진 듯했습니다. 어린아이처럼 기는 어머니를 뵙고 가슴이 아팠습니다. 어머니를 모시고 있는 동안 큰 효도를 해보려고 이동변기도 준비했습니다. 그런데 저는 어머니를 모시는 것이 아니라 지키는 것 같았습니다.

침실에 변기를 두었는데, 어머니가 함께 있고 싶어 서재로 나오시면 얼른 이동변기부터 옮겨놓았습니다. 문제는 "청수야, 나 오줌 눌란다" 말씀할 때 어머니를 변기에 옮겨드리는 동안 오줌을 싸버릴 때였습니다. 소변을 닦아내는 것이 어려운 일이 아니라 집안에 온통 지린내가 나는 것 같아 문제였습니다. 어머니로 인해 환경이 바뀐 저는 행여 손님이 오실까봐 걱정이 되었습니다.

어느 날 밤 큰 사건이 생겼습니다. 밤에 주무시다 말고 어머니가 어머니 침대보다 좀 낮은 저의 침대로 내려오셨습니다. 아마 딸과 더 가까이 있고 싶어 그러셨을 것입니다. 아무것도 모르고 자고 있던 저는 잠결에 쿵 하는 소리를 들었습니다. 이게 무슨 소리인가 하고 놀라 일어났더니 어머니가 침대 아래에 떨어져 계셨습니다. 너무 놀라서 "어머니, 어디 안 다치셨어요?" 하고 황급히 여쭈었더니 태연하게 "다친 데 없어" 하셨습니다. 침대와 창문 사이가 좁아, 좁은 공간에 걸쳤다 떨어져서 다행히도 다치신 데는 없었습니다.

또 사고가 날까봐 더는 모시지 못하겠다 싶어 어머니를 감사의 집으로 모시고 갔습니다. 어머니는 저와 떨어지지 않으려고 떼를 쓰셨습니다. 떼쓰는 어머니에게 내일 다시 모시러 오겠다고 약속을 하고 올라왔습니다.

어머니를 제가 있는 곳으로부터 가까운 곳에 모시고 매일 찾아뵐 생각을 했습니다. 용인 쪽으로 모셔오기 위해 용인 근방에 여러 노인시설을 찾아다녔습니다. 삶의 이야기가 있는 집에서 멀지 않은 곳에 있는 노인병원을 알아냈습니다. 어머니를 그곳에 모시기 위해 여러 가지를 알아보았습니다. 어머니가 점점 쇠약해지실 테고 만약 급한 경우가 생길지도 모르니 병원이 좋을 것 같았습니다. 병원에 약속을 하고 어머니를 모시러 갔습니다. 아무것도 모르는 어머니는 저를 따라오는 것만 좋아하셨습니다.

어머니를 노인병원 입원실로 모시고 들어섰을 때 어머니는 깜짝 놀라셨습니다. 환자복을 입고 있는 환자들을 한 명 한 명 유심히 바라보고 "너는 어째 어미를 이런 데로 데리고 왔냐?"며 노기 어린 음성으로 나무라시더니 "나는 절대로 이곳에 있지 않겠다. 너 있는 데로 가자"고 하셨습니다.

감사의 집은 마룻바닥이고 침대가 얕았는데, 노인병원은 바닥이 콘크리트인데다 침대가 높아서 만약 잘못하여 떨어지기라도 하면 큰일이 날 것만 같아 걱정이 되었습니다. 간병인 아주머니 손에 돈을 쥐어주면서 한 밤만 안전하게 모셔달라고 애원했습니다. 그 한 밤이 안심이 되지 않아 간병인 아주머니에게 몇 번이고 전화를 했습니다. 간병인 아주머니는 잘 계시니 안심하라고 했습니다.

이제 어머니가 영원히 감사의 집에 계실 수밖에 없다고 큰 결심을 하고 다시 모시고 가기 위해 차를 갖고 병원에 갔습니다. 한 밤을 지내신 어머니는 어제의 노여웠던 모습은 간데없고 편안히 누워 "어서 오너라, 저 아주머니가 잘해준다" 하셨습니다. 저는 간병인에게 어젯밤 침대에서 떨어지지 않게 잘 모셔주어 감사하다고 말했습니다. 침대에 똑바로 누워 계시는 어머니의 몸이 끈으로 묶여 있었습니다. 몸이 묶인 채 누워 계시는 모습이 너무나도 가슴 아팠습니다. 돌아

눕고 싶고 몸을 움직이고 싶어도 꼼짝할 수 없는 상태로 지난 한 밤을 어떻게 지내셨을까, 그 불편함을 말씀으로 표현할 줄도 모르는 어머니의 상태가 한없이 안타깝고 서글펐습니다.

"어머니, 가세요" 하자 어머니는 또 어린아이처럼 좋아하셨습니다. 어머니야 어디로 가는 줄도 모르고 딸을 따라가는 것만 마냥 기쁘신 듯했습니다. 차에 올라탄 어머니와 이별을 해야 했습니다. 만약 감사의 집에 모시고 갔다가 또 헤어지지 않으려 하면 그때는 너무 속상할테니 아예 여기서 작별하는 것이 좋다는 주위 사람들의 말을 듣기로 했습니다. 그날 어머니를 홀로 떠나보낼 때 대성통곡을 했습니다. 산이라도 있으면 무너질 것처럼 큰소리로 눈물을 쏟아냈습니다. 어머니는 "왜 울어, 울지마. 울지마" 하면서 통곡하는 딸을 따라 우셨습니다. 차 문이 닫히고 제가 올라타지 않자 "청수 선생 태우고 가"라고 소리치며 어머니도 우셨다고 합니다. 저는 들길을 홀로 거닐면서 삶의 이야기가 있는 집에서 어머니와 있었던 일을 어제 일처럼 회상하며 눈물을 흘렸습니다. 산책하고 돌아온 저에게 어머니는 "어디 갔다 이제 와, 너만 기다리느라고 애가 탔다"라고 하시곤 했습니다.

잠시 어머니를 곁에서 모시고 감사의 집에서 함께 지내면서 노인의 삶에 대한 자연스런 관찰이 시작되었습니다. 그곳에 살고 계시는 원불교 교도들은 모두 저를 반겼습니다. 그분들은 어느 교당에 다니다 왔다는 이야기와 때로는 자신이 살아왔던 이야기를 하셨습니다.

평소 유복한 분으로 알고 있던 분도 그곳에 와 계셨습니다. 그분은 한 아들이 그런대로 남부럽지 않게 살았는데 뜻밖의 교통사고로 세상을 일찍 떠나버렸다고 했습니다. 그 후 며느리와 함께 몇 년을 살아왔지만 아무래도 며느리에게 짐이 되는 것 같아 이곳에 오기에는 아직 젊지만 오게 되었다고, 감사의 집에 와서 사니 모든 것이 편하고 걱정이 없다고 했습니다.

감사의 집에서 생활하는 원불교 교도 가운데 다른 한 분은 서예도 하면서 홀로 좌선도 하고 경전도 읽고 스스로 마련한 일과표대로 열심히 정진하며 즐겁게 살고 계셨습니다. 그분은 이곳에 있어 감사하다고 말씀하셨습니다. "집에 있으면 일을 나간 자식들이 돌아오는 동안의 시간이 아주 지루하고 답답한데 이곳에서는 세끼 더운밥에 간식도 주고 힘이 부치는 일은 봉사자들이 웃는 낯으로 도와주니, 여기가 극락이에요. 그러다 찾아오는 자식을 반갑게 맞이하고, 자식들도 내가 이곳에 잘 있으니 걱정 없고 저희 하는 일에만 열중할 수 있으니 얼마나 좋아요" 하셨습니다. 그분은 자신의 현실을 긍정적으로 받아들이고 여생을 잘 살고 계셨습니다.

가장 활기차고 행복해 보이는 노인이 있는데 그분은 인형을 품에 안고 넓은 집 안을 빙빙 돌았습니다. 잠시 앉아 쉴 때는 인형을 눕혀 놓고 포대기를 덮어주면서 행복한 표정으로 바라다보고 있었습니다. 그 할머니는 인형이 살아 있는 손자라고 믿고 있다고 했습니다. 할머니는 잠에서 깨어나기만 하면 또 인형을 안고 온 집안을 돌아다녔습니다. 만약 집에서 저렇게 하면 어느 가족이 견딜 수 있을까 싶었습니다. 그렇게 하는 것을 아무도 시비하지 않는 감사의 집이 천국 같아 보였습니다.

보행이 자유로운 많은 분은 대중 모임방 거실에 나와 TV를 보면서 소일하고 계셨습니다. 그 가운데 무표정하게 마치 혼이 빠져나가버린 사람처럼 눈동자만 깜빡거리면서 앉아 있는 노인도 있었습니다.

시설이 좋은 집에 살아도 좋은 줄도 모르는 듯 얼굴에는 외로움과 권태만이 가라앉아 있었습니다. '왜 나를 이런 곳에 보냈을까' 하고 가족을 원망하고 있는지도 모를 일입니다. 그런 노인도 집에서 자식과 손자를 바라보면서 살면 곧 생기가 돌고, 돌처럼 굳어버린 얼굴에 웃음이 피어날 것이라고 생각해보았습니다.

이 노인시설에서 지내고 있는 분들은 시골에서 생활하던 분들입니다. 오직 논과 밭에 나가 일하고 수확하고, 집과 가족밖에 모르던 분들입니다. 그분들에게는 대가족 농경사회가 인생의 말년을 보내기에 더 좋을 듯했습니다. 힘에 부쳐도 손자들과 부대끼면서 살아가는 것이 가장 행복할 듯싶었습니다.

오늘을 살아가는 우리 현대인들은, 부모님은 늙고, 자식들은 제각기 일터에 나가기에, 바쁜 세상이 되어버렸습니다. 치매라도 있고 대소변을 가릴 수 없는 노인을 집에 혼자 계시도록 하는 것이 걱정이 되어 가족들이 이 시설에 모셔왔을 것입니다. 그러나 딸이나 며느리보다 더 잘 모시고 세끼 더운 식사에 간식까지 챙겨드려도 이곳에서 지내는 것을 다행으로 생각하고 감사하게 여기는 것 같지 않아 보였습니다. '언제쯤이나 집에 돌아갈 수 있을까?' 하는 생각만 가득 차 있는 것처럼 보였습니다. '내 자식은 집이 아닌 이곳에 왜 나를 데려다놓았을까' 하고 속으로 원망하고 있을지도 모릅니다.

오늘날과 같은 핵가족 시대를 살아가는 젊은 부모 가운데 늙고 병들었을 때 자식에게 의지하려 생각하는 사람은 거의 없을 것입니다. 앞으로는 모든 노인이 이런 시설에 와서 봉사자의 도움을 받으며 노년을 살아가게 될 것입니다. 그런데 물질적으로는 설사 충분한 준비가 되어 있다 치더라도 늘그막에 몸과 마음이 자력을 잃게 되면, 결국 외로움을 극복하기 어려울 것입니다. 병고에 시달리면서도 바쁜 자식을 기다리지 않고, 스스로 생사의 문턱을 넘나들 수 있는 달관자적 삶을 사는 사람은 흔치 않을 것입니다. 비록 자식이 아니어도 건강한 사람, 젊은 사람, 마음과 정이 통하는 사람이 있어서 모든 것을 맡기고, 마음 편히 기댈 수 있는 인연이 곁에 있어야만 노후 준비가 되었다고 할 수 있을 것 같습니다.

부모를 아무리 좋은 시설에 모셔놓았다 해도 안심할 일은 아닌 것 같습니다. 부모님은 좋은 시설보다 항상 자식이 그립고, 자식을 보고 싶어하기 때문에 그 마음을 채워드려야만 비로소 행복해하실 것입니다.

언젠가는 자신도 늙게 마련이고, 젊은 날 바쁘게 열심히 사느라 부모님 생각은 잘 못하고 살아왔는데, 내 부모가 그러했듯이 자식 그리움에 목말라 할 순간이 다가올 것입니다. 자기 발전을 꾀하느라 현실적으로 아무리 바빠도, 부모에 대한 관심과 배려를 소홀히하면 그것은 결국 잘못 살고 있는 것이라는 생각이 듭니다. 그렇게 사는 것은 자기도 모르는 사이에 사람답게 사는 길을 포기하는 것과 다를 바 없습니다.

부모는 한평생 오직 자식 사랑 그 한 길을 걷느라 갖은 고생과 희생을 치렀기 때문에 내 자식은 내 맘과 같기를 기대합니다. 부모와 자식 사이에는 저마다 조금은 다를지라도 정서적 교감의 톱니바퀴가 있다고 생각합니다. 그 톱니바퀴의 아귀가 잘 맞아 돌아가기만 하면 부모님은 더 바랄 것 없는 만족을 느낄 것입니다. 그러나 톱니바퀴가 잘못 돌아가 어긋나면 부모는 자식으로부터 배반당한 것 같은 실망을 느낄 테고, 자식사랑에 바쳤던 한평생이 허무하다고 한탄할 것입니다.

부모에게 어떻게 하고 있는가는 내 자식이 지켜보고 있습니다. 자식은 앞으로 살아가면서 부모에게 보고 배운 대로 할 것입니다. 자식 사랑은 본능적이지만 부모에게 효도하기란 쉽지 않습니다. 그러나 그 쉽지 않은 효도를 애써 실천할 때만 가정은 축복의 보금자리, 울타리 안에 있을 것입니다. 이때 비로소 노인문제는 사회문제가 되지 않을 것입니다.

어머니는 딸과 함께 있는 것은 좋지만 음식에 대해선 구미를 잃고 식사를 하지 못하셨습니다. 나중에는 눈뜰 기력조차 없으셨습니다. '어머니가 무엇을 맛나게 드실까' 하고 이것저것 챙겨봐도 그 모두를 싫다고만 하셨습니다. 음식물로는 건강을 지탱하실 수 없을 것 같아 영양제 주사를 놓아드렸습니다.

제가 그곳에 간 지 닷새만에 어머니는 갑자기 배가 아프다고 복통을 호소하면서 설사를 하셨습니다. 간호사가 약을 조제해 드려도 별 차도가 없었습니다. 잡수신 것이 없는데도 설사가 계속되었습니다. 의논 끝에 병원에 입원하셔야 되겠다고 했습니다. 내일과 모레는 토요일과 일요일인데 그간 탈수증세라도 생기면 위험하다고 했습니다.

어머니는 익산 소재 감사의 집 지정병원으로 입원을 하였습니다. 검진 결과 특별한 질병은 없고 영양실조라며 영양제 주사를 놓았습니다. 병원에 오니 안심이 되었습니다. 그런데 감사의 집과 인심이 너무 달랐습니다. 그 병원에서는 간병인이 대단한 힘이 있었습니다. 보호자도 없는 환자들을 함부로 대하면서 지시하고 명령했습니다. 물론 어머니에게도 따뜻하게 대하지 않았습니다. 음식도 하얀 죽에 빨간 계탕이 나왔습니다. 그런 음식을 환자들이 어떻게 먹을 수 있을지 의문이었습니다. 보호자도 밖에 나가 식사를 해결해야 했습니다. 매끼 식사를 해결하기 위해 이 집 저 집 식당을 기웃거리는 것도 부담스러웠습니다.

생소한 병원에서 정신적 추위를 느꼈습니다. 보호자 침구를 준비하지 못한 채 들어왔으니 한 밤을 어떻게 지낼 것인가도 걱정이었습니다. 간병인에게 밤에 덮을 이불 하나 주었으면 고맙겠다고 말하여 간신히 얇은 이불 하나를 얻어 그 밤을 지냈습니다.

다음 날 잠시 총부 수도원에 다녀온 사이 어머니는 침대를 높여달라 하셨다가 편치 않은지 또 내려달라 하셨던 모양이었습니다. 간병인은 버릇이 잘못 든 환자가 왔다며 무시했다고 했습니다. 어머니는 "간병인 아줌마" 하고 부르다가 말을 들어주지 않자 "간병인 선생님" 하며 애원을 하셨다고 했습니다.

병원으로 돌아와보니 어머니는 패배자 같은 표정으로 혼수상태에 빠져 있었습니다. 순간적으로 더는 못 있겠다 싶어, 익산 총부 부근에 있는 원병원 호스피스로 옮겨야겠다는 생각이 들었습니다. 혼수상태에 빠진 어머니를 그대로 두고 호스피스 병원으로 달려갔습니다. 그곳 원장교무님과 의논하여 독실로 방을 정했습니다. 병원으로 되돌아와 어머니의 퇴원수속을 밟았습니다. 어머니는 원병원 호스피스로 가기 위해 응급차에 실려 가실 때도 혼수상태에서 깨어나지 않으셨습니다.

원병원 호스피스는 깨끗하고 조용했습니다. 그곳으로 옮기니 내 집에 온 것 같아 안정감이 생겼습니다. 방 분위기도 아늑하고 침대에 조용히 누워 계시는 어머니께서도 편안해보였습니다. 어머니가 들으면 좋아하실 저의 독경 테이프부터 틀어, 방 안에는 독경 소리가 은은하게 울려퍼졌습니다. 잠시 강원도에 간 덕수 교무에게 어머니의 위중함을 알렸습니다. 혼수상태는 여러 날 계속되었습니다. 총부 수도원 여러 원로교무께서 병문을 오셨을 때도 눈만 잠깐 떴다 다시 감으셨습니다.

어머니의 효성스런 양자 박영석 박사가 달려오고 작은댁 식구들도 모두 모여들었습니다. '결국 이제 다시 감사의 집으로는 돌아가실 수 없고 언젠가 이 방에서 돌아가시겠구나' 생각하니 슬픔이 밀려왔습니다.

어머니가 혼수상태에 빠져 계신 동안, 요 몇 년 동안의 어머니의 삶을 뒤돌아보았습니다. 75세 때 어머니는 평생 살림을 정리하고 중앙총부 부근에 있는 원불교 시설 상록원으로 들어가셨습니다. 그곳에서 대중생활에 잘 적응하며 기쁘게 지내셨습니다. 새벽에는 좌선하고 밤에는 염불하고 낮 동안에는 총부 대종사님 성탑에 가서 두 딸을 위해 기도 정성을 바치셨습니다.

상록원에서 생활하며 한가해지자 어머니는 저의 책을 읽으며 독서삼매에 빠지셨습니다. "네 책을 자세히 읽어보니 우리 장녀가 참 일도 많이 했다. 엄마는 요즈음 내 새끼가 쓴 책 읽는 재미로 산다" 하셨습니다.

어머니는 재봉틀질을 하며 저희 자매가 입을 속바지를 하염없이 만드셨습니다. 비단 속바지와 모시 속바지, 저희가 금생 동안 못 다 입을 만큼 많이 만드셨습니다. 상록원에 계실 때도 저희가 총부 오는 결에 잠시 찾아뵙는 것을 큰 재미로 여기셨습니다.

어느 날 상록원에 갔을 때, 모르는 노인이 다가와 할 이야기가 있다고 했습니다. 그분은 "남만 돕지 말고 어머니도 도와드리세요"라고 했습니다. 그 말을 듣고 원장교무님에게 어머니의 근황을 물어보았습니다. 치매증세가 있어서 이제 대중생활은 더 이상 못하실 것 같다며 치매병원으로 모셔야 될 것 같다는 의견이었습니다. 자세히 살펴보니 기가 푹 죽어 있고 소외당하고 있는 분처럼 남의 눈치를 보셨습니다. 당장 치매병원에 가보았습니다.

그곳에 있는 환자는 모두 증세가 심한 분들이었습니다. 어머니가 그곳으로 가면 곧 그분들을 닮아버릴 것 같아 큰 고심을 하며 눈물을 삼켰습니다. 젊은 날 같았으면 그런 용기가 없었을 텐데, 저의 일터인 강남교당으로 어머니를 모시고 가기로 결심했습니다.

제가 설립 신축한 강남교당은 교화 공간 중심으로 지하와 1, 2, 3층의 공간을 배분했기 때문에 3층에 작은 손님 방이 있어도 오르내리기가 불편하여 못 계실 것 같았습니다. 식당에 딸린 방, 어린이집을 운영할 때 아기들을 돌보던 방이 생각났습니다. 식당을 통해서만 들어갈 수 있는 그 방에 화장실이 있는 것이 다행이었습니다. 딸이 있는 강남교당으로 가시는 것은 어머니의 큰 기쁨이었습니다.

따로 잘 챙겨드리지 못하고 겨우 식사시간에 한 식탁에 앉아 식사하는 것이 고작이였는데도, 어머니는 놀랍게 변하였습니다. 표정이 밝아지고 기가 살아났습니다. 저는 아무것도 해드리지 못했지만 함께 사는 어질고 따뜻한 윤순명 교무와 식당 식구들이 어머니를 지성으로 모셨습니다.

어머니는 식당에 둘러앉아 이야기하는 교도들 대화에도 끼어 말씀하곤 했습니다. 그럴 때면 얼마나 경우에 딱 맞는 말씀만 하시던지 교도들은 어머니의 지혜가 밝다고들 입을 모았습니다.

법회 날이면 어머니는 제일 먼저 2층 법당에 올라가, 오는 교도들을 눈인사로 반기셨습니다. 설법을 마치고 법당을 나올 때 어머니와 눈이 마주치면 따로 말씀은 없으셔도 딸의 설법을 제일 감명 깊게 잘 들으신 분 같았습니다. 마치 음식점에서 맛있는 음식을 배부르게 먹고 나오는 손님 같아 보였습니다. 어머니가 저의 설법을 매주 들으면서 강남교당에서 지내시는 것은 큰 기쁨이었습니다.

제가 어머니를 얼른 뵙고 외출할 때면 "나가냐" 하며 따라 나오셨습니다. 어머니는 현관 의자에 앉아 제가 돌아올 때까지 기다리고 계셨다고 합니다. 제가 늦게 들어올 때면 점심과 저녁식사까지 하시고 도로 그 자리에 앉아 기다리다, 제가 들어오면 그때서야 처소로 들어가셨다고 합니다.

자식을 기다리는 어머니가 아니고서야 한자리에서 아침 한나절, 오후 한나절, 그리고 해가 저물 때까지 시간 가는 줄 모르고 애가 타지 않아 하면서 누군가를 기다릴 수 있을까. 그날 하루 그 한자리에서 언젠가 돌아올 자식을 기다리느라 하염없이 앉아 계셨던 기다림 그 한 가지 사실만으로도 어머니의 무한한 사랑과 인내심을 느낄 수 있었습니다.

달님과의 은밀한 대화

26년 동안 55개국을 돕고 53개국을 방문하며 앞만 보고 달려왔던 세월은 쏜살같이 지나가고 이제 퇴임이라는, 현장교화의 퇴장을 알리는 순간이 왔습니다. 어머니는 빈말씀으로라도 "이렇게 교당 공가에서 살아 빚지는 것 같다. 어서 가야 된다"고 자주 말씀하셨습니다. 저는 어머니를 또 어느 곳에 모실까 궁리하다가 총부 가까운 감사의 집 노인시설에 모시기로 결정을 내렸습니다. 어머니는 제가 퇴임하기 2개월 전, 11월에 먼저 강남교당을 떠나셨습니다. 어머니는 항상 어서 가야 된다고 말씀하셨지만 어디로 갈 것인가에 대해서는 모르는 일이었습니다. 정작 감사의 집으로 모시고 갈 때에 어머니는 기뻐하지 않으셨습니다. 우선 저와 떨어져 사는 것이 제일 섭섭한 일이었을 테니까요. 어머니는 "따뜻한 봄날에 가지 뭐가 급해서 이 엄동설한에 어디로 어미를 데리고 가냐?" 하셨습니다. 저의 쓰라린 마음은 모르고 책망하셨습니다.

감사의 집에 당도해서는 새 환경이 낯설겠지만 '박청수 교무 어머니'의 체통을 챙기는 것을 보고 내심 놀랐습니다.

2년 동안 저는 서울에서 전북 군산 감사의 집을 내 집같이 편안한 마음으로 드나들었습니다. 어머니는 감사의 집에 계시는 동안 계속 살이 빠졌습니다. 살이 빠지고 훨씬 늙어가는 어머니의 모습은 참 아름다웠습니다. 강남교당 교도들도 멀리 어머니를 자주 찾아뵈면서 할머니가 더 예뻐지신다고들 했습니다.

어느 날 스리랑카 스님이 티베트 아가씨와 동행하여 중앙 총부도 구경시키고 어머니에게도 데려갔습니다. 말이 통하지 않는 그들에게 어머니는 혼자서 많은 말씀을 하셨습니다. 총부를 다녀온 두 사람에게 무엇이 가장 인상 깊었느냐고 물어보았습니다. 두 사람 모두 어머니를 뵌 일이 제일 감명 깊다고 했습니다. 스님은 어머니의 마음 안에는 티끌만한 삼독심도 없다며, 너무 아름답고, 돌아가시면 금세 왕생극락하실 거라고 확신에 찬 어조로 말했습니다.

어느 날 우리 자매는 원불교 중앙총부와 옛날에 사시던 상록원도 둘러보시게 할 겸 어머니를 모시고 드라이브를 했습니다. 어머니는 따로 기억나는 일이 없는 듯 모든 걸 무심히 보셨습니다. 저희를 만나기 위해 총부 부근에 작은 새집을 짓고 17년간이나 사셨던, 그 옛집에 모시고 가도 아무 기억도 나지 않으시는 듯했습니다.

또 어머니를 모시고 아버지 묘소가 있는 왕궁 묘역에 갔습니다. "어머니 여기가 어디예요?" 하고 여쭈었더니 "느그 아버지 있는 데" 하고 똑바로 맞추셨습니다. 어머니가 돌아가시면 아버지와 합장해 드릴 생각이라고 말씀드렸더니 마치 새댁 같은 표정을 지으며 부끄러워하셨습니다. 아무 생각 없이 세월 가는 줄 모르고 지내다보면

❝ 아버지를 떠올릴 때면 문학의 꿈을 못다 이룬
청년의 애절함을 느끼곤 한다.
나의 핏속에 아버지의 피가 흐르고 있다는
신비함을 문득 느낄 때가 있다. ❞

어머니는 "동짓달 초아흐렛날 너희 부친 제삿날 돌아온다. 잊지 말고 아버지 제사를 정성스럽게 모셔라" 하고 저희에게 각각 통지하시곤 하였습니다. 91세 되신 어머니가 63년을 더 사시고, 26세 젊은 신랑 곁에 묻히게 된다는 말씀을 듣고는 조금 전까지는 아무것도 모르다가 문득 부끄러워하는 모습을 보고 새삼 놀랐습니다.

어머니가 곧잘 '느그 부친'이라고 말씀하던 아버지에 대해서 유년 시절에 크게 기억되는 일이 없습니다. 아버지는 집에만 들어오면 항상 근엄한 표정이었고 할머니의 막강한 기운에 눌려 지내셨다고 생각됩니다. 그 옛날 방문에 한지를 바르고 살던 시절, 방 안에 있는 사람이 두 문 가운데 열리지 않는 고정문에 작은 유리조각을 붙여놓고 바깥 동정을 살피곤 했습니다. 방 안에만 계시던 할머니는 그 유리조각에 자주 눈을 대고 계셨습니다. 아버지가 돌아오는 거동이 있으면 할머니는 매양 "내 방으로 오너라, 정기야" 하셨습니다. 그 음성을 들으면 아버지는 어디에도 한눈을 팔지 않고 큰방으로 곧장 들어갔습니다.

아버지는 그 시대 지주계급의 젊은 한량이었습니다. 가사에는 도무지 관심이 없는 분으로, 사랑채에서 책만 읽고 밖에 나가면 그야말로 한량 노릇만 하셨던 것 같습니다. 할머니는 장남의 그런 모습이 못마땅하셨을 테고, 신파 연극판을 벌이면서 주동 역할을 하는 아버지에게 그리하지 말라는 주의 말씀을 듣지 않았을까 하고 추측해볼 뿐입니다.

집 안에 계실 때 웃음이 없던 아버지 모습에 저는 지금 깊은 연민의 정을 느낍니다. 어머니는 항상 밤 늦게서야 돌아오는 아버지를 기다렸다 대문을 열어주었다고 자주 말씀하셨습니다. 작은 유리조각 창으로 늘 밖을 감시하는 시어머니 때문에 한때도 남편을 대면할 수 없었던 어머니로서는 대문을 열어주는 그 짧은 시간이야말로 잠시 잠깐 아버지를 만나볼 수 있는 시간이었을 것이라고 생각해봅니다. 아버지가 세상을 떠났을 때 저는 아홉 살이었습니다. 아버지에 대한 아름다운 기억이 한 가지도 없다는 것은 매우 슬픈 일입니다.

감수성이 풍부한 소녀가 되어 전주여고를 다닐 무렵, 아버지가 쓰던 학용품에 손길이 닿았습니다. 결 곱게 깎아 쓰시던 토막 연필들, 둥근 모양의 지우개, 그 작은 것들에서 섬세함과 깔끔한 성품을 그대로 느낄 수 있었습니다. 특히 손때 묻은 장서들은 딸이 자라기를 기다리기라도 했듯 차곡차곡 쟁여 있었습니다. 춘원 이광수의 『흙』 『사랑』 『무정』 등을 읽을 때는 책갈피마다 아버지의 체취와 숨결이 그대로 전해오는 것 같았습니다. 책에서 깊은 감동을 느낄 때는 '아버지도 똑같은 감동을 받으셨을까?' 하는 상상을 해보기도 했습니다.

생각해보면 아버지가 깊은 시심(詩心)에서 길어 올린 습작 같은 유고들이 남아 있었는데, 철이 없던 때라 그 귀한 자료들을 잘 간수하지 못했으니 안타깝고 죄스럽기만 합니다. 짧은 일생을 살다 가셨지만 참으로 많은 사진을 남기셨고 사진마다 사연을 써놓으셔서 그 시절 아버지의 정서를 그대로 느낄 수 있습니다. 사진으로 본 아버지는 거문고를 타고 정구를 즐기셨으며 신파 연극을 하셨습니다. 큰 개를 데리고 찍은 사진, 여러 기생과 함께 있는 사진도 있습니다. 아버지를 기억하는 분들은 탁월한 친화력과 강한 흡인력에 대해 입을 모았습니다. 함께 있으면 시간 가는 줄을 몰랐다고들 합니다.

아버지의 묘소 앞에 서 있노라면 문학의 꿈을 못다 이룬 청년의 묘소 앞에 서 있는 듯한 애절함을 느끼곤 합니다. 예술 분야나 문학 방면에 따로 정진해보지 못했지만 저의 핏속에 아버지의 피가 흐르고 있다는 신비함을 문득문득 느낄 때가 있습니다. 원불교에 심취하셨던 아버지는 제가 자라서 원불교 교무가 되기를 바라셨다고 합니다. 오늘 걷는 이 길이 아버지의 소원도 이루는 삶이었으면 하는 간절한 바람을 갖고 아버지 묘소에 참배를 드렸습니다.

드넓은 영묘 묘역을 떠나 우리 자매가 어머니를 모시고 상사원으로 가면서 "어머니, 지금 좌산 상사님 뵈러 가고 있어요" 했더니 어머니는 갑자기 "돈" 하셨습니다. "왜 돈이 필요하세요?" 하자 "좌산 상사님 시봉금을 드려야지" 하셨습니다. 우리는 마음속으로 놀라면서 10만 원을 봉투에 넣어드렸습니다.

좌산 상사님을 뵙자 어머니는 살짝 수줍어하셨습니다. "저분이 누구세요?" 하자 어머니는 얼른 "좌산 상사님" 하며 갖고 계시던 10만 원 봉투를 그분에게 드렸습니다. 어머니의 신앙심을 증험하는 놀라운 순간이었습니다.

어머니는 익산교당에서 모셨던 좌산 상사님을 항상 흠모하며 좋아하셨습니다. 좌산 상사님은 오랜만에 어머니를 만나 뵙고 반기셨습니다. "수도를 잘 하시어 맑고 깨끗하십니다. 환골탈태하셨군요"라고 말씀하셨습니다. 감사의 집에 계실 때 어머니 모습은 매우 천진스러웠고 온 얼굴에 함박웃음을 가득 담고 있었습니다. 웃을 때의 모습은 환희 그 자체였습니다.

어머니에 대한 생각은 끝나지 않은 영화처럼 상념 속에서 계속 스치고 지나갔습니다. 어머니가 아직 혼수에서 깨어나지 않으셨을 때 지난 옛일들을 떠올리고 있다가 정신이 번쩍 들었습니다.
'작은 약속은 취소하면서 살아왔지만 중요한 강연 약속은 어떻게 할 것인가?'
좀처럼 빠져나갈 수 없는 현실에 묶여 있는 듯했습니다. 강연 약속은 잘 취소되지 않았습니다. 언젠가 그 약속을 지키겠다고 다시 약속했습니다.
휘영청 밝은 달을 쳐다보면서 "어떻게 하면 좋으냐"고 물어보았습니다. 달님이 "어머니 곁에 꼭 붙어 있으라"고 했습니다. 하얀 구름장 속으로 성큼성큼 바삐 걸어가는 달님을 붙들고 이야기했습니다.

달님, 당신 모습이 나와 같습니다. 2007년에 강남교당을 퇴임하고 몸은 떠나왔지만 미처 못다 마친 일들 때문에 퇴임한 첫해는 동에 번쩍 서에 번쩍하듯이 살았어요. 잘 모르는 사람은 원불교를 포교하기 위해 여러 나라를 돕느냐고 묻는 사람도 있어요. 원불교를 포교할 목적을 갖고 나라마다 도우려 했다면 어떻게 55개국을 도왔겠어요. 아마 다섯 나라를 돕기도 어려웠을 것입니다. 나는 절대 그렇게 하지 않았습니다.

　매우 단순한 생각으로 그때그때 절실한 도움이 필요하다고 여겨지는 일들마다 나의 일감이라고 생각하고 열심히 해왔습니다. 그런데 몇 해 전부터 문득 깨달음 같은 한 생각이 들었어요. 그래도 원불교에서는 세계 사정에 밝은 사람인데, 늦었지만 이제라도 손길이 닿는 여기저기에 원불교를 전파할 수 있는 작은 터전을 마련해야겠다는 생각이 들었습니다.

　뜻밖에 1994년부터 평양교구장의 일을 맡게 되었어요. '꽉 막힌 분단의 현실 속에서 평양교구장 역할을 어떻게 할 것인가' 하고 그 막연한 일을 골똘히 생각했습니다. 그러다가 헐벗고 배고픈 북한동포들을 돕는 것이 현재 할 수 있는 일이라고 생각했습니다. 그 무렵 우리민족 서로돕기운동 공동대표가 되었어요. 그래서 평양을 몇 번 방문했습니다. 실제로 북한을 가보니 어려운 실정이 피부에 와닿는 것 같았습니다. 그래서 지난 10년 동안 북한동포를 돕기 위해 후회 없는 최선을 다했습니다.

　한국에서 출현한 원불교는 세계 도처에 교당이 있지만 가장 가까운 땅 북한에만은 전할 길이 아직 없었습니다. 그러나 언젠가는 통일이 될 테니 그때 원불교를 전할 지름길을 만들어야겠다고 생각했어요. 그래서 북한의 나진 선봉 맞은편 가까운 곳, 중국 훈춘에 원불교 훈춘교당을 설립하고, 북한 신의주 맞은편인 중국 단동에 원불교 문패를 달았습니다.

　북한으로부터 철교를 건너면 러시아 땅으로 이어지는 연해주에도 교당을 마련했습니다. 소승불교 국가이고 세계의 최빈국의 하나인 캄보디아와는 우리와 국교도 단절된 상태에서 돕기 시작했습니다. 이제 그 나라를 돕기 시작한 지 22년째입니다. 캄보디아의 제2도시 바탐방에 2003년 교당과 무료 구제병원을 세웠습니다. 내 영혼의 영토처럼 느껴지는 오랜 일터, 인도 히말라야 3,600미터 고지 라다크에 원불교 명상센터도 세웠습니다. 세계 교화를 염두에 두고 한 일입니다. 지금 그 히말라야 오지는 서양 사람들의 관심지역으로, 서양 사람들이 많이 찾는 곳입니다.

히말라야 설산 아래로 내려와 석가모니 부처님 땅 인도의 수도 델리에 교당을 세웠습니다. 인도 라다크 출신이자 외국인 제1호 교무인 원현장 교무가 교화할 수 있는 터전입니다. 한편 유럽 교화의 관문이 될 것이라고 믿고 독일 사람인 원법우 교무가 교화하고 있는 레겐스부르크교당의 확장공사를 도왔습니다. 결국 6개 교당을 설립하고 1개 교당을 넓히는 일을 도운 셈입니다.

그 많은 일을 완수하지 못하고 퇴임한 그해, 지금 몸담고 있는 삶의 이야기가 있는 집 박물관 개관을 시작으로, 러시아 우수리스크교당, 인도 델리교당, 그리고 독일 레겐스부르크교당까지 차례로 봉불식을 하느라 달님처럼 바쁜 걸음을 걸었습니다. 퇴임 2년째인 2008년에는 캄보디아 바탐방교당과 병원이 있는 그곳에 오인환교육센터를 9월 18일에 개관했습니다. 드디어 강남교당에서 벌인 일들을 대충 마친 셈입니다.

어머니는 내가 그 모든 일을 마감할 때까지 꼬박 기다리셨다가 이제는 회복하실 수 없는 병환이 나셨습니다. 바쁜 일 속에서 빠져나온 지금, 밤낮 없이 병상을 지키고 있습니다. 이승에서 구십을 넘기도록 우리 자매만을 위해 사셨던 어머니의 병상을 지키는 일은 작은 효도라도 해볼 수 있는 것 같아 제 자신이 위로받고 있습니다. 달님, 가던 길 멈추고 나의 긴 이야기 들어주어서 고맙습니다. 달님이 잠시 오롯한 마음으로 나만을 만나주고 나의 이야기만을 들어주었다고 믿고 싶습니다.

딱 맞았어, 나는 만족한다

원병원 호스피스에서도 혼수상태가 계속되었습니다. 어머니는 패배자 같던 표정에서 평온을 되찾았습니다. 혼수상태에서 계속 들던 저의 독경 소리는 메마른 영혼에 단비와 같았을 것입니다. 어머니는 호스피스 병원으로 오신 지 5일 만에 깨어나셨습니다.

어머니는 딴 세상에서 오신 분 같았습니다. 맨 먼저 하신 말씀은 "나 잘 보내도라"였습니다. 스스로 열반의 시기가 가까워오고 있는 것을 예감하신 듯했습니다. 그래서 "어머니, '저 해가 오늘 비록 서천에 진다 할지라도 내일 다시 동천에 솟아오르는 것과 같이 비록 이 생에 죽어간다 할지라도 죽을 때에 떠나는 영식이 다시 이 세상에 새 몸을 받아 나타나게 되나니라'고 하신 대종경 천도품 말씀을 믿고 계시죠?" 하자 고개를 끄덕이셨습니다.

"어머니는 구십을 넘기고 더는 살 수 없게 되셨습니다. 지금 서산에 지는 해와 같아요. 서산에 지는 해가 내일 아침에 다시 동쪽 하늘에 솟아오르듯이, 어머니도 이승을 떠나도 한평생 잘 사셨던 선한 업인을 갖고 금생보다 더 좋게 태어나실 겁니다"라고 말씀드렸을 때도 고개를 끄덕이셨습니다.

어머니가 20대에 원불교를 믿기 시작해서 60년보다 더 긴 세월 동안 법회 때마다 법설을 들으신 것은 정신의 양식과 같았습니다. 어머니는 어떤 경우도 죄받을 일은 짓지 않고 복받을 일만 가려 하며 열심히 살아오셨습니다. 다음 생은 큰 축복이 기다리고 있다고 할 수 있습니다. 못 배운 것을 금생의 한으로 여기셨는데 다음 생에는 많이 배우게 되실 것입니다. 형편껏 장학사업도 많이 하셨으니까요. 어머니는 인과의 진리를 꼭 믿으셨습니다. 젊은 날 할머니로부터 무서운 시집살이를 하셨지만, 자주 "내가 잘못 짓고 나와서 그러지, 너희 할머니도 남한테는 참 잘하셨다"고 말씀하셨습니다. 인과의 이치를 믿으셨기 때문에, 금생의 모든 것을 풀고 내생에는 좋은 인연으로 만나기 위해 참고 할머니에게도 잘하려 애쓴다고 하셨습니다. 혼수상태에서 깨어난 어머니는 아주 옛날 이야기를 생생하게 들려주셨습니다.

저를 빤히 바라다보며 "나는 너희 형제 가르치려고 안 해본 장사가 없다" 하셨습니다. 저는 장사하셨다는 말씀을 생전 처음 들었습니다. 그래서 "무슨 장사를 하셨어요?" 하고 놀라워하는 마음으로 여쭈었더니 젊은 날의 경험을 비밀로 간직하셨다가 마치 자존심의 막을 걷어내듯 술술 말씀하셨습니다.

"처음에는 여수에서 생선을 받아다가 생선장사를 했는데, 점심 때가 되자 주인이 내가 생선장사니 부엌에서 밥을 먹으라 해서 못할 장사라고 생각하고 하루를 하고 걷어치웠단다. 그 다음에는 소쿠리 장사도 하고 비단장사도 했지."

어머니는 천장을 바라보며 아득히 흘러간 옛날을 회상하셨습니다. "우리는 어머니가 장사를 하셨던 사실을 왜 모르죠?" 하면서 좀 따지듯 여쭈었더니 "너희가 알면 속상할까봐 모르게 했지" 하며 회한에 젖는 표정을 지으셨습니다. 우리는 어머니가 장사를 하기 위해 행장을 챙겨 들고 나가시는 것을 한 번도 본 적이 없었습니다. 어머니는 저희뿐 아니라 나름대로 양반 행세하는 홈실 박씨 집성촌 이웃이 알아도 안 되는 일이어서 감추셨을 것입니다.

'팔다 남은 물건은 어디에다 두고 항상 빈 몸과 맨손으로 집을 드나드셨을까' 하는 생각이 들었습니다. 제가 전북여중에 입학했을 때 남원군 학생은 7명밖에 없었습니다. 양친 부모가 다 계셔도 상급학교를 보낼 엄두를 못 내던 어렵고 가난하던 시절이었습니다. 어쩌면 어머니는 우리 자매가 전주에서 학교 다닐 때 학비를 마련하느라 숨어 장사를 하셨을지도 모릅니다.

"나는 너희 형제 가르치려고 안 해본 장사가 없다" 하신 말씀만 떠올리면 지금도 눈물이 핑 돕니다. 우리를 키우고 가르치느라 고생하셨던 또 다른 옛이야기를 호스피스에서 처음 들었습니다. 그 말씀을 어떻게 한평생 안 하고 스스로 비밀을 지키셨을까, 어머니의 비범함을 새로 알게 되었습니다.

"어디가 아프세요?" 하면서 어머니 다리를 주물러드렸습니다. 그때 어머니는 "너 팔 아프다. 그만 둬" 하셨습니다. 다른 때도 어머니는 "너희같이 공중사(公衆事)하는 몸이 귀하지, 엄마 같은 사람 좀 아픈 것은 괜찮아" 하셨습니다. 어머니에게 무서운 인내력이 있음을 보았습니다.

　어느 날 상록원 비탈길로 내려갈 때 어머니도 따라 내려오다 주저앉으셨습니다. 그때 손목을 다치셨습니다. 어머니는 "아야" 하는 외마디도 내지 않고 다친 손목만 만지고 계셨습니다. 그때 다친 손목은 나중에 결국 뼈가 빠져나온 듯 비틀어졌고, 그런데도 그 손목으로 한평생을 사셨습니다. 어머니 손목을 잡고 유심히 바라보면 "이젠 다 낳았어. 아프지 않다" 하셨습니다. 넘어지는 그 순간 얼마나 아프셨을까? 많이 아파하면 제가 걱정할까봐 입 밖으로 아프다는 말씀도 내지 않고 삼키셨습니다.

　어머니는 참으로 대단한 분이었습니다. 제가 스물일곱 살, 종로교당 부교무로 첫 부임을 하게 됐을 때, 어머니는 낙상을 하여 거동을 못하셨습니다. 그때 "총부명을 받았으니 어서 종로교당으로 가야지, 머리맡에 밥상 차려놓고 요강 가까이 놓고 어서 가거라. 나는 교당에서 와보실 테고, 마을사람들이 들여다볼 것이다" 하셨습니다. 어머니 하란 대로 밥상을 머리맡에 차려놓고, 요강 가까이 챙겨놓고, "가라" 하는 어머니 곁에 앉아 한없이 울다가, 어머니 곁을 떠나 남원까지 20리 길을 걸었던 때가 엊그제 같습니다. 그때는 전화가 없던 때라 궁금해도 소식을 모른 채 지나면서 상서나 드렸겠죠. 어떻게 거동할 수 없이 누워 계시면서도 어머니는 교단의 명령을 어기지 못할 일로 여기셨을까요. 어머니가 비범하셨음을 이제 다시 깨닫습니다.

　어머니의 구십 한평생이 뉘엿뉘엿 저물어갈 무렵, 혼잣말처럼 "딱 맞았어"라고 자주 말씀하셨습니다. "무엇이 딱 맞았어요"라고 여쭈어보면 "그냥 딱 맞았어"라고만 하셨습니다. 아마 오직 둘밖에 없는 딸을 어머니 소원대로 원불교의 교무가 되게 하고 정녀의 길을 걷도록 딸들의 인생을 열어주었던 그 일이 딱 맞았다고 속마음으로 계산을 맞춰보시는 것 같았습니다.

저는 어머니에게 위안이 될 말씀을 해드려야겠다는 생각을 했습니다. 그래서 "어머니는 크게 성공한 분이고, 또 행복한 분이라고 세상 사람들이 말한대요"라고 말씀드렸습니다. 어머니는 "왜 그런대?" 하고 반문하셨습니다. "어머니가 젊은 날 뜻하고 원하던 대로 딸 둘을 교무로 만드셨고, 이제 그 두 딸이 공중사를 다 잘 마치고 퇴직까지 했으니까 어머니는 성공한 분이래요. 그리고 원병원에 입원하고 계셔도 큰 병도 없고 고통도 없으니 얼마나 행복하신 분이냐고 남들이 부러워한대요"라고 말씀드리면 "그런대! 그런지도 몰라" 하셨습니다.

저는 독특한 대화법을 생각해냈습니다. 어머니와 눈을 맞추면서 "우리 엄마 까꿍"이라고 아기에게 하듯 말하면 어머니도 저를 바라보며 "우리 딸 까꿍" 하셨습니다. 어머니는 '까꿍'을 참 좋아하셨습니다. 그래서 자주자주 했습니다. 어머니는 까꿍을 그만하고 싶을 때는 "까, 까꿍" 하며 길게 소리 내셨습니다.

"우리 엄마 까꿍."

"우리 딸 까꿍."

어머니와 더할 수 없이 친밀하고 다정한 대화였습니다.

저는 어머니 침대 곁에 항상 앉아서 어머니 손을 잡고 책을 읽었습니다. 젊은 날 일을 많이 하셨을 때는 거칠었는데 이제 어머니의 손바닥은 흰떡 절편같이 깨끗하고 부드러웠습니다. 어머니는 저더러 잡으라고 항상 침대 밖으로 손을 내밀고 계셨습니다. 하루 이틀 사흘 나흘, 어머니 손을 잡고 책을 읽었습니다. 어느 때는 너무 조용한 어머니가 이상해서 쳐다보면 멍한 채 누워 계셨습니다. 때때로 우리가 "어머니, 다음 생에 다시 태어나면 절대로 시집가지 말고 우리처럼 원불교 교무가 되셔야 합니다"라고 다짐하듯 말씀드리면 "그럴게" 하다가도, 어느 때는 "그 죽는다는 말 좀 어지간히 해라" 하고 나무라셨습니다. 우리는 어머니가 생사를 초월한 분이라 믿고, 죽는 문제를 아무 부담 없이 자주 꺼내곤 했습니다.

어머니의 내면세계는 원불교 교법정신으로 저신저골(低身低骨)이 되셨습니다. "어머니, 생로병사의 이치가 춘하추동과 같이 되는 줄을 확연히 믿으시죠?" 하면 "알아"라고 대답하셨습니다. 어머니는 생사가 사시순환과 같고, 태어났다가 죽게 되면 없어져버리는 것이 아니라, 그 한 영식이 또다시 새 몸을 받아오는 이치가 있음을 확실히 믿으셨습니다. 한번 태어난 사람은 반드시 죽게 마련이지만, 마치 엄동설한이 지나면 새봄이 오듯이 노쇠한 그 몸은 죽어간다 하여도 가면 다시 오는 거래(去來)의 이치가 있는 줄도 확연히 믿고 계셨습니다. 그래서 죽음에 대해서도 아무 공포가 없고 편안하게 순리로 받아들이고 계셨습니다.

마지막 떠나시던 날

어머니가 위중하다는 소문은 금세 퍼졌습니다. 남원 수지면 홈실 박씨 문중에서도 오고 이모집, 고모집에서도 모두 다녀갔습니다. 어머니는 평소에 잘 알던 사람이 왔는데 기억이 나지 않을 때는 이렇게 말씀하셨습니다. "잘 아는데…… 모르겠어" 하고 좀 민망한 듯 미소로 대하고, 새 돈을 볼 때는 "꼬실꼬실한 돈이다"라는 반응을 보이셨습니다.

강남교당 여러 교도도 다녀갔습니다. 30여 년 전 2년 동안 살던 전북 김제 원평교당 여러 교도가 병문안을 왔을 때는 참으로 고마운 인정을 느꼈습니다. 감사의 집 봉사자들도 번갈아 병문안을 와서 어머니와 정들었던 표시를 눈물로 보여주었습니다. "할머니는 감사의 집 꽃이었는데, 모든 봉사자가 할머니를 좋아하고 예뻐했는데"라는 그 말이 참 고맙게 들렸습니다.

어머니가 갑자기 "아야!" 하며 무릎이 아프다고 호소하면 급히 진통제 주사를 놓아드렸습니다. 그 일은 매일 반복해서 일어났습니다.

저보다 약한 덕수 교무는 매일 오후에 어머니를 찾아뵈었습니다.

저에게 "내가 오늘밤 잘 테니까 언니는 수도원에 가서 쉬어" 하면 어머니는 "너랑 함께 자는 것은 좋아도 언니는 가면 안 돼" 하고 막으셨습니다. 그래서 어머니 소원대로 우리 세 모녀는 자주 함께 자곤 했습니다.

어머니의 천도를 위해 소리 내어 설명기도를 했습니다.

은혜로우신 법신불 사은(四恩)이시여, 어머니가 90세 천수를 다 누리고 이제 열반의 순간이 다가오고 있습니다. 어머니로 하여금 금생의 미진한 착심을 모두 여의게 하여 주시옵고, 오직 청정일념에 안주하게 하여주시고 세세생생 성불제중하실 서원을 굳게 세우게 하여 주시옵소서. 그리고 모든 인연은 불연과 상생선연으로 거래하게 하여 주시옵소서. 특히 어머니가 저희 자매를 기르고 가르쳐 이 공도사업에 힘쓰도록 해주신 큰 은혜에도 깊이 감사드립니다. 어머니가 부디 생사를 초월하고, 해탈하고, 다음 생엔 큰 활불(活佛)로 오시기를 간절히 비옵나이다.

기도를 마치자 어머니는 갑자기 "체증이 내려가고 소화가 다됐다" 하셨습니다. 영험한 기도의 위력을 방금 힘입으신 듯했습니다.

11월 18일에는 어머니가 의사를 전달하고 싶어 말씀하시는데도 도저히 알아들을 수가 없었습니다. 말씀하시고는 저의 반응을 살피셨습니다. "어머니, 제가 갑자기 귀가 어두워져서 말씀을 못 알아듣네요. 죄송해요" 하였습니다. 어머니는 대화와 소통을 단념한 듯 눈

“ 원불교는 어머니의 삶의 시련과 절망을
극복할 수 있는 출구였다.
어머니의 두 딸은 모두 교무가 되었다.
행여 공든 탑이 무너질세라 일천정성으로
우리의 성공을 위해 기도하셨다. ”

을 감으셨습니다. 어머니는 물도 넘기지 못하시게 되었습니다.

　어머니의 소변은 고동색으로 변하고 양도 급격히 줄었습니다. 호흡도 점점 어려워졌습니다. 그래서 산소공급기의 도움을 받도록 했습니다. 어머니의 목 깊은 곳, 가래를 빼어낼 수 없는 그곳에서 가래가 심하게 끓기 시작했습니다. 그 소리를 듣고 있으면 너무 괴로우실 것 같은 마음에 안타까웠습니다. 자주 어머니 방을 드나들던 의사선생님은 마음의 준비를 하라고 했습니다.

　열아홉에 저를 낳으셨고, 제가 열아홉 살 때 원불교에 전무 출신을 하였으니 어머니는 서른여덟 살에 딸을 교무 만들고 싶은 소원을 이미 이루셨습니다. 저를 따라 덕수 교무도 출가하여 어머니의 두 딸은 모두 교무가 되었습니다. 행여라도 공든 탑이 무너질세라 일천정성으로 우리의 성공을 위해 기도하셨습니다. 어떤 교무님은 이런 이야기를 들려주었습니다. "청수 교무님 어머니가 추운 겨울날에도 대종사님 성탑에 오시어 눈밭에 주저앉은 채 오랫동안 두 따님을 위해 소리 내어 기도하시는 모습을 보았다"면서 어머니 기도에 힘입어 모든 일이 잘되는 거라고 했습니다. 어머니는 수호신으로 일평생을 지켜주셨습니다.

　우리 자매가 일터에서 모든 책임을 온전히 다 마치고 현장에서 물러날 때까지 50년 동안 조심스러운 마음으로, 때로는 기쁜 마음으로 둘만 바라보고 사셨습니다. 열심히 일하여 그 보람을 가꿀 때면 "나는 남의 장관아들 부럽지 않다. 상록원 내 방 안에서 남몰래 춤이라도 추고 싶다"고 하셨습니다.

어머니는 수지교당과 익산교당에서 탁월한 친화력과 적극적이고 왕성한 활동력으로, 그리고 순일한 공심과 신심으로 교당 발전의 주역을 맡아오셨습니다. 어머니야말로 대종사님의 혈심 제자입니다.

우리는 어머니의 건강상태를 산소와 맥박의 수치로 재고 있었습니다. 간호원들은 산소 수치가 내려가면 주사를 놓았습니다. 그러면 수치가 올라갔습니다. 어머니는 며칠째 혼수상태에 빠져 있었습니다. 그 모습을 지켜보면서 '무의미한 생명 연장'이라는 말이 떠올랐습니다. 저는 덕수 교무와 의논했습니다. 이런 상태로 오래 지탱하는 것은 의미가 없는 일이라고, 지금이야말로 결단이 필요하다는 생각이 들었습니다.

큰 결심을 하고 결단을 내린 때가 11월 25일 새벽이었습니다. 저는 코에 연결된 산소공급기를 걷어내고 주사액도 더 이상 못 들어가게 막았습니다. 오직 어머니를 위하는 길이라고 생각하면서 결행했습니다. 그런데도 너무너무 긴장이 되었습니다. 12시 정각에 모든 조치를 끝냈는데도 2시 45분에야 숨을 거두셨습니다. 놀라운 일은 숨을 거두시기 직전에 오랜 혼수상태였던 어머니는 갑자기 눈을 똑바로 뜨고 저를 응시하셨습니다. 너무 당황했습니다. 제가 한 모든 일들이 잘못되었는가 하는 죄의식까지 들었습니다. 간신히 찾아낸 말은 "어머니 편안히 떠나셔요, 우리 어머니 편안히 가셔요"였습니다.

열반하시자마자 간호원들은 빠르게 주변정리를 했습니다. 환자복을 벗겨드리고 인조견 하얀색 옷을 입혀드렸습니다. 하얀 인조견 옷을 입고 반듯하게 누워 계신 어머니는 박꽃같이 예뻤습니다. 너무나도 아름다웠습니다.

　모든 절차는 신속하게 이루어졌습니다. 숨을 거두자마자 시신은 곧바로 원광대학병원으로 옮겨졌고 이제 단 3일 만에 장례 치를 절차를 모두 밟기 시작했습니다. 그 순간 허공에서 헛발을 딛는 것 같았습니다. 그렇게 어머니를 여의고 고아가 되었습니다.

　초상집에 사람이 많이 오는 것이 상주에게 큰 위로가 된다는 것도 장례를 치르면서 깨달았습니다. 하루 세 차례 독경 시간에 많은 대중이 지성으로 어머니를 위해 천도 독경을 해드릴 때는, 어머니를 맞기 위해 방금 연화대의 문이 열리는 것 같았습니다. 그리고 영접을 받는 어머니가 방금 왕생극락하고 계시는 것 같았습니다.

　어머니가 세상을 떠나고 난 후 두 번의 격조 높고 상서로운 꿈을 꾸었습니다. 꿈은 너무나도 생생합니다. 한번은 넓은 바다에 창살 없는 큰 직사각형 문이 열리고 닫히는 것을 보았습니다. 그곳에 어머니가 계셨던 것은 아닙니다. 그러나 그 꿈이 어머니와 무슨 관계가 있지 않나 생각해보곤 합니다. 또 한 번의 꿈은 여러 사람이, 서 계시는 어머니를 호위하면서 비단의 필육을 이리저리 맞추어보는 꿈이었습니다. 그 옷감은 생전 본 일이 없는 색상과 문양이었습니다.

'어머니는 지금 어디에 계실까?' 하고 생각할 때마다 그 두 번의 꿈은 자꾸만 무엇인가를 연상케 합니다. 어머니는 큰 일터를 따라가셨다고 믿고 있습니다. 그리고 큰 활불로 다시 오신다고 믿고 있습니다. 금생에 어머니 되어주신 은혜를 저는 세세생생을 통해 갚아드리려고 합니다.

백잿날에 드리는 글월

어머니 100재 하루 전 아침엔 떡가루 같은 하얀 눈이 얌전하게 내리더니 더 큰 눈송이가 펑펑 쏟아져 앞산의 설경이 너무 아름다웠습니다. 천지도 100재를 준비하느라 세상 모든 것을 새하얀 눈으로 덮어 제단을 만드는 것 같았습니다.

100날 동안 어머니가 두 딸을 데리고 찍은 사진을 삶의 이야기가 있는 집 불단에 모시고 하루같이 촛불을 밝히고 향을 사르며 왕생극락을 지극한 마음으로 축원드리고 저의 독경 테이프를 틀어드렸습니다.

영정을 모신 법당에 하루에도 수없이 들락거리며 촛불을 살피고 향을 사르면 "너는 나 때문에 네 볼일도 못 보겠다" 하는 음성이 들리는 듯했습니다. 볼일이 있어 서울이나 지방에 나갔다가도 어머니가 기다리실 것만 같고, 촛불이 꺼지고 향을 사르지 못하면 마치 어머니가 굶고 계시는 것 같아 발걸음을 재촉하여 돌아와 영전에 다시 축원의 정성을 바쳤습니다. 어머니가 한평생 덕수와 저를 위해 베풀어주신 사랑과 희생, 그 큰 은혜의 만분의 일이라도 보답해드리고 싶었습니다.

　효심 있는 옛사람들이 부모님이 돌아가시면 그 묘소를 돌보며 시묘살이를 했다는데, '그들은 어떻게 시묘살이를 했을까' 생각하면서 저도 영정을 모시고 시묘살이를 하는 심경으로 정성을 바쳤습니다. 어머니는 제가 바치는 초와 향으로 큰 호사를 하셨습니다. 캄보디아에서 만든 도자기 촛대는 작고 예쁜 앉은뱅이 촛대입니다. 연꽃문양으로 가늘게 뚫린 데로부터 불빛이 새어나오는 것이 신비롭게 느껴집니다. 그 촛대에 불을 밝히는 초는 우리나라에서는 생산되지 않습니다. 멀리 독일에다 주문하여, 레겐스부르크 원법우 교무가 작고 둥근 초를 많이 보내왔습니다. 저는 영정 앞에뿐 아니라 거실에 있는 미국의 그랜드 캐니언을 연상케 하는 작품 사진 앞에도 그 앉은뱅이 도자기 촛대에 불을 밝혀놓곤 했습니다. 어머니가 행여 먼 나라에 태어나실지도 모르는 일이어서, 세계 어느 곳을 가든지 항상 밝은 불빛이 영로를 환히 비추기를 바라는 마음으로 그렇게 했습니다.

　특별히 세상 떠나신 지 100날 되는 오늘 밝혀드리는 초는 처음 보시는 초일 것입니다. 저도 처음 보았으니까요. 순백색인데 아래 부위는 은은한 옥색 빛이고 피라미드형 초입니다. 이 초는 캄보디아 프놈펜에 있는 한국 가르멜 봉쇄수녀원에서 만든 참으로 귀한 초입니다. 가르멜 수녀님들은 세상 밖으로 나오지 않고 오직 수녀원 안에서 수도하고 기도만 바치는 분들입니다.

　그분들이 만든 초가 오늘 어머니 영전을 밝히는 것도 우연한 일은 아닙니다. 참으로 이 우주 안에는 묘하게 상응되는 이치가 있음을 다시 느낍니다. 향도 여러 나라 향, 일본, 인도 향을 피워드렸습니다. 오래 전 라다크에 사는 상가세나 스님이 "나는 가난한 스님입니다" 하며 선물로 듬뿍 사다준 인도 향을 100일 동안 피워드렸습니다. 향 내음이 순하지 않고 매우 독특합니다. 좀 진하게 느껴지는 그 향을 많이 피워드린 까닭은 그 진한 내음이 모든 사기를 더욱 청정하게 정화할 것 같아서였습니다.

영정 아래에는 이정자·안명경 숙명여고 전 교장선생님이 추모의 리본을 단 새하얀 호접난을 바쳤습니다. 그 꽃은 참으로 오랫동안 피어 있었습니다. 그리고 헌산중학교 김자연 행정실장이 한아름 예쁜 꽃을 유리 화병에 꽂고 꽃이 시들면 또 새 꽃으로 바꾸는 정성을 바쳤습니다. 삶의 이야기가 있는 집에 찾아온 손님들은 경건하고도 살뜰한 정성을 느낄 수 있는 어머니의 영정 앞에서 두 손을 모으고 명복을 빌었습니다. MRA(도덕재무장)의 세계 많은 젊은이도 영정을 바라보고 가슴에 손을 모으고 기도를 바쳤습니다. 성 라자로 마을 김화태 신부님은 어머니 세상 떠나신 소식을 듣고 그곳 나환우들과 함께 천주교식으로 기도 드린다고 했습니다. 그리고 명동에 있는 샬트르 성 바오로 수녀회, 베타니아 집에서도 조규옥 원장수녀님과 여러 수녀님이 함께 기도하고 있다고 했습니다.

종교를 초월하여 어머니의 밝은 영로를 빌어드릴 수 있어 큰 위안이 되었습니다. 다행히 퇴임을 하여 몸과 마음이 한가로울 때 어머니가 병환이 나고 또 열반하시게 되었습니다. 2008년 10월 3일부터 감사의 집에서 어머니를 모시기 시작하여 원병원 호스피스에서 줄곧 어머니를 모시다가 열반하실 때까지, 그리고 오늘 100재를 올려드리는 2009년 3월 4일까지 150일, 지난 5개월 동안 두 마음 없이 어머니만 모시고 지내왔습니다.

　삶의 이야기가 있는 집에 혼자 살기 때문에 어느 누구의 눈치를 볼 것도 없이 때때로 영전에서 소리 내어 울기도 했습니다. 그러고 나면 마음이 한결 후련해지는 것 같았습니다. 큰소리를 내어 우는 것도 제가 어머니를 그리워하고 사모하는 절실한 표현이었습니다. 90세 한평생 천수를 다 누리셨고, 또 저의 나이가 젊지 않은데도 어머니가 영영 곁에 계시지 않다는 그 엄연한 현실이 너무나도 슬픕니다. 어머니가 곁을 떠나시고 나서야 '상실감'이라는 말뜻도 더 잘 알게 되었습니다.

　냉정하게 생각해보면 쇠약해진 어머니가 더 이상 생존할 수도 없고, 이승을 하직하신 것은 당연한 순리 자연한 줄 잘 알면서도 저는 마치 엄마를 잃고 어찌할 바를 모르는 어린아이처럼 되었습니다. 그래서 자꾸만 영정 앞에 가서 어머니를 만나고 또 만났습니다.

　어머니가 서재에서 바라다보이는 저 앞산 산비탈에서 허리 굽은 자세로 휘적휘적 내려오시는 것만 같기도 하고, 또 때로는 맞은편 산자락 반듯한 곳에 정좌하고 저를 바라다보고 계시는 것만 같은 착각에 빠지곤 했습니다. 100일 동안 모시고 있을 때 어머니와 참으로 많은 대화를 나누었습니다. 바람이 불면 "저 밖에서 나는 듣기 좋은 소리는 무슨 소리냐?"고 물으면 저는 "독일에서 사온 풍경소리입니다"라고 대답했습니다. "이 추운 겨울에 색색으로 예쁜 장미 꽃밭에서 사는구나" 하면 "네, 저 꽃들은 46년 전 종로교당 학생회 회장이었던 아침농장 주인 권오영 군이 보내온 것들입니다" 하였습니다. 그러면 "참 고맙기도 하다" 하셨습니다.

수도자의 말년을 이렇게 한적한 곳에서 한가롭게 살 수 있다는 것이 너무나도 감사하고 은혜롭습니다. 함께 사는 사람이 없어 말할 상대도 없습니다. 침묵 속에서 날과 날들을 지낼 때가 많습니다. 하루 세끼의 식사도 스스로 만들어 먹습니다. 그런 일은 하루 운동량으로도 필요하다고 생각합니다. 지난날 절실하다고 여겨지는 큰일들을 하느라 분초를 다투며 치열하게 살던 때에 비하면 몸으로 하는 일은 어려운 일이 아닙니다.

서재의 큰 서가에는 온갖 책이 가득 꽂혀 있습니다. 언젠가 읽으려고 관심 가는 책들을 꾸준히 사 모아두었던 것들입니다. 퇴임하고 나서야 그 책들에 손이 가 요즘은 독서도 많이 하고 있습니다. 특히 원불교 선진님들의 문집을 읽으면서 얼과 혼을 받고 있습니다. 역사책이나 사상서, 그리고 시와 소설도 읽습니다. 각 분야의 책들을 두루 섭렵하다보니 정신세계가 풍요로워지는 듯합니다.

사람들은 퇴임 후에는 또 무슨 일을 할 것이냐고 묻기도 합니다. 그럴 때면 "느낌이 좋은 사람이 되고 싶다"고 선문답을 합니다. 하루하루를 침묵 속에 지내다보면 마음은 절로 조용해집니다. 그 조용한 마음을 잘 유지하려고 힘쓰고 있습니다. 저는 TV도 보지 않습니다. 아침엔 라디오 뉴스를 듣는 것도 삼갑니다. 저와는 상관없는 일로 아침부터 정신이 시끄러워지지 않게 하기 위해서입니다. 오직 저의 한마음이 온전한 상태로 지속될 수 있도록 힘씁니다. 한마음이 온전하기만 하면 적적성성(寂寂惺惺)한 본래 면목 자성자리에 합일된다고 믿고 있습니다.

삶의 이야기가 있는 집은 매우 조용합니다. 산자락에 위치하고 있어 자연 경관도 아름답고 공기도 맑습니다. 3층 처소에서는 사방 어디를 보아도 하늘과 산이 훤히 보입니다. 침실이 있는 동쪽으로는 먼 산이 바라다 보입니다. 서재에서 한걸음만 나서면 열린 공간이 있어 하늘도 보이고 앞산도 눈앞에 있습니다. 그곳에 앉아서 숲 속 새들이 이리저리 분주히 날아다니는 것을 보고만 있어도 마음은 금세 한가로워집니다. 쑥꾹새, 산꿩 소리, 꾀꼬리 소리, 여러 새의 소리도 참 듣기 좋습니다. 이름은 몰라도 청정지역에서만 산다는 어떤 새의 드르륵 톱질하는 것 같은 둔탁한 외마디 소리가 나면 산골짜기는 갑자기 적막에 빠집니다.

겨울 내내 잎을 떨군 나목들이 대지에 뿌리박고 정정하게 서 있다가 봄이 오면 연둣빛 신록으로 옷을 갈아입고, 여기저기 피어나는 새하얀 벚꽃들과 수줍은 듯한 진달래가 함께 피어나면 온 산은 화사하고 싱그럽습니다. 그러다가 여름이 되면 칙칙한 녹음으로 우거지면서 시원한 그늘을 드리웁니다.

또 계절의 변화 속에 소슬한 가을바람이 불면 누군가가 빨강 노랑 갈색 등 온갖 물감을 풀어놓은 듯 숲과 나무들은 단풍으로 물듭니다. 가을이 깊어지면 그 고운 색색의 단풍잎들이 한 잎 두 잎 뚝뚝

❝ 사람들은, 퇴임 후 또 무슨 일을 할 것이냐
묻기도 한다. 그럴 때면 나는
'느낌이 좋은 사람이 되고 싶다'고 선문답을 한다.
하루하루를 침묵 속에 지내다보면
마음은 절로 조용해진다. ❞

떨어지다가 늦가을 찬바람이 온 산을 쓸어내리면 나무들은 마치 아무 미련이 없는 듯이 잎을 다 떨구고 겨울을 맞기 위해 나목으로 굳건하게 서 있습니다. 겨울엔 새하얀 눈이 가지마다 조심스럽게 쌓이고 땅을 덮으면 어느 화가도 그릴 수 없는 순백색의 정취를 자아냅니다. 그런 설산을 하염없이 바라보고 있노라면 제 마음도 어느 듯 순백색으로 탈색이 됩니다.

이곳에는 세 개의 독일 풍경이 매달려 있습니다. 바람이 살랑살랑 불 때면 댕그랑댕그랑 예쁜 소리를 내는 두 개의 금속성 풍경이 서로 몸을 부딪쳐 마치 파이프오르간을 연주하는 것 같은 소리를 냅니다. 그중에 대나무로 만든 것에서 나는 둔탁한 목탁 소리 같은 저음이 매우 매력적입니다. 갑자기 바람이 세차게 불면 건반을 열정적으로 두들기기라도 하듯 참으로 요란한 소리를 냅니다. 풍경 소리는 아무도 모르게 지나가는 바람의 소식을 전해줍니다.

낮 동안에 무심코 하늘을 올려다보면 구름이 움직이는 모양이 한없이 한가롭습니다. 산속에 깜깜한 어둠이 내려앉으면 밤하늘엔 별들이 수놓이고 초승달과 보름달이 저와 숨바꼭질을 합니다. 눈과 귀를 자연에 온통 맡기고 있노라면 제 자신이 자연의 일부처럼 느껴집니다. 사람이 자연과 완전히 하나가 될 때에는 그 심성이 그지없이 순해지고 순수해지는 것을 경험합니다.

어머니는 "너 혼자 삶의 이야기가 있는 집에서 사는 것이 너무 심심하지나 않을까, 걱정하는 속 모르는 사람들도 있더라만 네가 이곳에서 수도자의 본분에 맞는 생활을 하고 있는 것 같아 안심이 된다"

라고 대화하듯 속삭이십니다. 저의 여생의 마디가 얼마나 남아 있는지 알 수 없지만 하루하루를 새날로 맞아 속 기쁨을 느끼면서 살아가고 있습니다.

요즈음 뜻밖에 제6대 농어촌청소년육성재단 이사장을 맡게 되었습니다. 보건복지가족부로부터 이사장직을 맡아달라는 제안을 처음 받았을 때에는 '퇴임한 성직자가 다시 일터로 나가는 것이 과연 바람직한 일인가' 하고 망설였습니다. 그러나 결국 그 책임을 맡기로 결심했습니다. 저는 이제까지 원불교의 깊은 강물에서 살다가 넓은 바다로 나온 것 같습니다. 이제는 관심과 정성을 농어촌 청소년에게 쏟아보려고 합니다.

어머니가 세상 떠나신지 90일 째 되던 날, 저는 고향 남원 수지교당에 갔습니다. 그곳에 간 까닭은 어머니가 남원군 이백면에서 낳고 자란 다음, 같은 남원군 수지면 우리 집으로 열여덟 살에 시집와 일찍 아버지와 사별하고 우리를 오직 큰 기대와 희망을 갖고 사랑과 정성으로 기르고 가르치셨기 때문입니다. 온갖 고생을 마다하지 않으셨던 어머니의 젊은 날, 그 세세곡절을 마음속에 되새기기 위해 고향땅을 찾았습니다. 그 시절에야 모두 농사짓고 살았지만 어머니는 홀로 힘겹게 농사일을 하셨습니다. 어렸을 때 어머니가 하는 일을 거들었던 일이 어제 일처럼 선연합니다.

우리가 다녔던 수지국민학교도 가보았습니다. 금년 1학년 신입생이 단 2명뿐이라고 했습니다. 이 같은 현실이 오늘날 농촌실정을 단적으로 말해주고 있었습니다. 마을에서도 사람이 살지 않는 빈집이 많다고 합니다. 제가 태어나고 우리 가족이 살던 울창한 대밭 아래 그 큰 기와집도 퇴락할 대로 퇴락해서 그 어디에서도 정든 구석을 찾아볼 수가 없어 섭섭했습니다. 그래도 고향 산천은 그 옛날에 느끼지 못했던 아름다운 자연이 좋아 더 은밀한 정을 느껴보았습니다.

박씨 가문의 집성촌인 수지면 홈실에서 저와 같은 원불교 교무가 36명이나 나왔는데 앞으로도 대를 이어 계속 나올 수 있을 것인가 하는 의문을 가져보았습니다. 제가 수지교당 법회를 보던 날 많은 노인교도와 함께 소수의 젊은이까지 남녀 대중은 30명이었습니다. 법회에 나온 분 모두가 박씨 일가 어른일 텐데도 누가 누구인지 알 수가 없었습니다. 그래도 모두 저를 반겼습니다. 그분들이 차려주신 밥상 음식 맛이 꼭 어머니 솜씨와 같아서, 그 음식을 먹으면서 눈물이 핑 돌았습니다.

어머니! 소리 소문 없이 이 삶의 이야기가 있는 집에서 오늘 저와 덕수 교무가 100재를 올리려고 했는데 심월가족들이 모여들었습니다. 심월가족은 제가 30대 초반 서울지구 청년교화를 할 때 만났던 40년 이상 된 옛날 인연들입니다. 그리고 법연과 법정이 깊은 강남교당 교도들이 서로 알고 찾아와 지성으로 100재를 함께 올리고 있습니다. 어머니는 49일 종재 이후 중음계를 떠나 이승으로 오고 계신다고 믿고 있습니다. 어머니는 불연 따라, 법연 따라, 상생선연 따라 기다림 속에 오신다고 믿고 있습니다. 새로운 생엔 심신 건강하고 총명하며 동정심 강한 분으로 오시길 비옵니다. 부디 일찍 원불교를 만나시어 금생에 간직하고 가신 성불제중 그 큰 서원을 모두 이루시길 비옵니다.

  원불교 교무가 되어서는 대정진(大精進) 대적공(大積功) 하여 혜복 충만한 성자되시고, 큰 법력 갖추어 일원대도 회상에 활불 되시옵길 축원드립니다.

원기 94년(2009년) 3월 4일
청수 · 덕수 올림

어머니 장롱 속엔 비단옷감이 차곡차곡

어머니가 세상을 떠나고 첫눈이 내렸을 때 "어머니, 첫눈이 내렸습니다"라고 말씀드렸습니다. 어머니는 "이곳에도 눈이 내렸다. 너 있는 데는 춥냐? 여기는 춥지 않다. 아마 여름에도 덥지 않겠지……"라고 하셨습니다.

어머니는 음력 1월 1일 세상에 태어났습니다. 외가댁에서 자랄 때는 외할머니가 챙겨주셨겠지만 아마 시집오신 후로는 큰 명절인 설날이 생신날이었으니 항상 설날에 묻혀 지나갔을 테고, 어느 누구도 생신을 챙기지 않았을 것입니다. 열세 살 때 전주로 중학교를 다니기 위해 고향을 떠난 저는 어머니 생신도 잘 기억하지 못했다고 생각합니다. 원불교에 출가해서도 변변한 선물 한 가지 보내드리지 못하고 지난 50여 년을 그렇게 지나왔습니다.

어머니의 생신날이 지나고 나니 갑자기 절후가 바뀐 듯 대지에 봄기운이 도는 것 같고 햇살이 따사롭게 느껴집니다. 입춘이 방금 지난 요즈음 날씨는 변덕이 아주 심합니다. 봄이 왔는가 하고 가벼운 옷차림을 했다가도 다시 눈발이 흩날리고 기온이 영하로 뚝 떨어집니다.

그러나 엄동설한을 지내고 난 식물들은 참으로 강인하고 또 부지런합니다. 꽃샘추위가 뼛속까지 파고드는데도 노란 산수유가 환히 피고 목련이 피려고 새하얀 속살을 조금 드러내고 있습니다. 진달래도 붉은 꽃망울을 머금고 있습니다. 식물에게 좀더 있다 봄이 완연할 때 꽃을 피우고 잎도 피우지 왜 이렇게 서둘러 추운 날에 봄소식을 전하느라 오들오들 떨고 있느냐고 말을 걸어봅니다.

어머니가 세상을 떠난 지 3개월 후, 수지교당 박씨 가문 남녀 교도 48명이 삶의 이야기가 있는 집을 찾아왔습니다. 목적지인 이곳에 당도하기 전에 마중 나가 예약해놓은 음식점에서 상봉했습니다. 식사를 마친 어른들은 음식도 맛있고 큰 대접을 받았다고 좋아들 하셨습니다. 그 음식점은 맛있는 음식을 격식을 갖추어 차례로 내오기 때문에 한 가지 한 가지 맛보면서 먹을 수 있어 좋습니다. 먼 길 떠나오느라 아침 7시에 서둘러 출발하여 4시간이나 걸려 용인에 도착했으니 모두들 시장하였을 것입니다. 식당에서 나오는 분들을 차로 10분쯤 걸리는 헌산중학교 삶의 이야기가 있는 집으로 안내했습니다. 삶의 이야기가 있는 집 박물관에 대한 개요를 설명하고 나서 맨 먼저 시청각실로 안내했습니다. 시청각실에는 할머니·아버지의 사진도 있고 어머니의 젊은 날 사진부터 세월의 흐름 속에 변화한 모습을 거쳐 아주 노인의 모습까지를 두루 살필 수 있습니다.

고향분들이 열심히 사진을 들여다보면서 "딸을 잘 두어 호강하네. 큰딸이 세계 여러 나라를 다니면서 큰일을 많이 한다는 말은 들었어도 실제로 와서 보니 입이 떡 벌어지네. 우리 가문에서 이런 인물이 생겨났으니 가문의 영광이여, 하먼"이라고 크게 감탄하셨습니다. 3층에 올라와서는 100일 동안 법당에 모신 어머니의 영정 앞에서 명복을 빌어드렸습니다. 마루에 각색 장미꽃이 피어 있는 것을 보면서는 "이 겨울에 꽃 핀 것 좀 봐" 하면서 신기한 듯 꽃밭처럼 많은 장미가 피어 있는 것을 구경하셨습니다. "깨끗이 해놓고 사는 구먼" 하면서 좋아들 하셨습니다.

갈 길이 멀고, 많은 대중이라 앉지도 못하고 다시 버스를 탔습니다. 용인에 있는 헌산중학교로부터 안성에 있는 한겨레중고등학교까지 가기 위해서였습니다. 그곳까지 가는 데는 30분이 걸립니다. 고향분들이 탑승한 버스에 저도 올라탔습니다. 차 안에 계신 분들에게 "저는 안평댁의 큰딸입니다"라고 새삼 자신을 소개했습니다. 안평댁은 그 옛날 마을사람들이 어머니를 불렀던 택호입니다.

마이크를 낯선 고향분들에게 넘기면서 어머니에 대해 기억나는 말씀을 해주시라고 청했더니 모두들 잘 기억하고 있다며 덕담을 나누었습니다. 어떤 분은 나에게 노래 한 가락 불러보라고 청했습니다. 저는 서슴치 않고「산유화」를 불렀습니다. 노래를 듣고 난 어떤 남자분은 "아버지 초성(목소리)하고 똑같네"라고 했습니다.

한겨레중고등학교에 도착했을 때 탈북자 여러 학생이 기다리고 서 있다가 친절하게 차에서 내리는 어른들을 부축하여 학교 2층 강당까지 모시고 갔습니다.

고향분들은 학교 소개도 듣고 학교를 휘 둘러보더니 "북한에서 온

학생들이 공부하는 학교여. 아주 특별한 학교구먼. 학교가 대학교만큼이나 크네. 이런 일을 하느라고 참말로 애도 많이 썼겠어. 고향에 또 와요. 기다릴테니까" 하며 떠났습니다. 고향분들이 모두 떠나자 마치 썰물이 빠져나가버린 듯 남은 힘이 하나도 없었습니다.

이 세상 그 어느 누구보다도 고향분들이 이곳에 방문하신 것을 가장 기쁘게 생각합니다. 어머니의 젊은 날을 기억하고 있는 분들에게 어머니의 일생 동안 삶의 이야기를 꼭 전해드리고 싶었기 때문입니다.

농경사회, 그 시절 농촌에서는 자신의 소유 논밭이 전 재산이라고 여기며 살던 시절이었습니다. 그러나 고작 스물일곱 살에 홀로 된 어머니가 미덥지 않았던지, 막상 장남인 아버지가 돌아가시고 나니 맏며느리인 어머니의 몫에 문전옥답은 없었습니다. 안 홈실은 박씨가 살고 밧 홈실(바깥 홈실)은 김씨들이 살고 있었는데 그 무렵에는 집성촌끼리 서로 왕래하거나 상종하지 않았습니다. 어머니 논밭은 모두 밧 홈실에 있었습니다. 거리상으로 먼 것만이 문제가 아니라 남의 마을에 있는 논밭은 참으로 먼 곳에 있는 것 같았습니다.

어린 시절, 어머니가 논에 물이 마르지 않았나 보고, 물꼬를 살피고 오라 하시면, 먼 논에 가고 올 때 만나는 그 마을사람들을 절대로 쳐다보지 않고 오직 길 따라 앞만 바라보며 다녔던 기억이 납니다. 밭은 그 밧 홈실을 지나고 산등성이도 넘어 사람도 살지 않은 외진 들판에 있었습니다. 어머니는 그 밭에 갈 때면 아침 일찍 갔다가 해질 무렵 어둑할 때 돌아오시곤 했습니다.

어머니는 당연히 받았어야 하는 문전옥답은 받지 못하고 낯선 마을을 드나들며 농사지어야 하는 처지가 너무나도 한심하고 서러워서 더운 눈물을 흘리다가 긴 한숨을 내쉬곤 하였습니다. 그때는 잘 몰랐던 그 문전옥답 사건이, 어머니를 그리도 슬프고 억울하게 했던 그 일이 이제야 전염된 듯 새삼 저의 눈시울을 적십니다.

그 당시 모든 것이 옥죄여 맨 듯한 환경에서 어머니의 뜻대로, 어머니의 마음대로 해볼 수 있는 것은 오직 두 딸뿐이었습니다. 동네 사람들이 아들도 없이 두 딸만 기르는 어머니 처지가 안타까워 "하나라도 사내일 것이지" 하며 말끝을 흐리면, 바느질을 하던 어머니는 항상 재봉틀에다 말하듯 "딸자식이라도 잘만 가르치면 아들자식 진배없을 겁니다"라고 말씀하셨습니다. 그렇게 말하는 모습은 매우 결의에 차고 당당해보였습니다. 어머니는 어떠한 경우에도 우리 앞에서 처지를 비관하거나 신세타령을 하지 않으셨습니다. 우리를 인생 전부로 알고 참으로 열심히 사셨습니다.

어머니는 우리가 자랄 때 예쁜 옷을 지어 입히고는 "외가댁에 다녀와라" "이모집에 갔다 와라" 하셔서 외가댁으로, 이모집으로 행복한 나들이를 많이 했습니다. 외가댁은 이백면 안터라는 곳인데 소쿠리 속 같은 작은 산골마을이었습니다. 대문 밖에는 시냇물이 철철 흘렀고, 그 물을 건너면 작은 외가댁이 있었습니다. 우리는 그 개울길을 건너갔다 건너왔다 하는 것을 아주 재미있어 했습니다.

1남3녀 가운데 막내딸로 어머니는 퍽 귀하게 자라셨을 테지요. 우리 집은 대청마루가 넓은 큰 기와집이지만 외가댁은 평범한 시골집이었습니다. 그래도 아버지가 계시지 않던 우리 집에 비하면 외숙이 면장인 외가댁은 더 훈짐이 나는 것 같았고 윤택해보였습니다. 우리 집에서는 한 분뿐인 삼촌이 서울에서 양정고보를 다닌 후 서울사대에 진학하였고, 외가댁에는 외아들인 외종 오빠가 서울 휘문학교를 다녔으니 가세는 엇비슷했으리라 생각됩니다.

지금도 신기하게만 생각되는 것은 어린 시절에 보았던 어머니 장롱 속의 각색 비단옷감들입니다. 그 옛날 안 어른들께서 비단 혼숫감을 구하기 위해 남원 읍내 비단가게를 출입했을 리 없다는 생각이 듭니다. 아마 마을 안으로 드나드는 비단장사가 있어서 그런 혼수감을 진진하게 장만했겠죠? 이제 와서 생각해보면 어머니 장롱의 상단은 네 개의 거울이 달린 농문이었는데 '그 옛날 어떻게 그런 장롱을 운반하여 시집을 오셨을까' 하는 생각도 해봅니다.

어머니 장롱 속에는 그렇게도 좋고 예뻐 보인 색색의 비단옷감들이 차곡차곡 쌓여 있었는데 다 우리 자매가 자라면서 입었다고 생각되지 않습니다. 그 장롱 속의 비단은 어디로 갔을까요? '아마도 학비를 마련하느라 어머니가 남원 읍내 비단 집에 내다 파셨겠지' 하고 생각합니다. 어머니는 학교 다니지 못하고 공부를 하지 못한 것을 큰 한으로 여기셨습니다. 걸핏하면 "나도 너희처럼 배우기만 했어봐라, 이 모양으로 살지는 않겠지……" 하는 푸념의 말씀을 자주 하셨습니다.

역사공부를 해보니 어머니가 성장하던 시절엔 각 군에 한 개의 소학교가 있었고 전국적으로 100여 개의 소학교가 있었을 뿐입니다. 우리나라가 아직 개명하지 못했고 교육기관도 많지 않았던 때입니다. 1910년 경술합방으로 일본에 강점당해 대한제국이 패망한 지 9년 후에 어머니가 태어났습니다. 내 나라 내 땅에 살면서도 자유가 없을 뿐아니라 내 나라말도 글도 쓰지 못하고 성씨까지 바꾸라고 강요당할 때였습니다. 소학교 다닐 때 저의 이름은 다케야마 후미코였습니다. 피땀 흘려 농사를 지어도 쌀농사는 모두 공출해 일본으로 가져가버렸습니다. 배고팠던 그때 소나무 껍질 속살 송기(松肌)를 벗겨 먹고, 콩에서 기름을 뽑아버린 콩깻묵을 배급받아 밥 지어 먹고살던 기억이 선연합니다.

일제의 식민통치하에서 억압과 간섭을 받으며 젊은 남성들이 징용으로 끌려나가 생명을 초개같이 버려야 했던 그 시절, 이대로 당할 수만은 없다고 생각한 우리 민족의 지도자들이 1919년 기미년 3월 1일 대한독립만세를 불렀습니다. 어머니는 갓 태어난, 1개월쯤의 아기로 강보에 싸여 있을 때입니다. 서울을 시작으로 들불 번지듯 전국 방방곡곡에서 대한독립만세를 외쳤습니다. 처음엔 일본 유학생들이 주도하여 2월 8일 도쿄 시내에서 독립선포를 했고 서울에서는 3월 1일 민족대표 33인의 이름으로 독립선언을 했습니다.

그때의 독립만세는 더 이상 군주를 따르는 신민(臣民)이나 백성이 아니라 모두가 국가의 주인으로서 당당하게 독립을 선언한 것입니다. 당시 국민이 2,000만 명일 때 3·1운동에 참석한 사람만 200만 명이 넘었습니다. 학생과 여성, 농민, 노동자 들이 합류하여 대중적으로 확산되었습니다. 3·1운동을 통해 우리 사회는 봉건사회의 악습에서 벗어나 근대화로 진전시켜나갈 수 있었습니다. 3·1운동이 일어난 후 국내외 독립운동가들이 중국 상하이에 모여 4월에 대한민국 임시정부를 수립하였으니 어머니는 역사의 큰 변혁기에 태어났습니다.

다행하고 감사하게 여기는 것은 어머니는 어떻게 자녀교육이 중요하다는 것을 일찍 깨달으셨을까 하는 점입니다. 보릿고개 넘기기 어렵던 그 가난한 시절, 할머니는 밥 짓기 위해 쌀을 키에다 까불지 못하게 하셨습니다. 고구마로 끼니를 때우는 배고픈 이웃집에서 쌀 까부는 소리를 들으면 좋지 않다고 하셨습니다. 그때는 쌀을 독에 오래 담아두고 먹던 때라 여름날에는 쌀 바구미도 있고 하얀 쌀벌레도 많았습니다. 그래도 할머니는 물로 쌀을 여러 번 씻으라고 하셨습니다. 물론 우리 집이라고 하얀 쌀밥만 먹지도 않았습니다.

그때 우리는 세계에서 제일 가난한 나라 가운데 하나였는데 어떻게 저를 전주까지 학교 보낼 생각을 하셨을까요? 교육을 받은 사람이 남다르게 사는 것을 보지도 못하셨는데 말입니다. 어머니는 따로 보고 배우지 못했는데도 선견지명이 있으셔서 온갖 어려움을 무릅쓰고 우리를 가르치시고, 또 보람 있게 살 수 있는 인생길을 안내해 주셨습니다.

대학원을 진학하려 할 때 어머니는 "성불제중 사업하는 데 대학원 공부는 무슨 필요가 있냐"고 캐물으셨습니다. 저는 성불하는 데는 도움이 되지 않지만 널리 중생을 제도하려면 대학원 공부를 하는 것도 큰 준비가 된다고 말씀드렸습니다. 어머니는 어려운 가운데도 대학원 뒷바라지까지 해주셨습니다. 저는 원불교 여성 성직자로서 최초로 대학원 출신입니다. "네가 만약 원불교 교무만 된다면 이 어미는 너를 끝까지 가르칠 테다" 하던 말씀을 끝내 지키셨습니다. 2004년 3월 2일 홍익대학교에서 명예철학박사 학위를 수여받았을 때 그 자리에 참석하신 어머니는 한결같이 긴장된 표정이었습니다. 박사학위 증서를 읽어 내려갈 때도 유심히 잘 듣고 계셨습니다.

학위기
국적: 대한민국
성명: 박청수

위 이는 원불교 교무로서 40여 년 동안 남다른 자비실천으로 세계의 무지 · 빈곤 · 질병 등을 퇴치하는 데 큰 정성을 바쳐 인류 문화향상과 평화증진에 지대한 공헌을 하였으므로 본 대학교 대학원 위원회의 심의를 거쳐 명예철학박사 학위를 수여하고 그 공적을 찬양하고자 이를 추천함. 위의 추천에 의하여 명예철학박사 학위를 수여함.

제가 만약 대학원 석사과정을 마치지 못하였더라면 그날 그 영광스런 명예철학박사 학위를 받지 못했을 겁니다. 어머니는 저를 박사까지 만드셨습니다.

삶의 이야기가 있는 집

어머니는 삶의 이야기가 있는 집 박물관을 모두 구경하시고도 "여기에서 무얼 보셨어요?" 하고 여쭈었을 때 "몰라, 아무것도 안 봤어"라고 말씀하셨습니다. 저는 설명으로라도 삶의 이야기가 있는 집을 어머니에게 자상히 말씀드리려 합니다.

2008년 2월 5일 경기도에서 발급된 제08-박-02호 박물관 등록증의 명칭은 '삶의 이야기가 있는 집'이고 종류는 2종 기념관입니다. 용인시 서정석 시장님이 전시관을 둘러보고, 용인에 이렇게 보물 같은 전시장이 있는 줄 몰랐다며 절차를 밟아 박물관 등록증을 내주었습니다.

삶의 이야기가 있는 집 박물관에는 세계 55개국을 돕고 세계 53개국을 방문한 모든 자료가 전시되어 있습니다. 특히 제1전시실 원형으로 된 시청각실에는 저의 세 살적 아기 사진부터 교화 활동의 현장이었던 강남교당을 퇴임할 때까지, 칠십 평생의 사진들이 전시되어 있습니다. 그 방에는 제가 세계 53개국으로부터 기념품으로 사왔던 모든 것이 전시되어 있고, 그 작은 것들이 여러 나라 문화를 상징하고 있어 경기도로부터 박물관 등록증이 나왔습니다.

삶의 이야기가 있는 집에 전시되어 있는 것들은 어느 하나도 큰 물건이 없습니다. 제가 살아오는 동안 이런 전시실을 마련할 계획이 없었으니까요. 세계 도처에서 그때그때 그 나라의 문화적인 것을 느낄 수 있는 작은 것들이 하나둘, 오랜 세월 동안 저절로 모인 것입니다.

히말라야 설산 라다크 사람들에게서 받은 목기 그릇은 그 뚜껑과 그릇 전체에 목단 꽃문양을 곱게 그린 그들만의 색채가 있습니다. 마야문명과 잉카문명을 상징하고 있는 것들, 고대 이집트를 엿볼 수 있는 것들, 캄보디아의 수준 높은 문화감각을 느낄 수 있는 것들, 그리고 제가 특별히 관심이 있어서 모은 세계 여러 나라의 초와 촛대, 그리고 여러 모양의 유럽의 크리스털이 함께 모여 있어 관객들의 발길이 멈춥니다. 아프리카 특색을 지니고 있는 것들, 특히 호주 원주민들이 준 선물에서는 원시적인 영감의 느낌을 받을 수 있습니다. 터키와 이스라엘, 인도 할 것 없이 세계를 느낄 수 있는 작고 예쁘고 아기자기한 물건들이 1, 2층뿐만 아니라 3층에까지 알맞게 놓여 있습니다. 저의 처소 3층도 박물관인 셈입니다.

저는 강남교당에서 26년간 앞만 보고 열심히 일해왔습니다. 세계를 도왔던 일도 모두 강남교당에서 한 일들입니다. 그런데 퇴임을 앞두고 저의 짐이 여기저기 쌓여 있는 것을 보고 '저 많은 것을 어떻게 할 것인가' 하고 고심했습니다. 저 아니고는 그 많은 물건이 어느 나라로부터 온 것인지 알 수 있는 사람은 없습니다. 하는 수 없이 서울에서 가까운 용인, 제가 설립한 헌산중학교 뒷산자락에 작은 집을 짓고 그 모두를 전시하기로 마음먹었습니다.

모든 것을 잘 간수해놓으면 훗날 관심 있는 사람들에게 참고가 될 것이라는 생각이 들었습니다. 북인도 히말라야 3,600미터 고지 설산 라다크에서 10년 동안 했던 일들도 잘 알 수 있을 테고, 또 세계의 최빈국 가운데 하나이자 소승불교 국가인 캄보디아에서 지뢰를 제거하고, 무료 구제병원을 세워 13만 명의 환자가 혜택을 보게 한 일, 오인환교육센터에서 한글을 가르치는 일 등 23년간의 모든 일을 낱낱이 알 수 있을 것 같아 세계 55개국을 도운 그 모두를 전시하기 위해 삶의 이야기가 있는 집을 세웠습니다. 나라마다 한 일을 연보로 밝히고, 도왔던 일의 내용과 그에 맞는 사진을 함께 전시했습니다. 전시된 벽 아래에는 유리 상자가 있고 그 안에는 각 나라에서 온 문서와 기념품들이 함께 전시되어 있습니다.

이 집을 짓고 있을 때, 어떤 사람은 '무슨 집을 짓고 있는가' 하고 의문을 갖기도 했습니다. "기념관을 생전에 스스로 짓고 있는 것 아니냐. 그런 일은 후대 사람들이 할 일이지" 하면서 남의 말하기 좋아하는 사람들의 입줄에 오르내리기도 했습니다. 그래서 이 집 이름을 '삶의 이야기가 있는 집'이라고 했습니다. 이곳엔 저의 삶의 이야기가 담겨 있으니까요.

저와 오랜 인연이 있는 김인철 건축가가 이 집을 설계했습니다. 산비탈 지형을 그대로 살려, 3층에는 창문이 없고 천창에서 빛이 들어오는 원형 법당을 만들었습니다. 사람들마다 경건하고 신비롭다고

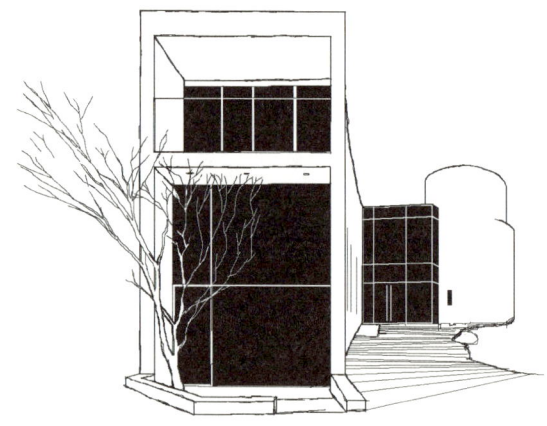

“ 삶의 이야기가 있는 집 3층 테라스에는
　천지가 환히 열린 듯 넓은 하늘과 산하대지가 한눈에 들어온다.
　나는 이 집을 '삶의 이야기가 있는 집'이라고 이름을 지었다.
　이곳엔 나의 삶의 이야기가 담겨 있기 때문이다. ”

경탄을 합니다. 3층에는 넓은 서재와 스스로 취사할 수 있는 작은 식당이 있는 큰방이 있습니다. 그리고 저의 침실과 두 개의 작은 방이 더 있습니다. 거실에서 창문을 열고 나가면 테라스가 있습니다. 그곳에 가면 가까이 앞산이 바라다보이고 하늘이 열린 공간이 있습니다. 아침과 저녁에는 항상 그곳에서 지냅니다.

혼자서만 살지만, 서재나 침실에 있을 때와는 달리 더 고요한 곳입니다. 그곳에 있으면 자연과 하나되고 우주와 합일되는 것 같은 체험을 하게 됩니다. 같은 방향 남쪽으로 또 하나의 작은 테라스가 있습니다. 그 테라스는 좀 작습니다. 하늘도 좁게 열리고 숲도 많이 보이지 않아 마치 골방 같은 은밀함을 느낍니다. 비가 내릴 때 가까이 산그늘이 짙고, 바로 땅바닥이 보이는 서쪽 테라스에 있다보면, 마치 지리산 장터목산장에 머물고 있는 것 같은 운치를 느낍니다. 그쪽 테라스로부터 약 40미터 되는 긴 복도의 끝까지 가면 침실이 있습니다. 침실에서 창문만 열고 한 발짝만 내디디면 동편으로 3층 높이의 테라스가 있습니다. 벽 유리 한 장을 사이에 두고 높은 곳에서 아래를 내려다볼 때는 좀 아슬아슬합니다.

지형 따라 지은 집이어서 1층 테라스에 있다가 자리만 옮기면 3층 테라스가 나옵니다. 3층 테라스에서는 천지가 환히 열린 듯 넓은 하늘이 보이고 산하대지가 한눈에 들어옵니다. 앞에는 들판을 지나 몇 개의 산을 넘어 높이 치솟은 수려한 산봉우리가 있습니다. 그 산봉우리를 볼 때마다 지리산 반야봉을 바라보는 것 같은 착각을 하곤 합니다. 해질 무렵엔 그곳에 앉아서 들과 산을 바라보기를 좋아합니다. 석양빛이 사그라지고 어둠이 내려앉는 것을 보고 있노라면 산하 대지가 낮 동안의 활동을 멈추고 조용히 잠자리에 들려 하는 것 같은 느낌을 받습니다. 그러면 제 마음에도 밤기운이 스며듭니다. 3층에는 네 군데의 테라스가 있어서 이리저리 자리만 옮기면 자연 경관이 달라집니다. 사람들은 누가 이 집을 설계했느냐며 지형 따라 설계가 특색 있게 잘되었다고들 말합니다.

삶의 이야기가 있는 집 정문은 1층입니다. 내부에 들어가면 원형공간 시청각실을 포함 1, 2층으로 나뉜 세 개의 전시실이 있습니다. 1층에는 국내에서 했던 일, 가톨릭 시설 성 라자로 마을 한센병 환자들을 31년간 도운 모든 내력, 한평생 교분을 쌓고 지냈던 나라 안팎의 종교계 여러 인사, 김수환 추기경, 강원용 목사, 숭산 스님, 베트남의 틱낫한 스님, 캄보디아의 마하 고사난다 스님, 티베트 불교의 텐진 파모 스님, 대한성공회 김성수 주교, 법정 스님 등 많은 분을 한자리에서 만날 수 있습니다. 그곳에서는 제가 종교의 벽을 허물고 살아온 세월을 알 수 있습니다.

유리상자 안에는 여러 수도원에서 보내온 편지와 법정 스님의 엽서, 이해인 수녀님의 글도 있습니다. 그리고 나라 안에서 설립한 학교들, 성지송학중학교와 헌산중학교 두 개의 대안학교와 북한 이탈 청소년을 위해 한겨레중고등학교를 설립했던 역사도 알 수 있습니다. 또 삼성복지재단에서 저소득층 맞벌이 부부의 자녀를 하루 12시간씩 돌보기 위해 세운 미아샛별 어린이집, 그 집을 8년 동안 운영하면서 연인원 6,431명의 강남교당 자원봉사자가 먼 길을 다니며 주방

일을 하느라 땀 흘렸던 모습도 엿볼 수 있습니다. 세계에서 지진이나 태풍 같은 긴급재난이 발생하고 이라크 전쟁이나 콩고의 화산폭발이 생겼을 때 즉시 1,000만 원씩 대한적십자사를 통해 25개국을 도운 내역도 있습니다. 세계 난민을 도울 때 코소보나 동구 세르비아까지 저의 손길이 미칠 수 있었던 것은 미국의 루이스 돌란 신부님의 덕택입니다.

1층에는 사직교당·원평교당·우이동 수도원교당·강남교당에서의 활동 모습이 전시되어 있습니다. 그중에서도 시각장애인 교화, 서울지구 청년 교화, 육군사관학교 생도 교화는 제가 30대였던 사직교당 시절에 이루어진 일들입니다. 사직교당과 강남교당을 설립하고 교당을 신축했던 그 역사적인 사실도 모두 살펴볼 수 있습니다. 1층에는 53개국을 방문하면서 찍은 사진이 90권의 앨범으로 있고, 지난 37년간 언론에 보도된 1,300여 회의 보도자료 원본도 모두 있습니다. 그리고 일생 동안 받았던 나라 안팎의 편지도 모두 그곳에 있습니다.

시청각실 원형방 외벽에는 저의 출생부터 70세 퇴임까지의 연보가 소상히 적혀 있습니다. 1층 서쪽 넓은 벽면에는 세계지도가 그려져 있고 제가 도운 55개국은 빨강 점으로 53개국을 방문한 나라는 파랑 점으로, 그리고 방문도 하고 돕기도 한 나라는 빨강과 파랑 점을 함께 찍어놓았습니다. 그 세계지도에서 제가 하였던 일들을 종합적으로 알 수 있게 만들어놓았습니다. 볼 때마다 가슴 벅찬 일은 헌 옷을 모아, 받으면 기분 좋을 옷들을 30대 컨테이너에 담아 세계 여러 나라에 보낸 일입니다. 벽보에는 각 언론에 보도된 많은 신문기사가 붙어 있습니다. 여러 번에 걸쳐 『중앙일보』에 발표했던 칼럼도 각기 그곳에 걸려 있습니다.

2층에는 나라 밖에서 했던 일들이 전시되어 있습니다. 첫머리에는 인도 히말라야 라다크에서 했던 10년의 역사가 펼쳐져 있습니다. 사막의 땅 3,600미터 고지 데와찬에 학교 표지석 하나를 박았던 일이 시작이 되어 초중고등학교와, 종합병원, 국제선센터, 게스트룸, 양로당, 여승원에 이르기까지……. 결국엔 그곳에 커다란 마을이 생겨났습니다. 캄보디아에서는 지뢰를 제거하고 무료 구제병원, 한글을 가르치는 오인환교육센터를 세웠습니다. 76개 마을에 우물을 파주고, 고아원을 세우고, 여름옷이 담긴 여섯 대 컨테이너를 보냈던 그 모든 일, 그리고 중국 훈춘에 장애자를 위해 특수학교를 설립하고, 연변대학에 9,000권의 도서를 모아 보낸 일도 알 수 있습니다.

아랄 해가 말라 더 이상 농사를 지으며 살 수 없는 우즈베키스탄 고려인들을 남부 러시아 볼고그라드에 농가주택을 매입해 27세대를 이주시키려 노력했던 일도 전시되어 있습니다. 스탈린 시대 정치탄압으로 고려인 2,500명을 총살·희생시켰던 사람들의 일부 기록을 1, 2, 3권으로 엮어 모스크바 삼일문화원에서 출간토록 한 책도 자료로 있습니다.

북한동포를 위해 옥수수와 비료, 의약품을 보내고 아홉 대 컨테이너에 간장을 비롯 5,000명 여성이 입을 수 있는 스판 벨벳 옷감, 천으로 만든 생리대 20만 개 등 각종 물품을 보내느라 10년 동안 힘썼던 일들도 전시되어 있습니다. 국제협력단을 통해 아프리카 12개국을 돕고, 유니세프를 통해 아프리카 르완다를 각각 도왔음도 알 수 있습니다. 스리랑카의 중요 사찰 와타라마사원이 우리의 도움으로 중창 불사를 마치고 펼친 페스티벌은 제가 본 지구상에서 가장 아름다운 축제였습니다. 그 화려한 면모도 이 전시장에서 볼 수 있습니다.

베트남 전쟁 때 라이따이한이 태어나고, 기다려도 오지 않는 한국 아버지를 대신해서 그들을 결혼시켰던 기록도 있습니다. 제 인생의 정신적 울타리처럼 여겨지는 세계 MRA 분들의 사진과 아름다운 엽서는 바라보기만 하여도 정겹습니다. 아리랑 TV 황규환 사장의 배려로 저에 관해 「외로운 전쟁」「히말라야에 펼친 사랑」「고려인 연해주로의 귀향」 등 세 편의 다큐멘터리가 아리랑 TV와 'KBS 수요기획'에 방영되었습니다. YTN의 추석특집 「히말라야에 심은 사랑」「대담」과 전주 KBS '아침마당'에서 강연한 「새천년 어머니상」 테이프, 이화여자대학교에서 했던 여성의 리더십에 대한 강연, 「행동하는 종교인」 등 수많은 강연 테이프를 볼 수 있습니다. 스리랑카의 「불가사의 불가사량」, 중국 훈춘 「새벽 3시 개척의 현장 그 일터」 다큐멘터리 등은 김권재 PD와 오정옥 감독, 송영신 감독 등이 특별한 열정을 갖고 제가 가는 곳마다 따라다니면서 만든 작품들입니다. 원음방송 송지은 PD(교무)가 저의 일생을 담아 오랫 동안 방송했던 라디오 CD 「둥근 소리 둥근 이야기」 자료도 가득 있습니다. 다섯 권의 저서, 화보집 『더 마더』와 『언론이 본 박청수』 등이 진열되어 있고, 영문서적으로는 히말라야 상가세나 스님이 저술한 『The Divine Mother』와 저의 세 번째 저서 『나를 사로잡은 지구촌 사람들』의 영문판 『Love, Life, Light』가 있고, 권오문 님이 쓴 『Venerable Mother Park Chung Soo』도 진열되어 있습니다.

정부에서 받은 국민훈장 목련장, 그리고 효령상, 일가상, 호암상 수상 자료들도 그곳에 있고 김대중 대통령 노벨평화상 수상식에 손님으로 초대받아 간 영광스러운 일도 엿볼 수 있습니다. 캄보디아 왕실에서 받은 사하 메트레이 훈장도 그곳에 있습니다.

53개국을 동행하며 사진을 찍고, 그때그때 현장기록을 꼼꼼히 챙겨두었던 저의 분신과도 같은 신현대 교도의 기록들이 매우 사실적이어서 박물관을 정리하는 데 큰 도움이 되었습니다. 모든 물건은 교당 곳곳에 윤순명 교무가 간수해두었던 것들입니다. 전시장 기획과 배치는 프랑스에서 디스플레이를 전공한 김기은(본명 김희주, 아름드리 사장) 교도가 맡았습니다. 오랜 기간 동안 어떻게 진열하여 전시실을 꾸밀 것인가를 연구하고, 전시실에 내놓을 물건을 선정하고, 각 나라마다 했던 일을 설명하고, 또 그 내용을 다시 영역하는 등 열심히 그 일에 전념하여 훌륭한 전시관을 탄생시켰습니다.

사람들은 전시관을 둘러보고는 나라마다 구획을 지어 일목요연하게 잘 알 수 있게 해놓았다며 아낌없는 칭찬을 합니다. 겉으로 보기에는 건물이 커 보이지 않는데 이렇게 많은 내용물이 전시되어 있느냐며 놀라워들 합니다. 그리고 한 사람의 삶이 역사가 되어, 지구촌 사람들의 이야기가 이 전시실에 가득 차 있다는 것도 놀랍다고 합니다. 전시실을 둘러보는 사람마다 자신의 일생을 뒤돌아보게 된다고 합니다. 박물관 면적은 1, 2층 전시관이 76평이고 3층은 55평입니다.

　삶의 이야기가 있는 집은 2007년 6월 6일 개관했습니다. 주변의 신록이 우거져 아름답던 그 무렵 각계 분들이 오셔서 진심 어린 축사를 해주셨습니다. 특히 강남교당 교도들은 함께 살았던 26년간을 한눈에 살펴보며 감개무량했을 것입니다. 지난 3년 동안 좌산 상사님과 경산 종법사님, 수도원 남녀 원로 들이 다녀가셨습니다. 그분들은 "청수 교무님이 많은 일을 하는 줄은 알았지만 이렇게 많은 일을 한 줄은 몰랐다"며 이 박물관은 박청수 교무의 개인박물관이 아니라 원불교 역사박물관이라고 말씀해주셨습니다.

　그간 저와 인연이 깊었던 각계 분들이 귀한 손님으로 오시어 박물관을 둘러보고 많은 격려의 말씀을 해주셨습니다. 박물관을 관람하신 분은 많은 학생이 이곳을 관람하고 인생에 꿈을 키웠으면 좋겠다고들 합니다. 그러나 제 생전에는 많은 관람객이 오는 것을 원치 않습니다. 삶의 이야기가 있는 집은 박물관이기도 하지만 제가 홀로 수도하는 도량이기도 하니까요. 박물관의 개방으로 삶의 고요가 깨지고 번거로워지는 것을 원치 않기 때문입니다.

　이곳을 방문한 사람들은 모두 이 집을 좋아합니다. 자연경관이 아름답고 공기가 맑고, 소음이 들리지 않는 깊은 산골짜기 같아서일 것입니다. 이제 이 집을 방문한 분들의 기록이 담긴 방명록이 세 권 째로 넘어갔습니다. 그 방명록엔 다음과 같은 글들이 남겨져 있습니다.

일생을 멋있게 보람 있게 사신 분만이 누리실 수 있는 복(福)을 보고 느낄 수 있어 큰 행복을 느끼고 갑니다. 내내 건강하시길 기원합니다.

삶의 이야기가 있는 집으로 오는 길,
흰 눈 알갱이들마다 투명한 햇살이 스며들고
산속 숲에는 영혼의 숨소리가 들려옵니다.
산 위로 난 길을 따라가다보면 만날 것 같은 분.
늘 그립고 아름답고, 어머니 품 같은 분.
그래서 세상 사람들의 어머니가 되었습니다.
어머니 같고 사은님 같고 큰 우주 같고 바다와 땅 같은 분.
모든 사람들의 마음에 아궁이 만들어
따뜻한 장작불 되셨습니다.

교무님의 생애와
이 세상 곳곳
또 함께 살아가는 많은 사람들
다른 모습의 사람들
이 모든 것이 여기에 다 살아 있습니다.
이곳은 참으로 넓고, 깊고, 또
사랑이 넘치는 곳입니다.

말과 생각이 멈춰버리는 곳.
맑은 영성의 흐름은 물 흐르듯
영원으로 끊임없이 흐르리.
산다는 것이 이렇게 다북찰 수 있을까
아니면 텅 비어 흔적을 찾을 수 없을까.
해와 달과 구름과 비와
바람이 조용히 내려앉아
말없이 묵묵히 지켜보네요.
청정한 암자.
나무관세음보살 여여하네.

제2장
나의 교화 체험

활화산 같은 젊은 날의 열정

동국대학교 대학원을 다닐 때, 그 옛날 개성교당에서부터 신심 깊었던 손성인화 할머니 댁에서 백지명 교무(이화여대 대학원), 한혜근 교무(숙명여대 대학원)와 셋이서 자취생활을 하며 공부했다. 우리 셋을 친딸처럼 챙기고 거두시던 손성인화 교도님은 학업을 마치고 떠나려 하자 너무 섭섭해서 안절부절 못하더니 결국 내 치맛자락을 붙들고 사직교당을 설립하자고 조르셨다. 중앙총부에서 그분의 뜻을 받아들여 사직교당 개척교화가 시작되었다.

창립주 손성인화 교도님이 첫 법회날엔 일가친척을 초청하여 그분들을 대상으로 법회를 보았고, 두 번째 법회날에는 마을에서 낯익은 분들을 모아놓고 법회를 보았다. 나중에 종로교당에서 사직교당 부근 교도 17명을 보내주어 그분들을 중심으로 초창 교당을 시작했다. 지금 생각해보면 사직교당 개척교화만으로는 성이 차지 않았을 것이다.

대학원 졸업을 앞두고 있던 1968년 무렵, 서울·종로·원남 세 개 교당을 합해 서울지구 청년회를 만들고 나에게 담임교무를 맡게 했다. 서울지구 청년회의 숫자는 많지 않지만 세 개 교당 청년회원을 모아놓았기 때문에 서로서먹한 사이였다. 나는 그 청년들을 하나로 만들어야겠다는 생각으로 소박한 일을 벌였다. 크리스마스 전날 밤 거리로 나가 땅콩을 팔기로 했다. 한편에서는 교당 안에서 땅콩을 봉지에 담았고 또 다른 청년들은 그 땅콩봉지를 들고 거리로 나가서 팔았다. 뜻밖에 땅콩이 잘 팔려 안에서는 봉지를 만들어 땅콩 담는 일손이 달렸다. 그 일에 몰두하느라 서로서로 협력하다보니 세 개 교당 청년은 서로 섞여 하나가 되었다.

그때 땅콩을 판 수익금은 적지 않았다. 수익금 일부로 한국전쟁 고아들이 함께 모여 살고 있던 한국보육원 128명에게 따뜻한 털모자와 타이즈를 사들고 직접 방문을 했다. 청년들은 그날 잠시 한 밤 거리에 나가 땅콩팔이를 했던 보람을 충분히 느꼈다.

우리나라 경제 사정이 어려워서 군용헬리콥터를 마련할 때도 성금을 모았다. 우리는 땅콩팔이 성금의 일부 2만 4,000원을 헬리콥터 구입비로 『한국일보사』에 기탁했다. 그때의 그 소박한 일이 나의 봉사활동 원년으로 꼽힌다.

사직교당 개척교화를 시작하던 때라 교당이 너무 좁아 서울지구 청년법회를 볼 수 없어 원남교당까지 다니면서 청년법회를 보았다. 서울은 모여드는 곳이어서 전국 각 교당의 실력 있고 신심 깊은 청년회원들이 모여들었다. 그러나 법회날 하루 원남교당으로 모여드는 청년들을 다 기억하기가 어려워 '안경 쓴 학생, 얼굴에 점이 있는 학생, 머리가 장발인 학생'이라고 메모하며 기억하려고 노력했다. 서울지구 청년회는 무럭무럭 커가는 아이 같았다. 그 무렵 안병욱 교수는 서울에 흥사단과 원불교 청년회가 주목된다고 했다.

매 법회마다 100명 이상의 청년회원이 참석했고, 하섬에서 전국청년수련대회를 할 때는 서울지구 청년회원이 70여 명이나 참석하여 세를 과시했다. 너무 세력이 커진다고 우려하는 사람들은 서울지구 청년회를 '박청수 사단'이라고 불렀다. 서울지구 청년회는 에너지 덩어리 같았다. 혼성합창단을 꾸려 화천 전방까지 사직교당 오르간을 싸들고 가서 전방 군인들을 위문했다. 그 당시 화천교당 백수정 교무님은 우리 청년들을 반겨주셨다. 빛이 들어오지 않도록 창을 가리고 밤낮을 바꾸어 자는 장병들을 깨워 위문공연을 했다. 화관무를 추는 학생, 가야금을 뜯는 학생들을, 장병들은 잠결에도 눈을 부비며 황홀한 눈빛으로 바라보았다.

1971년 무렵, 교양강좌가 인연이 되어 국립 맹아학교 시각장애자 교화를 시작했다. 그때 청년회원들은 팀을 만들어 그 시각장애자들이 원하는 명작을 읽어주었고, 맹인 스스로 원불교 경전점역을 원했을 때는, 사직교당 여기저기서 청년들이 소리내어 경전을 읽어주면 맹인들은 번개같이 점필을 움직여 점자로 옮겼다. 점자가 누에알같이 도드라진 종이 위에 맹인들의 손가락이 스치면 입에서 "대종사 말씀하시기를……" 하는 대종경의 법문이 술술 흘러나왔다. 언론에서는 "맹인 스스로 자기가 믿는 종교의 경전을 점역했다"고 대서특필했다. 이 일은 서울지구 청년회원들의 도움이 없었다면 이루어내지 못했을 것이다.

종로교당 학생 출신 이기영 군이 육군사관학교 생도 교화를 해보고 싶다 하여 멀리 태릉까지 다니면서 법회를 보았다. 여학생들이 기타를 들고 가서 생도들과 함께 노래를 부르는 동안 생도들의 경직되었던 굳은 표정이 저절로 풀리곤 했다.

그때의 청년회원이 오늘날 강남교당을 설립할 때는 주축이 되었고 황의수·고영찬·석문식 등 역대 회장단을 배출했으며, 열아홉 살 진흥심 학생은 현재 교도부 회장이다. 그때의 청년회원들이 전국적으로 각 교당에서 교도회장의 중책을 맡고 있다. 나는 그 무렵 숙명여자대학교에서 주정일 교수를 모시고 원숙회 동아리 활동도 했다.

성 라자로 마을 나환자 돕기 활동도 사직교당에서 시작했다. 사직교당은 개척교당이지만 꾸준히 발전하여 100명이 넘는 교도가 법회에 참석했다. 적산가옥을 법당으로 개조한 그곳에서 100여 명 교도가 법회를 볼 수 없게 되어 교당 신축의 문제가 절실했다. 신심 깊은 손성인화 할머니가 전 재산을 희사한다 해도 교당 신축은 불가능했다.

나는 대학원을 진학하기 전에 종로교당에서 2년간 부교무로 봉직했다. 사직교당 교도만으로는 교당 신축이 불가능하여 광범위한 권선을 시작했고, 권선 동참자는 1,000명이 넘었다. 힘겹게 기금을 마련하여 교당신축을 하다 큰 병이 나고 말았다. 목 디스크에 걸린 것이었다. 나는 서른 살에 사직교당 교무가 되어 30대를 활화산 같은 열정으로, 서울지구 청년회, 시각장애자 교화, 육군사관학교 생도 교화, 숙명여대 원숙회 동아리, 전방위문 등 각종 활동을 열심히 했다. 1975년, 서른아홉 살에 사직교당을 신축했다.

어느 날 내 모습이 비탈진 산길에서 뛰어내리며 하산하고 있는 것처럼 느껴졌다. 그 모습은 매우 위태로워 보였고, 스스로 정지명령을 내려야겠다고 결심을 했다. 에너지는 모두 소진되었고 작은 힘도 남아 있지 않았다. 일천정성으로 신축한 사직교당에서 겨우 1년 남짓 살고서는 정든 그곳을 떠나 시골 교당으로 가기로 결심했다. 시골 교당으로만 가면 아무 일이 없어 저절로 쉴 수 있을 것 같아서였다. 그래서 간 곳이 전북 김제 원평교당이었다.

고작 짧은 2년

원평교당은 경내가 2,000평이나 되고 역사가 오래된 교당이다. 나는 그곳에 곱게 핀 산당화 곁에서 하염없이 앉아 있기도 하고 꽃모양은 볼품없어도 그윽한 향기를 지니고 있는 대추나무 꽃향기를 깊이 음미하기도 했다.

시골 교당에 살면서 서울에서 한사코 밖으로만 내닫던 모든 관심을 차단하고 내면만을 응시하기 시작했다. 마치 맑은 시냇물 밑에 모래알이 물살 따라 움직이는 것이 환히 보이듯 내가 살아온 세월이 낱낱이 들여다보였다. 스스로 그렇게도 대단하게 여겼던 그 모든 일이, 찬란하게 피었다 시들어버린 꽃송이를 보는 것 같았다. 촌음을 아끼면서 뜨거운 열정으로 바쁘게 살았던 세월이 허허롭게까지 느껴졌다. 그때 나는 정신적 군살을 빼고 있었다.

불현듯 '다른 사람들은 내 나이 무렵에 무엇을 생각하고 무슨 일을 했을까' 하는 생각이 들었다. 그래서 아주 옛 사람이 아닌 우리 시대에 큰 발자취를 남긴 사람들의 인생을 책을 통해 살펴보면서 나의 삶과 대조해보았다. 그때 그곳에서 정신적인 새 나이테가 생겼다.

원평교당은 내가 원하는 만큼 조용하고 고요한 곳이었다. 특히 농번기에 모든 사람이 들로 나가고 텅 빈 마을에 홀로 있는 것 같은 느낌, 외딴 마을의 개 짖는 소리가 하염없이 먼 곳에서 들려오는 것 같던 그런 밤이면 나는 초롱초롱 깨어 있으면서 독존적 자아와 대면했다. 어느 맑게 갠 겨울날 지붕에 쌓였던 눈이 녹아 흐르는 낙숫물 소리를 듣고 있을 땐 마치 밖에서 비가 오는 것처럼 착각이 들었다. 한지로 바른 창문으로 배어들어오는 환한 햇살이 방 안 가득히 머물고 있을 땐, 밖에서 들려오는 낙숫물 소리는 형언하기 어려운 신비감까지 더해주었다. 이 모두는 자연에 대한 나의 눈 밝음이고 귀 밝음의 현상이었다.

농번기가 되어 모든 교도가 들로 나가면 시골 생활을 한껏 즐겼지만 농한기가 돌아오면 교화의 발걸음이 바빴다. 여름과 가을 동안 들판에서만 지내던 교도들을 교당 안으로 오게 하여 오전과 밤으로 교리강습을 가졌다.

담 높고, 문 닫고 사는 도시와는 달리 시골은 소문이 빨랐다. 아마 내가 서울에 있다 온 사람이라 좀더 관심이 많았겠지만 설법을 하러 단상에 올라가보면 그 넓은 법당이 남녀 대중으로 꽉 차 있었다. 그때 했던 설교를 나 스스로 '신 들린 설교'라고 한다. 설법을 들은 사람들은 다투어 원불교에 입교했다. 3일 동안의 교리 강습 끝에 새로 입교한 사람은 75명이었고, 교리 강습 평균 출석은 150명이 넘었다.

겨울철 눈이 많이 내려 발이 빠지도록 쌓이면 또 나는 먼 마을 교도댁 방문을 위해 일찍 나섰다. 온 산야에 하얀 눈이 쌓이고 누구의

" 원평교당에 교도들이 점점 늘어났다.
  농한기 겨울철엔 150명의 교도가 법당을 가득 채웠다.
  남자 교도들이 타고 온 자전거를 헤아려보는 것은
  시골에서 느끼는 특별한 재미 가운데 하나였다. "

발자국도 나지 않았을 때 십여 리 길을 걸어 아침나절 일찍 그 마을에 당도하면 교도들은 아직 눈길이 뚫리지도 않았는데 어떻게 왔느냐며 반기기도 하고 놀라워했다. 그들은 이제는 교당을 빠지지 못하겠다고 스스로 약속의 말을 하기도 했다. 또 내가 한 집에 앉아 있으면 마을 사람들이 절로 모여들기도 하고, 다른 집을 방문할라치면 그 집까지 따라나섰다. 어떤 때는 마을길이 빽빽하도록 교도들이 나와 함께 걸어갔고 그렇게 많은 사람의 방문을 받은 교도는 사람의 그물에 걸린 것처럼 또 교당에 나왔다.

원평교당에 부임했던 첫 법회날엔 27명의 교도만이 참석했지만 농한기 겨울철엔 150명의 교도가 법당을 가득 채웠다. 나는 밖으로 나와 남자 교도들이 타고 온 50대도 넘는 자전거를 헤아려보는 것을 큰 재미로 여겼다. 도시 교당의 교화에서는 맛볼 수 없는 특별한 재미가 시골 교당에 있었다.

시골 교당에서 한 해를 지나고 났을 때 나는 깊은 잠에서 깨어난 사람 같았다. 서울에서의 피로감이 깨끗이 사라지고 새 힘이 샘솟는 것 같았다. 원평교당에서 해야 되는 모든 일감이 한눈에 들어왔다. 교당의 자연환경이야 좋지만 법당 안에만 들어가면 검게 그을린 벽면이 눈에 거슬렸다. 긴 세월 동안 법회날마다 장작을 때는 난로로 난방을 하고 지냈기 때문이었다. 그곳에서 겨울을 맞았을 때 가장 먼저 시도한 일이 난방을 석유난로로 바꾸는 일이었다. 나는 교도들과 의논하여 법당 내부를 다시 칠하고 교당 조경공사도 다시 하자고 했다. 나지막한 언덕엔 은행나무를 심고 옥향·철쭉·청목 들로 정원 단장을 새로 했다.

　식당채도 수리했다. 그 집을 지을 때 돈이 모자랐던지 니스 붓자국도 보이지 않는 곳이 있었다. 나무의 본얼굴을 찾기 위해 사포로 문지르고 니스칠을 하느라 열심이었다. 대문 칠까지 마치고 났더니 새 집에 사는 기분이었다.

　봄기운이 완연한 어느 날 갑자기 총부에서 다녀가라는 전갈이 왔다.

　'무슨 일일까? 왜 부르실까?'

　왠지 모르게 가슴이 철렁 내려앉았다. 제발 원평교당을 떠나라는 명령만은 아니기를 바라면서 총부에 갔다.

　대산 종법사님은 "청수야, 원평에 온 지 몇 년이나 되었느냐?"고 물으셨다. 작은 소리로 "2년밖에 안 되었습니다"라고 말씀드렸다. 나의 말을 들은 대산 종법사님은 "오랫동안 쉬었구나. 다시 서울 우이동으로 가야겠다. 절대녹지 그린벨트에 묶여 어려운 곳이다. 그 산속에서 아무 유지대책이 없어도 살아갈 수 있는 사람을 찾다가 청수 교무가 뽑혔다" 하셨다. 하명을 받들고 한순간 발걸음이 떨어지지 않는 것 같은 느낌이 들었다. 그러나 거역할 수 없는 명령이 떨어졌으니 서울로 다시 갈 사람이 되어버린 것이다.

　원평교당에서 열심히 일하고 이제 방금 마른자리에 앉아보려고 하는 참이었는데 또 떠나야만 했다. 총부를 다녀온 뒤 법회날 영문 모르고 나를 평상시대로 바라보는 교도들을 대하려니 눈에서 눈물이 글썽거렸다.

그러한 내 모습을 이상하게 여긴 교도들은 웅성거리면서 의논을 했다. 농번기가 가까워져서 바쁜 사람들이 교당에 못 나오니까 교무님이 실망이 되어서 눈물 바람까지 하니 놉을 얻어서 농사를 짓더라도 교당은 빠지지 말자고 했다며 나를 안심시키려 했다. 그 말을 들은 나는 주체할 수 없는 눈물이 흘러내렸다. 그리고 입이 떨어지지 않았지만, 다시 서울로 가게 됐다는 사실을 알렸다. 그칠 줄 모르고 하염없이 울자, 한 남자 교도는 "큰 고기는 큰물에서 놀아야 합니다. 잘 되셨네요……"라고 위로하면서 참담한 표정을 지었다.

내가 가야 되는 우이동 수도원 형편을 살피러 서울에 갔다. 한 교역자가 그곳을 일터로 삼기에는 폐허와 다름없었다. 닳아빠진 바가지, 찌그러진 양재기 그릇이 고작이었다. 우이동 수도원, 말이 수도원이지 수도원이 세워지기를 염원하는 뜻으로 붙여진 이름일 뿐이었다. 산자락이 흘러내린 곳 3,800여 평의 넓은 땅이 나를 기다리고 있었다.

원평으로 돌아와서 서울로 떠날 채비를 해야 했다. 원평 장날마다 낫과 숫돌을 사고 괭이·호미·갈퀴를 준비했다. 교도들은 "촌에서 사는 우리도 이제는 안 쓰는 갈퀴까지 준비하니 서울에도 그런 산중이 어디 있느냐"며 나를 위로하기 시작했다. 자연과 합일하듯 살았던 그 행복한 세월이 끝났다.

우이동 수도원 철수

마침내 서울로 가는 짐이 트럭에 실렸다. 동산 그늘 아래 놓고 지낼 평상 네 개도 실었다. 그곳 사정을 알게 된 원평교당 교도들은 쌀한 가마와 감자, 양파 등을 챙겨주었다. 나는 다만 고마워할 뿐 사양할 처지가 아니었다. 교도들은 마당을 쓸 대빗자루도 트럭 위에 얹었다. 그렇게도 좋아하며 살던 시골 원평교당을 고작 짧은 2년을 살고 떠나야만 했다. 선량하고 충직한 김선직 부교무와 주방일이나 겨우 감내할 만큼 약해 보이는 노파 한 분이 고맙게도 나를 따라 서울로 왔다.

삼각산 자락의 그린벨트 녹지대 우이동 수도원에 당도한 날은 1979년 6월 28일이었다. 불만불평 한마디 없이 새 임지인 서울로 왔지만 왠지 먼 유배지에 온 사람처럼 참담하기만 했다. 옛날 이 집에 살던 사람이 옷을 넣어놓고 살던 농짝 하나도 없었다. 나는 몇 날 며칠 짐을 싸들고 온 가방을 풀지도 못한 채 바라만 보고 지냈다. 물론 서울로 다시 왔다고 많은 분이 반겨주었지만, 건성으로 웃고 대할 뿐이었다. 그 손님들이 떠나고 나면 다시 문이 없는 벽 속에 갇혀 있는 기분이었다. 어디가 따로 아프지 않은데도 도무지 힘을 챙길 수가 없었다. 마음은 심한 가뭄에 몸살을 앓고 있는 식물처럼 전혀 생기가 없었다. 마음이 죽어버린 것이었다.

우이동 수도원은 규제가 심한 그린벨트 안에 무허가의 작은 식당 채와 닭장으로 쓰던 블록 벽을 쌓아 올리고 슬레이트만 덮은 헛간 같은 가건물이 한 채 있을 뿐이었다. 그 닭장의 일부에 천장과 벽에 종이를 발라 방처럼 만들어놓은 곳이 나의 처소였고 출입구 문과 창틀을 넣어 닭장을 법당으로 만들었다.

20대 초반부터 서울 종로교당에 살았고 평생을 살 것처럼 큰 열정을 바쳤던 사직교당을 떠나 잠시 2년 동안 원평교당에 살았기 때문에 서울로 다시 온 것은 마치 고향으로 되돌아온 것과 다름없다 할 수 있었다. 그리고 그 정겹던 옛 인연들이 모두 반겨주었다. 그렇게도 자주 오르던 삼각산 자락에 자리 잡게 되었으니 좋을 법한데 모든 것이 시큰둥하기만 했다.

본디 우이동 수도원이란 곳은 종로교당의 신심 깊은 교도가 1973년에 임야와 밭, 그리고 500여 평의 대지를 포함 3,800평을 교단에 희사한 땅이다. 도봉구 쌍문동 도봉산 자락에 위치해 경관이 수려하고 나지막하고 완만한 경사를 이루고 있어 참으로 좋은 터이지만 희사 2년 전에 이미 그린벨트에 묶인 땅이었다. 이 땅을 희사받은 교단에서는 크게 감사하고 기뻐하며 장차 수도원 부지로 활용하면 좋을 것이라고 생각해 이름부터 우이동 수도원이라고 지었다.

절대녹지에 묶인 땅을 풀어 맘과 같이 뜻과 같이 활용하기가 얼마나 어려운 일인가를 잘 몰랐던 교단 측에서는 백방으로 노력하다 결국 포기하고 말았던 것이다. 사정이 그렇게 되고 보니 그 땅을 수호하기 위해 돈을 쓰는 것도 밑 빠진 독에 물 붓기와 같았다. 그래서 그 땅에 대한 근심걱정을 괄호 속에 넣기 위해 내가 우이동에 오게 된 것이었다.

 희사자는 그렇게 아끼던 땅을 큰맘 먹고 원불교 교단에 바쳤는데 어떻게든 애를 써서 그 땅을 빛나게 활용하기를 간절히 바라고 지켜보아도 도무지 아무 일도 이루어지지 않자 교단에 대해 섭섭한 생각을 갖게 됐다. 그분도 녹지에 묶인 땅을 어떻게도 해볼 수 없다는 것을 잘 몰랐기 때문일 것이다. 그 당시 녹지에 묶인 땅을 풀어서 무엇인가 해보려고 수고하는 것은 계란으로 바위 깨기라고 했다.

 아무리 어려운 일이라도 힘써서 무엇인가 할 수만 있다면 그것이 희망이고 밝은 전망이라 할 수 있다. 그러나 아무 일도 해볼 수 없는 그린벨트에 와서 땅만 지키고 있어야 하는 현실은 참으로 암담했다. 그래서 유배지로 온 것 같았으리라. 교단 측에서는 행여 내가 그곳으로 가면 희사자의 섭섭함도 달랠 수 있을 것이라고 생각했던 것 같다.

 희사자 도타원 전은덕 님은 노인이어도 사리와 경우에 밝고 매사를 바르게 처신하는 분이었다. 그분은 내가 우이동에 오게 된 것을 속으로 반기지 않았다. "이 산골짜기에 무슨 할 일이 있다고 저 유능한 박청수 교무님을 보냈을꼬?" 하였다.

 참으로 이상한 점은 나의 마음이 살아나고 있었다는 것이다. 한데

나 다름없는 내 방을 안전하게 간수해야겠다는 생각이 들면서 자물통을 살 생각이 들었던 것이다. 별 중요한 물건은 없어도 작은 자물통을 사다 방문에 자물쇠를 채우니 밖에 볼일을 보러 나갈 때 안심이 되었다.

내가 그곳에서 지내는 것이 딱해서였는지 아니면 자연이 좋아서였는지 한 달에 두번 보는 법회날마다 여러 교당의 교도가 많이 모여들었다. 아예 점심을 싸들고 와서 법회도 보고 동산에서 놀다 가기도 했다. 40명 정도 앉을 수 있는 좁은 법당에 다 들어갈 수 없어서 동산에 스피커를 달아놓고 평상에 앉아서 설법을 들을 수 있게 해놓았다. 법회마다 평균 70명은 모여들었다. 오는 사람이 꾸준히 오는 것이 아니라 법회날마다 새 사람이 왔다. 그래도 참석인원은 항상 비슷했으니 어디서 누군가가 조절하여 사람들을 보내고 있는 것 같았다.

수도원 교당 운영은 종로·원남·중구·원효교당의 원로모임 형제계에서 매달 5만 원을 지원해주었고 수도원 안에 있는 테니스 코트장을 운영하여 8만 원을 보태 써야 했다. 텃밭에 야채를 가꾸어 먹고살기 때문에 생활비가 꼭 많이 드는 것은 아니었지만 3,800평 넓은 도량의 철조망을 보수하고 개울가 옆 축대가 무너지면 그것도 나의 책임이어서 돈의 쓰임새가 많았다. 그래서 복덕방을 드나들며 하숙생을 구해다 하숙까지 치며 살았다.

문제는 테니스 코트장이었다. 만약 테니스 코트장을 일꾼을 시켜 일했다가는 거기에서 나오는 8만 원보다 더 들어갈 수도 있었다. 함께 사는 여자 셋이 큰 롤러로 코트장을 밀어보려 해도 불가능한 일이었다. 그래서 몸에 맞는 롤러를 구해다가 내 자신이 코트장을 밀었다. 비 온 뒤 땅바닥이 너무 말라도 금이 쩍쩍 벌어져 롤러로 밀어도 소용이 없었다. 또 너무 젖어 있어도 땅바닥의 흙이 롤러에 묻어났다.

땅을 밀기 좋은 시간은 오전 11시쯤이었다. 그 시간 폭양 아래에서 코트장을 밀면 땀이 비 오듯 했다. 또 무거운 롤러로 땅을 밀어야지 내 몸에 맞는 롤러로는 밀어봐도 만족스럽지 않았다. 겨울에는 그 많은 눈을 코트장 밖으로 치우는 일이 참으로 큰일이었다. 눈을 방바닥에 먼지 쓸어내듯이 깨끗이 치워야 했다. 만약 눈이 남아 있으면 해가 떴을 때 코트장이 젖기 때문에 큰 낭패였다. 코트장을 관리하면서 나의 처지가 벤허의 노예시절 같다고 생각했다. 뽑고 돌아서면 다시 나오는 잡초도 매일 아침 뽑아야 했고, 넓은 도랑을 열심히 비질해야만 찾아오는 사람들이 경관도 아름답고 정결하다고 찬탄을 했다. 몸에 젖은 땀을 말끔히 씻고 정복을 입고 손님을 맞으면 그들은 날더러 선녀같다고 했다.

그러나 더 이상 그곳에서 살 수 없게 되었다. 1981년 도봉구청을 대상으로 한 감사원 감사에 수도원교당이 녹지법을 위반하고 닭장을 용도변경하여 법당과 처소로 쓰고 있는 사실이 발각되었다. 건축법 제5조 및 도시계획법 제21조의 위배사항으로 용도변경한 법당을 원상복구하라는 행정명령서가 떨어졌다. 교화 터전을 잃게 된 내 신세가 또 팔레스타인과 같다는 생각이 들었다. 이어서 대집행계고장(代執行戒告狀)까지 받게 되었다. 자진철거하지 않을 경우 용도변경하여 법당으로 쓰고 있는 부분을 행정당국에서 대집행하여 다시 닭장으로 원상복구하겠다는 계고장이었다.

그로부터 20여 일 후 드디어 구청 직원 15명이 와서 법당의 일부를 강제 철거했다. 나는 그 현장에 없었다. 나는 우리를 담당하고 있는 감사원 담당자의 집을 찾아갔다. 비록 법은 위반하고 있어도 그곳에서는 더 좋은 일이 이루어지고 있다고 설명했다. 우리가 살고 있는 그곳이 사용되지도 않고 계사로 있는 것보다, 고쳐 쓰는 법당에서 서울 시민의 일부가 정신적으로 수련을 하여 마음이 정화되고, 또 많은 청소년이 대자연의 품속에서 훈련을 함으로써 미래의 국민이 정신적으로 건강하게 성장한다고 역설했다. 그 같은 일은 참으로 바람직한 일이며 오히려 국가에서 장려할 만한 일이 아니냐고 반문했다. 이미 떨어진 행정명령서가 중지되도록 선처해달라고 애원했다.

지금 생각하면 그분은 매우 너그러웠다. 마치 내 말에 설득당하고 있는 것처럼 경청해주었다. 그러나 끝에 가서는 아무리 그곳에서 좋은 일이 이루어지고 있다 해도 녹지법을 어긴 사실을 다루는 감사원 입장에서는 달리 아무 방도가 없다며 따뜻하게 위로해주었다.

물에 빠진 사람이 지푸라기라도 잡으려는 심정으로 백방으로 노력했다. 구청과 시청을 번갈아 드나들면서 일을 해결하려고 했다. 그렇게 애쓰던 어느 날 시청 녹지과 과장을 만나게 되었다. 우리의 입장과 처지를 말했을 때 이제는 당국에서 협조해달라고 사정했다. 사실 녹지과 직원들은 주민들의 이런저런 딱한 사정을 들어주다 결국 단속을 못한 책임을 지고 옷을 벗는 사람이 너무나 많다고 했다. 이 일도 잘못되는 날에는 누군가가 직장을 잃게 된다고 했다. 그 사람에게는 부양가족이 있기 때문에 일이 잘못 처리되지 않도록 주위에서 오히려 도와줘야 한다고 했다. 날더러 녹지법 관계 공무원이 법을 지키려고 애쓰는 것을 도와달라는 것이었다.

그 녹지과 과장과 대화를 나눈 후, 녹지법에 묶여 있는 우이동 수도원교당을 떠나기로 결심했다. 그로부터 몇 차례 교단 내부의 의견을 조정하다 결국 수도원 긴급운영위원회가 열렸다. 그리고 22개월 동안 우이동 수도원교당이란 이름으로 교화활동을 했던 그 교당은 소수의 교도이지만 대다수가 강남지역에 거주하고 있으니 그들을 따라 강남지역으로 옮겨가기로 했다. 참으로 이상한 것은 우이동 수도원에 다녔던 교도들 가운데 수유리 근방에서 온 사람은 없고 강남지역 방배동, 논현동, 그리고 예술인마을 등 아주 멀리에서 우이동까지 다니고들 있었다.

이곳을 떠날 터이니 새 터전을 마련할 시간을 달라고 담당 공무원에게 사정했다. 그리하여 '77일간의 원상복구 보류'라는 말미를 얻게 되었다. 그 시간은 금쪽같았다. 당장 무슨 돈으로 77일 안에 전세집이라도 마련할 수 있을까. 이제는 돈 걱정이 태산과 같았다.

강남교당의 26년

연원교당도 창립주도 없이 태동한 교당

원불교는 한 교당이 생기려면 연원교당이 있고, 또 그 교당을 세우고자 하는 염원 있는 창립주가 있어야 세워진다. 그러나 우이동 수도원은 연원교당도 없고 창립주도 없었다. 다만 교단의 방침에 따라 우이동 터전을 수호하기 위해 그곳에 갔다. 이제 강남교당도 연원교당도 창립주도 없이 태어나야만 했다.

사직교당에서 인연이 있던 이흥법 님은 강남에 사는 30대의 젊은 며느리를 우이동 수도원에 다니도록 이끄셨고, 며느리도 시아버지의 권유에 따라 법명을 박홍순으로 받고 교당에 열심히 다니고 있었다. 구청 직원들이 우이동 법당 구들장을 파헤치던 날이 이흥법 님의 장례식 날이었다. 장례를 치르고 돌아와보니 법당이 그 지경이었다. 서둘러 파헤친 곳을 대강 덮고 다시 임시로 법당으로 쓸 수 있도록 손을 보았다.

상주들은 고인의 왕생극락을 비는 7·7천도재를 올리기 위해 우이동까지 왔다. 어려운 고비를 당한 나는, 일주일에 한 번씩 재식에 참석하기 위해 오는 그 가족들에게 우이동 법당이 처한 곤경을 설명했다. 그리고 "아버님이 계셨으면 이 어려운 때 도와주셨을 텐데……" 하며 세상을 떠난 아버지를 들먹였다. 효성스런 아들 이병무 님과 며느리 박홍순 님, 그리고 부인 김명수화 님과 딸 이수도 님은 나의 말을 예사로 듣지 않았다. 상주들은 아버지 명복을 빌어드리고 싶다며 500만 원의 성금을 마련해왔다. 1981년 당시 500만 원은 큰돈이었다. 그 돈은 강남교당 전셋집을 마련하는 종잣돈이 되었다. 창립주는 따로 없어도, 내가 당한 어려운 일을 진정으로 걱정하는 사람은 많았다. 특히 형제계원들이 주체가 되어 새 교당이 마련되도록 힘썼다.

젊은 교도들이지만 우이동교당 교도였던 황명성·황채규·이남련·서원금 교도가 100만 원씩의 성금을 냈고, 사직교당 교도회장이였던 오이균 님이 낸 800만 원의 성금을 합해 집을 얻을 전세금이 마련되었다.

나의 걱정을 자신의 걱정보다 더 크게 여기던 황명성 교도는 마침 전세를 놓고 있던 사촌 언니에게 그 집을 교당을 만들도록 해달라고 졸랐다. 교당으로 고쳐 쓰다가 떠날 때는 더 좋게 원상복구를 해주겠다며 졸라 강남구 논현동 주택 40평을 전세로 얻었다. 17일 만에 살림집을 법당으로 구조변경하는 수리를 마쳤다. 1981년 6월 14일 우이동까지 다녔던 젊은 교도들이 중심이 되어 봉불식을 거행함으로써 강남교당이 태동됐다.

강남교당이 설립되고 만 1년이 지났을 때 교도현황은 여자는 20,

30대가 62명이고 50대에서 70대까지는 13명이었다. 그리고 4월, 우이동 수도원에서 발족한 수도회 남자교도 34명으로 총 109명의 교도가 모였다. 젊은 교도가 62명이나 된 것은, 사직교당 시절 청년교화를 했을 때의 옛 인연들이 모여들었기 때문이다. 또 강남교당이 생기자, 다른 교당의 교도들이 "우리 며느리, 우리 딸, 강남교당으로 보낼 테니 잘 교화시켜주세요" 했다. 20, 30대의 교도들은 젊기도 하지만 고학력인 것이 특징이었다.

젊은 교도들은 아기를 데리고 교당에 왔다. 그래서 당번제로 한 엄마가 아랫방에서 여러 아기를 돌보고 아기와 떨어진 엄마들은 법당에서 법회를 보았다. 여러 아기를 넓지 않은 방에 눕혀놓고 돌보다 보니 한 아기가 다른 아기의 발가락을 빨고 있는 모습이 발견되었다. 그 사건은 항상 재미있는 이야기인데 이제는 그 아기가 커서 장가를 갔다.

30년 전만 해도 우리 사회의 여성은 대부분 전업주부였다. 그래서 여성 중심 교도들은 종교생활을 평일인 화요일에 하고, 일요일엔 가족과 함께 지낼 수 있어 좋아했다. 한 달에 두 번 일요일마다 모였던 수도법회는 남성들만의 법회였다.

사회생활을 하는 남성이 스트레스를 많이 받는 것이 큰 문제라고 생각했다. 그 스트레스를 종교생활, 수도생활로 풀기 위해 수도법회는 20분씩 좌선을 했다. 처음에는 어렵게 생각되던 좌선이 이제는 각자 종교생활에 얼마나 필요한가를 터득한 젊은 교도들은 매일 새벽 좌선에 나오기도 했다. 여성 중심 화요법회도 20분씩 좌선을 하기 시작했다. 법회시간에 설법을 듣고는 깨침을 얻고, 스스로 좌선을 하여서는 자기 자신을 찾고 만나는 시간이다. 좌선을 잘하면 중생적인 삼독심은 녹아나고 청정심이 길들여지게 된다.

강남교당의 법당은 하나여도 화요법회와 일요일에 법회를 보는 수도회 두 법회가 있었다. 한 법당 안에 서로 다른 신앙수행의 공동체가 있었다. 처음에 수도법회는 남성들의 법회였지만 직장여성이 많아지면서부터는 자연스럽게 남녀가 함께 법회를 보고 특히 부부가 함께 나오고 있었다.

강남교당에서 이룩한 대부분의 사업, 인도 히말라야 설산 라다크에서 이루어진 일과 캄보디아에서 지뢰를 제거한 일들은 화요법회의 여성 교도들의 열성으로 이루어낸 것이었다.

처음에는 신심 없는 남성 교도들에게는 교당 유지비 의무라도 지키라고 하면 부담을 느낄까봐 돈을 내라고 하지 않았다. 수도회 교도들이 유지비를 내기 시작한 것은 신축교당 봉불식을 마친 2년 후 1987년부터이다. 오직 마음공부 수도만 하도록 했다. 이제는 그러한 과거가 있었음을 기억하는 사람조차 없을 것이다.

화요법회의 초창기 3년 동안은 교화분과, 봉공분과, 행사재정분과 세개 조직을 관리운영하며 교화를 매우 열심히 했다. 교화분과에서는 가정에 법신불 일원상 봉안하기 운동, 일원가족 만들기 위해 가족 입교하기 운동, 교리 암송하기 운동, 법회 무결석 추진과 기도, 훈련 권속 불리기 운동을 했다. 봉공분과는 봉공활동에 필요한 자금을 마련하는 분과여서 장사가 잘될 품목을 개발하고 판촉에 관심을 가져 교당 물건을 밖에 나가 친지들에게 팔기 운동을 전개했다.

행사재정분과는 전 교도 보은미 의무 지키기 권장, 교당 일체 행사 주관, 세 개 분과 상임위원은 53명으로 분기별로 실적을 점검하며 교당발전을 위해 재가 교도가 교화의 주체가 되었다. 초창기 때부터 마음의 양식을 구하는 법회는 절대로 빠지지 않도록 습관을 굳혀 3년째 되던 해에는 예회입등자가 31명이나 되었다.

원불교 교도의 기본 조직인 단(團) 모임을 연초에 시작할 때, 금년 한 해 동안 법회에 무결석할 것을 다짐받았다. 부득이하게 나올 수 없는 일이 있으면 무슨 일로 금년엔 몇 번 빠질 일이 있다고 신고했다. 이렇게 다져진 무결석의 의지를 모든 교도가 지켜보려고 노력했다. 퇴임하기 1년 전 2006년에는 이러한 자기와의 약속을 지킨 교도가 145명이나 되었다. 이처럼 신심 깊은 교도 145명이 뿜어내는 종교적 열기는 강남교당의 특별한 에너지였다.

홍라희 여사의 도움으로 신축부지가 마련되고

원불교 서울교구에서는 1년에 두 번씩 바자회를 한다. 우리는 그 바자회를 참 좋은 기회로 활용했다. 수익금을 얻는 목적보다, 그런 기회를 통해 주인정신을 기르고 봉공정신을 자연스럽게 함양할 수 있었기 때문이다. 교당의 품목 가운데에는 쑥개떡이라는 게 있었다. 나는 그 쑥개떡을 만들기 위해 새벽부터 경동시장에 나가 쑥을 싹쓸

이하다시피 몇 자루씩 사왔다. 그러면 교도들은 그 쑥을 다듬고, 나는 마당에 임시 화덕에 불을 때서 쑥을 삶는 일을 했다. 교도들에게 힘이 드는 일을 시키다가 신심 부족한 사람들이 물러설까봐 조심했던 것이다.

삶은 쑥을 쌀과 함께 방아 찧어다 반죽하고 개떡을 빚을 때는 온 교도가 법당 가득히 모여 앉았다. 평소 교당에 나와도 친교의 기회가 없어서 서먹서먹했지만 일을 하느라 몸으로 부딪쳤다. 누군가 재미있는 이야기를 할라 치면 깔깔거리고 웃었다. 그러면 '아! 지금 서로서로 섞이고 친해지고 있구나' 싶어 마음이 좋았다. 개떡을 찌는 일도 내가 했다. 불을 때고 솥을 열면서 뜨거운 김을 쏘이다가 우리 젊은 멋쟁이 교도들이 행여 탈이 날까 싶어서였다. 공들여 만든 떡을 플라스틱 도시락에 담으면서 그 떡을 팔면 얼마나 이문이 남을 것인가를 미리 계산해보는 것도 재미있었다. 바자회 날엔 서로 일찍 나와 판매를 했고, 생전 처음 장터에서 어묵장사, 미역장사, 개떡장사를 하면서 어느 물건이 더 잘 팔리는가 수군대며 장사하는 것을 신나했다. 우리 교도들은 다 젊고 예쁜 미녀라고 생각했기 때문에 새로 생긴 강남교당 교도들을 바자회 장터에 출품하듯 선보이는 기분이었다. 매장에서 물건을 팔지 않은 사람들은 판매하는 사람들이 먹을 밥을 집에서 지어 내왔다. 그 일도 않는 사람은 물건이 잘 팔리면 좋아하는 바람잡이 역할이라도 하여 공동체 의식을 공고히 했다.

한번은 장사한 수익금이 150만 원이나 되어 교구에 전액을 기탁했

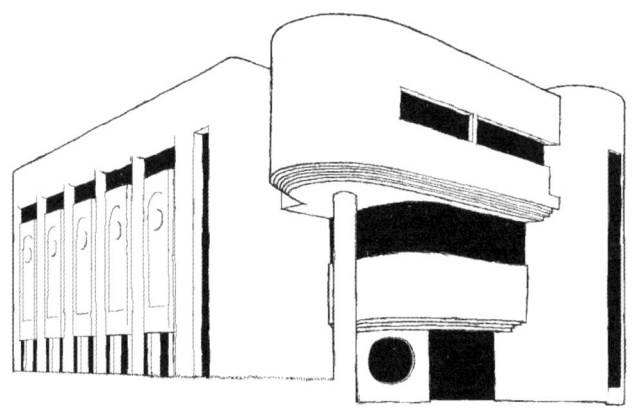

" 참으로 광범위한 각계각층 많은 사람이
강남교당 신축에 정성을 합했다.
나의 능력으로 모금한다고 생각하지 않는다.
법계에서 매번 그런 일을 시키고, 나는 열심히 정직하게
그 일을 하고 살아왔다고 말해야 옳을 것이다. "

다. 교도들은 장사하여 생기는 수익금에 재미를 붙여 교당 법회 때도 어묵장사를 하고, 강화 돗자리 장사를 했다. 못다 판 물건은 제각기 밖으로까지 들고 나가서 팔아왔다. 그 수익금은 오래두지 않고 한국보육원의 고아들과 총부 양로당에 적절한 때 선물을 사 보냈다. 봉공활동의 수고와 보람이 딱딱 계산으로 맞아떨어졌다.

참으로 이상한 일은 우이동에서처럼 강남교당 화요법회에도 외부 교당 교도들이 모여들었다. 한 교당에서 여러 명의 교도가 오는 것은 아니었지만 한 법회에 대여섯 교당에서 교도들이 왔다. 넓지 않은 법당에 늦게 왔다 가는 자리 천신하기가 어려울까봐 법회시간 전에 일찍 법당이 가득가득 찼다.

거기에 특별한 교도도 있었다. 홍라희 원남교당 교도였다. 그분은 구석에 조용히 앉아 법회만 보고 가곤 했다. 어느 날 그분은 뜻밖에 강남교당 신축부지를 물색해보자고 했다. 그리하여 마련된 땅이 지금의 강남교당 터다. 지금은 주소가 서초구 양재동이지만 그 땅을 매입했을 때 지번은 강남구 도곡동이었다. 대지 면적은 227평으로 1984년 무렵, 땅값은 2억 1,000만 원이었다. 그분은 아마 30대 후반 쯤이었을 테고 시아버지인 이병철 회장이 생존해 계셨을 때다. 홍라희 여사는 2억여 원의 돈을 한꺼번에 챙기지 못하고 간격을 두고 땅값을 완불했다. 우이동을 떠나와 전셋집에서 강남교당을 시작한 지 만 2년 9개월이 되었을 때였다.

홍라희 여사도 강남교당 부지 마련의 일이 소문나기를 바라지 않았지만 내 편에서도 너무 큰일이 일시에 이루어져서 조심하느라 발설하지 않았다.

교당 부지가 마련됐으니 건축을 해야 될 텐데 누가 설계를 하면 좋을까 혼자서 궁리가 많았다. 그러다가 성 라자로 마을의 이경재 신부님과 의논해야겠다고 생각했다. 내가 10년 가까이 성 라자로 마을을 드나드는 동안, 이경재 신부님은 수도 없이 집을 지었고 건축물이 완성될 때마다 특색이 있고 모두 훌륭하다고 느꼈기 때문이었다.

교당을 신축하게 됐다며 이경재 신부님에게 건축자문을 구한다고 했다. 이 신부님은 때로 냉철함을 넘어선 냉냉함과 남과 쉽게 타협할 것 같지 않은 단단한 품성이 있다. 내가 건축자문 이야기를 꺼냈을 때도, 그분 특유의 냉랭한 태도로 "내가 원불교를 뭘 알아요? 나는 원불교의 박 교무님만 알죠" 하며 건축자문에 대해 아주 분명하게 거절했다. 너무 기대가 컸기 때문에 신부님의 거절이 너무나도 냉정하다고 생각되었다. 너무 실망하는 빛을 보이자 신부님은 "내가 거들면 성당이 지어져요" 하고 거절하는 이유를 밝혔다. 그래도 신부님에게 좋은 아이디어가 있을 것만 같은데 전혀 거들어주지 않는 것이 야속했다. 거절은 했지만 그래도 생각을 해보았던지 "원불교이니까 아무래도 원을 상징해서 둥글게 지어야 되지 않을까……. 잘 모르겠어요" 하더니 엄·이건축을 소개해주었다.

엄·이건축은 이 신부님이 성 라자로 마을을 처음 구상할 때부터 관여했던 건축회사다. 성 라자로 마을을 인연으로 엄·이건축의 김인철 씨(현 중앙대학교 교수)가 강남교당을 설계하게 되었다. 나는 그분이 좋은 설계를 하도록 자주 만나면서 공을 들였다.

설계도면에서 보이지 않는 법당 내부가 궁금하여 "법당 내부는 어떻게 설계해요?" 하면 "박 교무님을 똑 닮도록 설계하려고 합니다" 했다. 너무 막연하여 '나를 닮는다는 말은 무슨 뜻일까?' 하고 궁금한 얼굴을 하면 김인철 씨는 척척 스케치를 하여 정말 멋진 법당 내부를 보여주었다. 그러면 교당을 짓기 전부터 아주 훌륭한 교당이 탄생하려나보다 하고 기대감이 커졌다.

6개월에 걸쳐 설계가 완성되어 견적을 뽑았다. 건축비가 5억 원으로 산출됐다. 강남교당 신축부지가 마련되고 설계도면이 마련된 것은 좋은 일이지만 건축비 5억 원은 또 어떻게 할 것인가? 설계가 완성되었을 때 중앙총부를 방문하여 상세한 보고를 했다. 윗분들은 난색을 표했다. 그렇게 많은 건축비를 초창 교당에서 어떻게 마련할 작정인가? 좀 무모한 일을 벌이고 있는 것처럼 우려했다. 격려의 말 한마디 듣지 못하고 돌아섰을 때, 세상에 홀로 있는 것 같았고 감내할 수 없는 외로움이 밀려왔다.

총부에 보고한 말이 펄펄 날아다니며 우려와 시비가 분분했다. 그렇게 큰돈을 들여서 왜 한 개의 교당을 지을 것인가? 그 돈이면 군단위 교당 다섯 개는 지을 수 있을 텐데, 왜 강남교당 하나를 짓는데 그렇게 막대한 돈을 쏟아부을 것인가? 돈은 100원도 보태지 않으면서, 호사스런 교당을 짓는다고 시비가 빗발쳤다. 또 어떤 분은 그런 돈은 마련이 안 될 텐데 교당을 짓다 말테냐고도 했다. 나는 거짓말하는 기분으로 1층부터 짓고 살다가 또 형편이 되면 2층을 짓겠다며 안심을 시켜드렸다. 그래도 또 걱정이 되는지 "잘 생각해봐. 짓다 말고 두면 교단의 우세고 애물단지 된다"고도 했다.

밖의 공기가 그러면 그럴수록 오히려 알 수 없는 용기로 무장되었다. 마치 역도 선수가 무거운 역기를 번쩍 들 수 있을 것 같은데 공연히 옆에서 '그럴 실력이 될까?' 하고 우려하는 것 같기도 했다. 홍라희 여사마저도 "내가 공연히 땅을 사서 감내 못할 건축비 걱정을 만들어준 것 같다"며 걱정을 했다.

속으로는 건축비 걱정으로 밤잠을 이루지 못하면서도 겉으로는 느긋한 모습을 보였다. 만약 애타 하는 모습을 보이면 우려가 또 우려를 낳을 것 같아서였다. 지금 생각하면 밤잠만 못 잔 것뿐 아니라 몸을 씻어야 되는 때를 넘기면서도 그것을 잘 몰랐다.

뜻밖에 큰돈이 들어오기도 했다. 강남교당 법회를 보러 다니던 홍제교당 김현강옥 님이 큰돈을 희사해주셨다. 그 돈이 건축성금 가운데 제일 큰 덩어리 돈이었다. 그분은 매우 조용한 우리 교단의 숨은 보시꾼이다. 서울대 부총장이고 원남교당 교도회장이던 고윤석 님은 둘째딸이 결혼했을 때 축의금으로 들어온 현금 다발을 들고 와 신축성금으로 희사해주었다. 누군가를 찾아다니며 권선하지는 않았지만 나를 걱정하는 많은 분이 스스로 힘을 보탰다. 원남교당의 유보명원 님도 부군 교보생명 신용호 회장에게 얻었다며 500만 원을 희사해주었다.

그 무렵 경남여고 29회 동창모임을 전세 교당에서 갖곤 했다. 그 동기생들은 성 라자로 마을을 돕는 데도 큰 도움을 주었다. 동창생 가운데 이명자 씨가 신축금으로 1,000만 원을 내겠다고 했다.

강남교당 신축의 일을 큰 걱정의 화제로 삼으면 나는 이명자 씨를 팔았다. "비교도도 1,000만 원이나 내겠다고 하는데 힘이 모아지겠죠" 하며 말을 막았다. 강남교당 신축에 큰 보탬이 된 사람은 그 옛날 종로교당 학생회 때 인연이 되었던 아침농장 주인 영산 권오영(현 파주교당 교도) 청년 교도였다. 약 4,000만 원이 소요되는 전기시설 일체를 맡았다. 오랫동안 그 분야의 일을 했고 사람들에게 인심을 얻었던지 "나에게는 어머니와 똑같은 분이 돈도 없이 교당 신축을 하니 전기만큼은 내가 맡아야겠다. 그 일을 하도록 날 좀 도와줘요"라고 호소하여 전선 등 자재를 희사받아 인건비를 자신이 부담하며 전기공사를 했다. 그리고 그 당시 수도회 회장을 맡고 있던 오인식 님이 철근을 저렴하게 사들여왔다.

건축도면이 완성되어갈 무렵 시공회사를 찾기 시작했다. 1983년 한국정신문화연구원에서 열린 국가발전을 위한 지도자 간담회에 참석한 적이 있었다. 그때 모임 대표가 한보그룹의 정태수 회장이었다. 그 모임은 한동안 친목모임처럼 유지되었다. 또 다른 2명의 여성도 있었는데 그들은 나오지 않았다. 나는 꼬박꼬박 참석했다. 우리나라 각 분야의 중요 인사가 모이면 무슨 이야기를 하는지 궁금했고 또 그런 사석 모임에 참석하다보면 그 유명 인사들의 인격도 엿볼 수 있을 것 같아 공부 삼아 참석했다.

  나는 그 모임에서 한 마디 말도 않고 수업시간 학생처럼 세상공부를 하고 있었다. 그때 옆자리의 법조인에게 "강남교당을 건축하려고 하는데 정태수 회장님에게 부탁드려볼까 하는데요" 하고 반응을 살폈더니 그분은 "그렇게 작은 공사는 안 할 겁니다" 하고 마치 자기가 그 일을 거절하듯 말했다. 헤어질 때 정태수 회장 곁으로 가서 "찾아뵙고 싶은데요"라고 말했더니 그분은 "언제든지 오세요" 했다.

  어느 날 강남교당 투시도를 예물처럼 싸들고 한보그룹 회장실을 찾아갔다. 회장님은 "어, 귀한 분이 찾아오셨어요. 반갑습니다" 하며 따뜻하고 정중하게 맞아주었다. 좀 어색했지만 들고 간 강남교당 투시도를 꺼내 보이며 "이 건물을 좀 지어주시라고 왔습니다" 했다. 정 회장님은 투시도를 살피더니 또 흔쾌하게 "지어드려야지요" 했다.

  뜻밖에 일사천리로 진행이 되어서 미리 공부해간 대로 "회장님, 본사 관리비는 빼주세요" 하고 흥정했다. "그러면 회사 운영은 어떻게 하라고요" 하며 그분 특유의 너털웃음을 짓더니 "하고 싶은 대로 하셔야지요" 했다. 또 공부해간 말이 있었다. "건축은 현장소장이 착실하고 실력이 있어야 집을 잘 짓는다고들 해요. 좋은 현장소장을 보내주세요" 했다. "회사에서 제일 일 잘하는 사람을 보내죠" 하며 그분은 잠시 전화통화를 했다. 한 젊은이가 들어와서 "부르셨습니까?" 하자 "이 사람이 일을 제일 잘해요" 하며 그를 소개하고 "오 소장, 원불교에 가서 절을 잘 지어야겠다"고 했다. 든든한 한보에서 시공을 하게 되어 안심이었다.

일원상을 상징한 원불교 새 교당

1985년 3월 1일 강남교당 신축기공식을 했다. 당시는 양재동엔 몇 채의 집밖에 없었고 도로도 남부순환도로밖에 없었다. 교도들에겐 기공식 전 법회에야 교당을 신축할 것이라는 사실을 알렸다. 신축기공식을 하려고 하니 더운 생강차라도 끓여와서 손님을 대접하자고 했다. 아직 신심이 부족한 교도들을 그렇게 조심하고 또 많이 보호했다. 3월 1일 넓고 넓은 터에서 200명의 대중이 모여 기공식을 했다. 시공회사 한보의 정태수 회장, 설계자 김인철 교수, 교단의 관심 있는 많은 분들, 그리고 라자로 돕기회의 많은 운영위원이 참석하고, 천주교 평신도 회장인 엄익채 씨가 축사를 했다. 참으로 많은 내빈이 오셨던지 시삽할 삽이 하얀 테이프를 감고 20개가 나란히 꽂혀 있었다. 기공식 현장에 강남교당 투시도가 걸려 있어 사람들은 앞으로 태어날 교당에 제각기 큰 기대감을 나타냈다.

신축기공식을 마친 후 교도들은 교당이 세워지는데 정성을 합하자고 스스로 발심하여 3년 후에 찾을 수 있는 4,000만 원 적금을 들었다. 이제는 고인이 되었지만 수도원에 계셨던 용타원 서대인 어른과 상타원 전종철 교무님이 은밀히 뒷돈을 대주셨다. 훗날 은행이자를 쳐서 모두 갚아드렸다. 허물없는 사람, 시골 원평교당 교도의 돈도 끌어다 썼다. 내 눈엔 신심 있고 부자로 보인 안암교당 김혜전 님에게도 1,000만 원의 고지서를 발부하듯 했는데 당시 그분은 그 많은 돈이 없었다고 했다. 그런데 갑자기 크게 교통사고를 당하고 나서, 만약 이번에 죽고 못 살아났다면 강남교당 신축성금을 못 낸 빚쟁이가 될 뻔했다고 하자 부군이 당장에 거금을 희사해주었다. 경기여고 50회 동기들의 정성을 모아 후원하고 있던, 당시 원불교여성회 회장 한지성 님도 강남교당 불단의 책임을 맡아주었다. 참으로 광범위한 각계각층 많은 사람이 강남교당 신축에 정성을 합했다.

강남교당 신축 말고도 교역자 인생에 돈 걱정을 안 해본 때가 없었다. 젊은 날 30대에 사직교당을 신축할 때는 돈 걱정 때문에 남몰래 눈물을 많이 흘렸다. "검정 치마에 흰 적삼 하나 입고 사는데 왜 이렇게 돈 걱정이 많은가? 수도자가 왜 이렇게 돈 걱정이 많아야 하는가?" 허공에 던진 질문이고 항변이었다.

나의 능력으로 모금한다고 생각하지 않는다. 법계에서 매번 그런 일을 시키고, 나는 법계의 간섭을 받으며 열심히 정직하게 그 일을 하고 살아왔다고 말해야 옳을 것이다.

그러나 만약 많은 사람의 정성으로 모인 공금을 헤프게 쓰는 날에는 돈이 모아지지 않을 것이라고 믿고 있다. 남이 믿기 어려운 이야기겠지만 나를 포함해서 강남교당 교무들은 교당에서 밥 먹고 잠자는 것 말고 따로 받는 현금은 10만 원씩 쓰고 살았다. 때로 사람들이 한 달에 그 돈만 쓰고 어떻게 사느냐고 하면 "그 돈을 쓰러 밖에 나갈 시간이 없어요" 하고 말을 막았다. 원불교 모든 교당에서 그렇게 살지는 않지만 강남교당 교무들은 그렇게 살았다.

❝ 7개월의 공정을 마치고 강남교당이 태어났다.
강남교당은 내외부 어디에도 각이 진 데 없이
둥글고 둥글다. 천장도 둥글다.
내외벽을 백색으로 칠해 깨끗한 느낌을 준다.
이곳에서 벌인 작고 소박한 일들이 모여
세계 55개국을 도왔다. ❞

1985년 『중앙일보』 이은윤 기자는 「일원상을 상징한 원불교 새 교당」이라는 강남교당 신축기공식 기사를 투시도와 함께 크게 보도했다. 그 기사가 나온 뒤로는 왜 교당을 그 큰돈을 들여 짓느냐는 등의 일체 시비가 불을 꺼버리듯 사라졌다. 나는 건축을 하면서 300일 특별기도를 올렸다. 고정하게 쓴 기원문 없이 매일매일 일어나고 있는 일, 해결되어야 할 일을 설명 기도로 올렸다. 간절하고 지극정성이 담긴 기도였다. 기도의 힘으로 아무리 어려운 상황이 돌아와도 꿋꿋하게 내 자신을 지탱할 수가 있었다. 건축할 당시는 교당 위로 고압선이 흐르고 있었다. 3층 철근공사를 할 때는 만약 한 사람의 인부라도 부주의하는 날에는 큰 사고가 생길 것 같아 마치 건축 감리자라도 되듯 공사현장을 떠나지 않고 철근 배관 공사를 지켜보았다.

교당이 모습을 드러내자 이경재 신부님은 공사 현장을 방문했다. 나는 교화공간에 중심을 두고 설계하도록 했다. 그 대신 상주할 사람들의 생활공간은 충분히 마음 쓰지 못했다. 신부님은 건물 전체를 돌아보고 나서 3층 작은 방을 지목하며 교무님은 이 방을 써야겠다고 했다. 그 방은 너무 구석지고 작은 방이었기 때문에 왜 내가 그 방을 써야 되느냐고 질문하듯 신부님에게 말했다.

"이 건물 가운데 이 방이 제일 안정감이 있어요. 성직자는 우선 자기 자신부터 온전할 수 있도록 보호받아야 하니까요"라고 했다. 나는 1층의 큰 방을 쓰겠거니 하는 막연한 생각을 하고 있었다. 그런데 1층엔 유치원 시설을 만들어놓았기 때문에 너무 시끄러워서 그 방을 쓰지 못하고 신부님이 지목했던 방을 썼다. 그 작은 구석방은 마치 깊은 산중 같았다. 침대 하나 놓고 옷 넣어 입을 서랍장을 놓으면 책상 하나 들여놓을 공간도 없는 방이었다. 그 작은 방에 살면서도 나는 안분했다. 내 자신을 최소화할 수 있어야 더 많은 대중을 향해 뜻을 펼칠 수 있을 것이라고 생각했기 때문이었다. 그 작은 방에서 원고를 써서 다섯 권의 책을 출간하기도 했다.

7개월의 공정을 마치고 강남교당이 태어났다. 강남교당은 내외부 어디에도 각이 진 데가 없이 둥글고 둥글다. 천장도 둥글다. 내외벽을 백색으로 칠해 산뜻한 느낌을 준다. 누가 보아도 특색 있는 건물, 건축의 작품성도 엿볼 수 있다. 1985년 11월호 『건축과 환경』에서 강남교당을 종교건물의 작품으로 소개했다. 그 무렵 건축과 학생들이 교당 건물에 관심을 갖고 많이 찾아왔다.

1985년 10월 19일 봉불 낙성식을 각계각층에서 모여든 일천 대중의 축복 속에 거행했다. 축사는 이경재 신부님과 이현재 전 서울대 총장이 했다. 두 분의 축사는 매우 이채로웠다. 설계를 한 김인철 교수와 시공을 맡았던 정태수 한보그룹 회장님에게는 감사패가 전달됐다. 그리고 강남교당 신축 유공인에게는 표창장이 주어졌다. 30, 40대의 젊은 교도들이 큰 정성으로 신축불사에 합력을 하고 교단으로부터 표창장을 받는 모습이 그렇게 장해 보일 수가 없었다. 그때 표창을 받은 교도는 권오영·황명성·방만기·김묘은·김형진·이은식 교도와 외부인 이명자 씨였다.

이경재 신부님은 라자로 돕기회 운영위원들에게 "원불교 봉불식에 참석하지 않으면 파문입니다. 무조건 참석해야 돼요"라고 말했다고 한다. 그래서 천주교의 많은 신자와 수녀님이 자리를 빛내주었다. 정 회장님은 훗날 "원불교 교당을 짓고 이문을 본 것은 없어도 기분은 좋다"는 말을 했다고 한다. 나는 그분에게 약속날짜를 어기지 않고 꼬박꼬박 공사비를 지불했다. 그러자 정 회장은 "이 공사하고 돈 못 받을 줄 알았어요. 신자들 모금이 잘 안 돼서 못 준다 하면 어쩔 겁니까?" 했다. 그는 당연한 공사비를 받으면서도 그렇게 말했다. 나는 끝내 공사비를 깎았다. 마지막 공사비를 챙길 때 너무나도 힘겨워서 "2,000만 원을 못 챙겼습니다" 하고 그분의 선처를 바랐더니 그분은 선선하게 "완불 영수증 끊어 보내죠" 했다.

나는 서른아홉 살에 사직교당을 신축하고 마흔아홉 살에 강남교당을 신축했다. 강남교당을 건축하고 22년간을 살아도 건물에 아무 하자가 생기지 않았다. 벽에 칠만 하면 항상 새 집 같다. 건설업자 누군가는 와서 "22년이나 된 건물이 어느 한 군데 금 간 데가 없다는 것은 이 집에 정태수 회장의 정신이 어려 있다고 볼 수 있습니다"라고 말했다. 그러나 사실은 이 건물을 지어낸 착실한 현장소장 덕분이라고 믿고 있다.

금싸라기 같은 강남 땅에서 일주일에 한두 번 법회만 보는 것은 종교의 사치이고 낭비라고 생각했다. 그래서 1층은 아예 자라나는 어린이를 위해 유치원으로 시설했다. 22년 동안 어린이들의 떠드는 소리, 울음소리가 나에겐 시끄러운 소리가 아니라 생명의 소리처럼 들렸다.

강남교당이 신축된 지 3년 후 유공인 보은잔치가 열렸다. 그 자리에는 홍라희 유공인이 초청되었고, 고마웠던 50명이 더 초청되었다. 그날 뜻깊은 보고를 드렸다. 교도들이 교당 신축을 위해 적금을 불입해왔는데 이제 완불되었고, 신축 부채도 모두 갚았다는 좋은 소식이었다.

강남교당 26년의 역사 속에 우리나라는 물자가 풍부해졌다. 그래서 남는 옷가지를 잘 정리하여 북한에 아홉 대 컨테이너, 라다크에 여섯 대 컨테이너, 그리고 인도 불가촉천민에게 두 대 컨테이너, 캄보디아에 일곱 대 컨테이너, 스리랑카에 한 대 컨테이너, 연해주 고려인들에게 두 대 컨테이너, 중국 연변대학 도서 8,000권 한 대 컨테이너 등 어려운 제3세계 이웃을 위해 총 30대 컨테이너의 물량을 떠나보냈다. 온 교도가 많은 노력을 바쳐서 한 값진 일들이다. 작고 소박한 일들이 모여 세계 55개국을 돕고 해외에 여섯 개의 원불교 교당을 설립하고, 나라 안에서는 종교의 울을 트고 성 라자로 마을 나환자들과 31년의 인연을 이어왔다. 또 대안교육에 관심을 갖고 성지송학중학교와 헌산중학교를 설립하고, 북한 이탈 청소년들의 교육을 위해 안성 1만 5,000평 부지 위에 한겨레중고등학교를 설립·개교했다.

교당생활을 무결석 의지로 마음공부에 정진하고 세계 55개국을 돕는 동안 십시일반으로 사업성적이 쌓여서 공부와 사업이 아울러 원만하여 강남교당에 있는 동안 109명의 법호인을 탄생시켰다. 이는 참으로 교단사적으로 드문 일일 것이다.

돌이켜보면 강남교당을 창립하고 26년 살아오는 동안 교당 교도들의 한결같은 정성으로 모든 일이 하나하나 이루어졌다. 교당생활을 열심히 하여 삼독심(三毒心)이 빛바래고 청정한 기운을 간직하고 있는 교도들이 많다. 그들 모두가 불보살 되기를 간절히 축원한다.

엿장사 15년

　논현동 전셋집에서 강남교당을 태동시키고 나서는 마치 밀린 숙제를 하듯 자선기관을 열심히 도왔다. 초창기에는 주로 원불교 기관인 한국보육원·이리자선원 이리보육원·중앙수양원을 집중적으로 도왔다. 독립기념관 짓기 모금활동도 벌이고 수재민 구호활동도 했다. 그중에서도 원불교 예비교역자 강해윤 등 4명의 학생이 선천성 심장병 어린이 돕기 국토순례를 하겠다기에 네 대의 자전거를 마련해준 일이 있다. 그때를 시작으로 9년간 꾸준히 그 운동이 지속되어 심장병 어린이 350명에게 수술과 치료의 도움을 주었다고 하니 그 시작을 거들어준 일은 잘한 일이었다.

　어느 날, 인천시민회관에 모인 900명의 근로소녀 예화여상 학생에게 강연을 했다. 강연을 하다가 청중 전체가 좀 비뚤어져 있다는 느낌을 받았다. 대부분 그 시절 버스 차장을 하는 근로소녀들이라고 했다. 나는 그들이 걱정되었다. '앞으로 아이들의 엄마가 되어야 하고 가정을 바로 지키는 여성이 되어야 하는데……' 하는 생각을 하고 있을 때, 권영길 교장선생은 학교 건물이 없어 이곳저곳 옮겨 다니며 수업을 한다고 했다. 그들이 바르게 잘 커나가기를 바라는 마음으로 장학금을 보냈다. 학교 측에서는 그 돈을 건축기금으로 모았다가 학교를 신축할 때 시멘트 구매 비용으로 썼다는 영수증을 보내왔다.

나는 강남교당을 창립할 무렵부터 원불교 일은 본업이고 천주교 여러 기관을 살피는 일은 부업인 것처럼 열심이었다. 그때부터 타 종교와 손잡고 도움을 필요로 하는 소외계층을 돕기 위해 큰 열정을 바치기 시작했다. 불우한 이웃을 돕기 위해서만이 아니라 넓은 의미에서 종교가 서로 협력하고 화합하는 것이 곧 평화를 만들어가는 것이라고 굳게 믿고 있던 나는 그 일을 실천적으로 행동한 것이다.

논현동 우리 교당 바로 앞에는 떡방앗간이 있었다. 추석이 돌아오자 송편을 내 손으로 빚어다 성 라자로 마을 환자들에게 주고 싶었다. 쌀을 깨끗이 씻어 담갔다가 떡방앗간에 가서 가루로 만들어 반죽하여 송편을 빚었다. 송편 속에 고소한 참깨를 듬뿍듬뿍 넣으면서 거기에 내 마음도 넣었다. 나는 환자 한 명마다 송편도시락을 만들어 전해주고 싶었다. 송편을 투명 도시락에 담고 호치키스로 찍어 열리지 않게 했다. 간식시간에 맞춰 가느라고 많이 서둘렀다.

내가 온다는 소식을 듣고 환자들은 모두 마당에 나와 기다리고 있었다. 기쁜 마음으로 송편도시락을 꺼내어 환자들에게 주었다. 그런데 송편도시락이 환자들의 몽당손에서 땅바닥으로 굴러떨어져버렸다. 굴러떨어진 송편도시락을 민망스럽게 바라보는 환자들을 보는 순간 어찌할 바를 몰랐다. 꼭 용서를 빌고 싶었지만 그렇게 하지도 못했다. 한 사람씩 정답게 전하려던 송편도시락을 모두 식당수녀님에게 맡기고 성 라자로 마을을 도망치듯 총총히 빠져나왔다.

허탈하게 차에 주저앉은 내 눈에서는 더운 눈물이 하염없이 흘러내렸다. 이상하게도 가슴속에서 차가운 바람이 이는 것 같았다. 환자들을 그렇게도 위하고 그들의 처지를 잘 알고 있다고 생각했던 나는 그 송편도시락을 받아 들 수 있는 성한 손이 없는 그들을 미처 생각하지 못했던 것이다. 도시락을 받아간다 한들 호치키스로 단단히 잠가놓은 그 핀을 또 어떻게 열 수 있을까? 그들에 대한 무지와 건강한 사람의 입장에서 한 모든 일들이 그렇게 미안하고 부끄럽고 서럽기까지 했다.

더운 여름에 수박가게에 가서 크고 잘 익은 수박 서른 덩이를 사고 바나나까지 사서 트럭에 싣고 성 라자로 마을을 향해 달릴 때는 정말 신났다. 크고 단 수박을 환자들이 몇 차례 시원하게 먹을 것을 생각하면 그냥 좋았다.

추석 명절이면 언제나 성 라자로 마을 식구부터 챙겼다. 나환자를 돌보는 수녀님들이 고마워서 따뜻한 겨울 이불과 시원한 여름 이불도 해주었다.

이 신부님은 라자로의 집 교육관을 지으면서 서울 아닌 외지에 있는 나환자들도 교육관에 와서 잠자고 교육을 받도록 하겠다고 했다. 그 말을 들은 나는 여행 떠나온 나환자들이 성 라자로 마을에서 잠잘 때 덮을 이불을 해야겠다고 마음먹었다. 그 무렵 물실크라는 비단이 처음 나왔을 때였다. 그 물실크 비단으로 60채의 이불을 만들도록 이수연 교도에게 부탁했다. 이불을 만들면서 혼잣말로 "우리 오라버니가 나환자가 되었어도 이보다 더는 잘할 수 없어" 하였다. 부드럽고 따뜻한 이불을 덮을 나환자들을 생각하면 내가 그 이불을 덮어보는 것처럼 좋았다. 이불과 스펀지 요, 그리고 베개를 짝 맞추어서 새로 지어진 라자로의 집 숙소 이불장에 차곡차곡 넣을 때는 주체할 수 없이 행복했다. 아무 말 않고 무표정하게 내 모습을 지켜보던 이 신부님은 "그렇게도 좋으세요?" 했다.

그 무렵 신부님이 하고자 하는 일, 원하는 일마다 유념했다가 합력했다. 신부님은 미감아 장학금에 대해서 자주 말하고 모금하려고 애썼다. 나는 몇 년 동안 미감아 장학금도 열심히 모금했다. 라자로의 집(교육관), 아론의 집(피정의 집), 아룩의 집(불구 노약자들의 집)을 지을 때는 마치 우리 집을 지어야 되는 것처럼 열심히 모금하여 보탰다.

내 자신이 스스로를 대단하게 여겨지는 것은 28년 전 우이동에서 테니스 코트장을 운영하면서 생활비를 마련해 쓰던 시절, 열심히 담양 창평엿을 팔아 수익금 50만 원을 라자로의 집 건축 성금에 보탠 일이다. 그리고 1985년 신부님이 독일 부채정리를 할 때 100만 원을 합했으니 나는 라자로의 사정을 속속들이 알았던 것 같다. 엿장사는 논현동 전셋집 시절에 더 열심히 했다. 주택을 잠시 교당으로 쓰던 때라 겨울날 차가운 밖에다 엿을 보관하기가 좋았다. 누군가의 도움을 받아 나환자를 돕는 것도 고마웠지만 스스로 엿장사를 해서 쓰고 싶은 대로 써보는 것도 떳떳하고 좋았다.

　엿장사를 하는 것도 쉬운 일만은 아니었다. 우선 찬바람 속에 창평에서 올라온 수백 개의 엿을 헤아리고 나면 몸은 얼음장같이 차가웠고 찬바람이 뺨을 때리는 것 같았다. 자가용도 없던 그 시절 엿을 팔아주겠다고 주문을 하면 양손에 엿을 들고 버스를 타고 가서 배달했다. 많이 팔아주겠다고 많은 양을 주문하면 차가 다니는 행길까지 빙판길에 조심조심 엿 박스를 이동해 택시를 타고 가서 전달하면서 수없이 머리 숙여 고맙다고 인사했다.

　엿이 올라올 때마다 '이번에도 엿이 부드러워야 할 텐데' 하고 꼭 먹어보았다. 어느 날 엿이 단단했던지 깨무는 순간 송곳니가 쪼개졌다. 젊은 날 치아가 얼마나 소중한지를 잘 모르던 때 "송곳니 바쳐 나환자 도와"라는 메모를 남기면서 알 수 없는 쾌감을 느꼈다.

　지금 생각하면 어떻게 그렇게 오랫동안 했을까 싶지만, 15년 동안이나 엿장사를 했다. 엿을 기꺼이 팔아주던 그 많은 고마운 분들에게 지금 다시 감사드리고 싶다. 특히 우성아파트 앞에서 여러 수도회의 물품을 위탁 판매하던 테레사 님에게.

　교도들에게 선행카드를 만들어 전 교도가 성 라자로 마을을 돕도록 하고 교도가 아닌 사람들, 뜻있는 고마운 개인들에겐 수첩을 나누어주면서 공동 생일 때를 맞추어 모금해오도록 했다. 1년분 성금을 낸 개개인에게는 입금을 확인하는 도장까지 찍어주었다.

　자료를 보면 해마다 열심히 모금해오던 종로교당의 홍인덕 님과, 원남교당의 정수일행 님의 수첩이 있고, 특히 신촌교당의 권봉안 교도는 매년 70만 원 이상을 모금하여 2월 9일 이전에 새 돈으로 챙겨 보내왔다. 그밖에도 한지성 님 친구, 신현대 님 친구, 최웅열 님 가족, 배양신 님 가족, 그리고 전주여고 육완정 친구의 정성을 엿볼 수 있다. 이진영 교도는 20년 넘게 단독으로 환자들의 내의를 준비하기도 하고, 오래 두고 먹을 건미역을 꾸준히 준비했다. 앞으로 20년간을 박오진·정지인 내외 교도가 주체가 되어 지속적으로 생일잔치를 하여 반세기 50년을 채우겠다고 하니 그 약속이 고맙고 미덥다.

공동 생일날이면 20, 30명의 교도가 함께 갔고 그때마다 모두의 정성이 합해졌다. 주 요르단 한인부인회(김귀만), 경남여고 29회 동기모임, 불이회는 27년간 도왔다.

천주교의 나환자를 돕는 복지시설로 산청성심 인애병원과 이리성모의원도 오래도록 도왔다. 그리고 곤지암 성분도 장애자 직업재활원도 시작부터 힘을 합했고 원주의 중증장애자 천사들의 집에도 한때 관심을 가졌다. 2010년에는 캄보디아에 한국의 갈멜수도원을 설립하는 데에도 정성을 합했다.

28년 전 원평교당 교도들의 전별금 4만 원으로 시작한 출납장에는 지난 31년간 크고 작은 돈이 들고 나는 동안 천주교 복지시설을 돕는 데 사용한 금액이 1억 4,000여만 원이다. 지금의 1억이 아니라 30년 전서부터 쌓인 것이라고 볼 때 적지 않다는 생각이 든다. 그리고 국제연등불교, 프랑스 길상사, 성북동 길상사 지장전에도 정성이 보태어졌다. 대한성공회 봉천동 나눔의 집과 기독교 사랑의 쌀 모으기에도 마음을 합했다. 강남교당에서 여러 종교와 협력하며 좋은 일에 쓰인 돈은 2억 870여만 원이나 된다. 태평양 바다에 잉크 한 병을 쏟아 붓는다고 해서 바닷물이 퍼렇게 보이지는 않아도 그래도 그 한 병의 잉크 물은 그 바다에 섞여 있듯이, 신념을 갖고 31년 동안 한 일들이 세계 도처에서 일어나고 있는 종교 간의 갈등과 불화의 골을 메우는 데 보이지 않는 힘이 되었으면 하는 바람이 있다.

마음으로 만난 사람들

　몇 년 전 검정치마 저고리 새 옷을 지어 입었을 때 나는 형언할 수 없는 감정에 이끌리고 있었다. 마치 어린 시절 새 옷을 입으면 동무들에게 자랑하고 싶듯이 누군가에게 보여주고 싶었다. 석양 무렵 그 옷을 입고 간 곳은 성 라자로 마을이었다. 저녁식사 종이 울릴 무렵 나는 나환자들이 모이는 식당 길목에 서 있었다. "이렇게 늦은 시간에 웬일로 왔느냐"며 깜짝 놀라면서 반겨주던 그분들과 잠시 만나고 돌아왔다. 물론 나환자들이야 새 옷을 입고 왔는지조차도 몰라보지만, 그래도 새 옷 입은 설렘을 그들 앞에서 풀었다.
　내가 입는 옷이야 유행에 뒤떨어지고 말고 할 것도 없는 치마저고리인데다 봄·여름·가을에는 검정치마에 흰 저고리를 입고, 겨울이면 위아래 모두 까맣게 입는다. 지난여름에 자주 입었던 좀 후줄근해 보이는 모직 치마는 30여 년 전부터 입던 것이다. 아마 젊었을 때는 품위가 없어 보인다고 자주 입지 않았던 것 같다. 그러나 이제는 가볍고 시원한 그 치마를 더 자주 챙겨 입게 된다.
　수도인의 본분에 맞는 옷을 입고 살아가는 처지에 검정치마 저고리 몇 벌이면 한평생 충분할 것이다. 그런데도 새로 지어 입은 그 검정치마 저고리가 나를 그토록 설레게 하는 데는 이유가 있다. 대치동 성당에 다니는 테레사 님으로부터 질 좋은 모직 검정치마 저고릿감과 그 옷을 지을 품삯까지 선물로 받았기 때문이다. 그리고 그 치마저고리에는 성스러운 의미까지 깃들어 있었다.

그분의 아들은 독일에서 신학공부를 했는데, 사제서품을 받아 신부가 될 때에 수단(원피스처럼 보이는 신부 제복)을 만들어주려고 몇 년 동안 푼돈을 정성스럽게 모아왔다고 했다. 그런데 아들의 수단을 다른 사람이 먼저 만들어버렸더라는 것이다. 성직자 옷으로 몫 지워 저축한 돈을 다른 일에 쓸 수가 없어서 나의 치마저고릿감을 마련했다고 했다. 너무 놀라워하는 나에게 그분은 제발 기쁜 마음으로 받아만 달라고 했다.

그분은 두 딸 모두가 수녀여서 큰 수녀, 작은 수녀라고 부른다. 두 딸을 위해 쓸 수도 있었을 텐데, 어찌 하필 원불교 교역자인 나의 검정치마 저고릿감을 마련할 생각이 났을까? 참으로 뜻밖에 받은 선물에 성스러움이 배어 있는 것만 같아 소중하기 이를 데 없었다.

게다가 그분과 인연을 맺게 된 것도 성 라자로 마을 나환자들 때문이었다. 자꾸만 나환자들에게로 마음이 이끌리고 솟구치던 나는 그들을 돕기 위한 돈이 필요했다. 나환자들을 마음의 권속처럼 건사할 수 있도록 주위의 많은 분은 따뜻한 온정을 전해주었다. 그러나 나의 수고는 보태지 않고 쉽게 얻은 돈만 쓰는 것은 마음이 편치가 않았다.

한때는 교도가 전혀 없는 우이동 수도원에 잠시 있게 되었다. 1979년, 그때부터 나환자들을 돕기 위해 담양 창평 엿을 팔기 시작했다. 테레사 님은 내가 겨울철마다 팔고 있는 그 엿을 10년도 넘게 거들어주고 있다. 그분은 토요일마다 아파트단지 장마당에서 여러 수도원의 수녀들이 위탁한 물품을 판매하는 분이었다. 해마다 11월 중순이 되면 "금년에도 엿 파는 일 시켜주이소" 하며 기꺼이 나환자들을 돕기 위한 엿 장사 소매상을 벌였다. 엿 값을 계산해줄 때마다 고마워하면 "그 돈이 도로 우리 집(천주교 시설 성 라자로 마을)으로 들어올 텐데" 하며 기뻐하셨다.

타 종교인끼리 마음의 문을 열고 서로 도우며 협동하기란 쉬운 일이 아니기 때문에 그분의 도움을 더욱 고맙게 여기고 있다. 테레사 님이 마련해준 새 옷을 입고 만나고 싶은 사람을 떠올렸을 때 두 마음 없이 성 라자로 마을 나환자들이 보고 싶어졌다.

나환자 가운데도 불구 노약자만 모여 사는 성 라자로 마을. 그분들과 인연을 맺은 이후 한결같은 마음으로 지내오고 있다. 나에게 가장 순수하고 따뜻한 사랑을 쉼 없이 주는 사람은 성 라자로 마을 나환자들이란 생각을 해본다. 그분들은 내 음성만 들려도 이 방 저 방에서 문을 열고 나오면서 마치 합창이라도 하듯 "왜 이렇게 오래간만에 와요?" 하며 웃는 얼굴로 맞아준다. 언젠가 그렇게 말하는 그분들에게 두 달도 안 돼서 왔는데 뭐가 오래간만이냐고 바른 계산이라도 대듯 왔다 간 날짜를 밝혔다. 그분들은 서로를 바라보며 "우리는 박 교무님 뵌 지가 반년도 더 된 것 같은데" 하면서 웃었다. 그러한 것을 따지고 있을 때의 그분들과 나의 모습은 서로가 행복하기만 하다.

어느 여름날 그분들을 찾아갔을 때, 한 노인이 방금 아들이 다녀갔다며 베지밀을 들고 나와 먹으라고 했다. 그것을 들고 서 있는 그분의 눈빛에는 간청 같은 것이 어려 있었다. 나는 그 베지밀 한 병을 단숨에 다 마셨다. 그러한 나를 본 그분은 얼른 또 한 병을 들고 와서 "목이 말랐구먼" 하며 더 마시라고 했다. 그만 마시겠다고 사양하자 그분은 꼭 어머니 같은 눈빛으로 서운해했다.

내가 이 방 저 방 들어서면 그분들은 한결같이 반긴다. 그리고 나만 보면 "박 교무님, 노래 한 가락만 불러줘요" 한다. 그럴 때면 나는 슬프고 한 많은 그들을 위로하는 마음과 나누고 싶은 그 숱한 말들을 노래에 담아 부른다. 나의 노래는 많은 말을 빌리지 않는 대화이다. 다른 방에 가면 나의 노랫소리가 들렸다며 또 노래를 부르라고 한다. 그러면 또 기꺼이 노래를 부르곤 한다. 그분들은 내 노래 듣기를 좋아한다. 아마도 노래에 담긴 마음이 전해지기 때문이리라. 보행이 자유롭지 못한 할머니는 마치 어린아이처럼 내 치마꼬리를 붙들고 반긴다. 손가락이 없는 몽당손에 발가락이 모자라 잘 일어서지도 못하는 그 노인의 모습이 순간적으로 천진스런 어린아이처럼 보인다.

성 라자로 마을 할머니 할아버지 들은 내 마음의 옷자락을 잡아당긴다. 한 할머니는 매우 은밀한 음성으로 "교무님, 교무님 기도는 절로 나와요. 교무님은 이녁식구 같아요" 하기도 하고, 어떤 할아버지

" 나환자 가운데도 불구노약자만 모여 사는 성 라자로 마을.
나는 슬프고 한 많은 그들을 위로하는 마음과
나누고 싶은 그 숱한 말들을 노래에 담아 부른다.
노래는 많은 말을 빌리지 않는 대화이다. "

는 "박 교무님 건강하시고, 하고자 하는 사업 소원대로 이루시고, 교무님 직원들도 다 잘되라고 기도하는데 그렇게 하면 맞아요?" 하고 묻기도 한다. 또 어떤 분은 "교무님이 예전에 쓰지 않던 안경을 써서 '시력이 나빠졌는가' 하고 걱정이 되어요. 하느님께 교무님의 눈이 샛별처럼 초롱초롱하게 해달라고 기도하는디" 하며 내 눈을 바라보기도 한다.

두 다리가 모두 절단되어 문 밖 출입을 못하고 시력마저 잃어 앞까지 보지 못하는 최 영감님은 꼭 찾아가서 만난다. 들어가도 전혀 모르는 그분 곁으로 다가갈 때는 "날 좀 보소, 날 좀 보소오" 하고 노래를 부른다. 그러면 그분 얼굴에는 잠시 깜짝 놀란 빛이 스친다. 얼른 말문을 열지 못하고 입을 실룩이다 침을 한번 삼키고 나서야 말을 하기 시작한다. 한번 말을 시작하면 쉴 새 없이 잘하는 그분도 처음 만난 순간에는 더듬기 일쑤이다. 어떤 때는 자못 괘씸한 듯 분노의 감정으로 나를 대할 때도 있다.

"아무리 바빠도 그렇지. 날만 새면 맨 먼저 박 교무님 잘되게 해달라고 기도하는디, 하루에도 여러 번 박 교무를 생각하면서 기도하는 나를 안 찾아보고 다녀갔다는 말을 들으면 섭섭해서 참을 수가 없어. 밥을 한 끼 굶고 그 대가로 박 교무님을 볼 수만 있다면, 차라리 한 끼 밥을 굶고 박 교무님을 만나고 싶은 심정이오" 하며 끝말을 강한 어조로 맺는다.

"오늘 밤에는 하느님께 감사기도를 해야겠소. 박 교무님을 만나게 해주셨으니까……."

때로 어려운 일을 결심할 때면 은근히 성 라자로 마을 나환자들의 기도의 힘을 믿는다. 지극한 기도는 비록 신앙이 달라도 위력은 같다고 믿기 때문이다. 그리고 어려운 일이 잘 풀리면 그분들 덕을 보았거니 하는 생각을 해본다.

이제 그분들과 정이 들 대로 들어버린 나는 그분들의 모습 그대로가 모두 정겹다. 나병, 천형으로 불리는 그 무서운 병을 몸으로 앓는 동안 손가락 발가락이 다 떨어져나가고, 가족과도 생이별해야만 했던 나병, 아픔과 한을 품고 살아가는 인생, 세상에 어느 누구도 자신들을 반길 사람이 없을 것이라는 참혹한 체념 속에 살아가는 그들이다. 모든 사람이 한결같이 갖고 있는 그 숱한 인간적 욕망과 부귀영화, 그리고 가장 소중한 가족과 가정까지 철저히 포기해야 했던 그 무서운 소외와 고독을 딛고 넘어선 그들. 이제 완전히 포기해버린 그들의 마음은 오히려 깨끗하게 비어 있고 아무 욕심도 없다. 마치 수도자처럼 아침부터 밤까지 쉼 없이 기도만 하는 그들은 다 함께 마음의 평화를 얻어 그지없이 너그러워 보인다.

선한 눈매에서는 맑은 영성이 빛난다. 많은 사람의 온정의 도움으로 생을 유지하고 있는 그들은 모두를 감사하게 받아들이며 은인들을 위해 기도 올리며 하루하루를 살아간다. 한 눈을 가리고 목발을 짚고 내 곁으로 성큼성큼 다가온 한 젊은 분은 "요즘 우리는 '박 교무님이 오실 때가 지났는데, 왜 안 오신다냐?' 하면서 서로들 궁금해했어요. 바빠서 오시지 못하는 것은 괜찮지만, 행여 병환이라도 나셨을까 하는 걱정이 되니까 그랬지요. 가족은 안 기다려도 박 교무님은 기다립니다. 박 교무님, 진심입니다" 하며 소박하게 웃었다.

성 라자로 마을에 사는 그분들이 나를 반기고 좋아할 때면 다른 곳에서는 도저히 맛볼 수 없는 순수한 기쁨과 행복을 느낀다. 이제는 결코 짧다 할 수 없는 세월이 흘렀다. 그분들에게 베푼 것이 있다면 그것은 인간에게 더할 나위 없이 소중한 그리움과 기다림, 만남의 기쁨을 나눈 것이리라. 그리고 그분들에게서 얻은 것은 영적 선물, 기도이다. 환자들을 위해 항상 주방에서 수고하는 S수녀님은 "박 교무님이 원불교에 있으면서 이런 일 하는 것도 다 하느님의 뜻이라고 믿어요. 만약 박 교무님이 세상을 떠나게 되면, 하느님께서는 원불교 사람 아무도 모르게 감쪽같이 박 교무님을 천국으로 데려갈 텐데 뭐……"라고 하는 말도 나에게는 더 없는 보람을 느끼게 하는 말이다.

"천주교에는 박애(博愛)가 있는디, 원불교에는 박애보다 더 큰 박박애(博博愛)가 있는가봐요. 그러니까 원불교 사람도 아닌 천주교의 우리까지 돌보시지요."

나환자들이 들려주는 그러한 말들도 모두 귀한 말로 들린다. 그분들의 말들이 혼자 있어도 귀에 쟁쟁하다. 그 선한 눈매로 반기는 그분들이 보고 싶어서 달력을 바라보게 된다.

종교인끼리 깨기 어려운 저마다의 종교 영역, 그 두꺼운 벽을 허물고 서로 넘나들며 인류의 공동선을 위해 함께 힘쓸 수만 있다면 세상은 분명 더욱 평화스러워질 것이라고 믿고 있다. 성 라자로 마을은 그러한 신념을 가꾸는 실천의 현장이다.

한센병 환자들과 31년

성 라자로 마을과 인연을 맺은 지 30주년을 맞는 2005년 2월, 나는 남모르는 가벼운 흥분에 휩싸여 있었다. 그 까닭은 갑자기 성 라자로 마을이 나의 인생을 줄곧 따라다닌 것처럼 느껴졌기 때문이다. 히말라야 설산 라다크까지, 지뢰가 묻혀 있는 캄보디아에도, 그리고 페루의 안데스 산맥에서 그 옛날 마추픽추 공중도시에서 살다 죽은 혼령을 만나고 있을 때에도 성 라자로 마을은 항상 함께 있었던 것 같은 환상의 착각에 빠졌다. 나를 졸졸 따라다니던 성 라자로 마을이 지금은 한국에서 내 곁에 그대로 아름다운 마을로 있는 것만 같았다. 나라 밖에 그렇게 자주 나갔어도 나환우들의 공동 생일날인 2월 9일엔 항상 나라 안에 있었다.

나환우들이 날더러 "박 교무님은 이녁식구 같아요"라고 하는 말을 고맙게 여긴다. 나는 어느 한 사람에게도 언제 환자가 되었느냐든가, 나병의 고통은 어떠하냐든가, 가족은 찾아오느냐는 등의 말을 절대로 물어보지 않는다. 아픈 상처를 들썩이는 것 같아서이다. 다만 우리가 만나고 있는 그 순간만이라도 병의 고통을 잊고 그 질긴 외로움을 잊을 수만 있다면 하는 바람으로 그분들을 대해왔다.

특히 2월 9일 공동 생일을 맞으면 마음은 그분들을 향해 더욱 알뜰살뜰해진다. 이것저것 선물을 챙기고 새 돈 1만 원을 각각 봉투에 넣고 또 함께 방문할 사람에게 연락하다보면 좀 바쁜 것 같기도 하고, 나를 기다릴 그분들을 떠올리면 좀 설레기도 했다.

공동 생일날, 준비한 선물을 싣고 경기도 의왕에 위치한 성 라자로 마을을 향해 달렸다. 2월 9일 무렵이면 아직 날씨가 쌀쌀한데도 김화태 신부님과 수녀님은 밖에 나와 기다렸다 우리를 맞아주었다. 우리는 신부님의 안내를 받으며 항상 그 장소, 그 식당으로 들어갔다. 모여 있는 나환우들에게 신부님이 "금년에도 원불교에서 여러분의 생일잔치를 해드리기 위해 이렇게 많은 선물을 준비해가지고 오셨습니다" 하면 그분들은 박수를 쳤다.

신부님이 말씀하는 동안 환우들을 바라보았다. 그들도 나를 바라보았다. 말없이 미소로 눈인사를 하는 그들에게서 반가움, 그리움, 기다림의 뜻이 얼른 감지되었다. 그리고 아무 말 하지 않아도 그들은 내 마음을 훤히 안다. 세월 속에 익혀온 우리의 교감이다.

먼저 대형 생일 케이크에 불을 밝히고 함께 간 교도들이 생신 축하 노래를 부르고 나면 환우 대표와 수녀님들, 그리고 나와 '후' 하며 촛불을 끄고 케이크를 함께 자른다. 용돈 다발을 받아든 환우 대표는 오랫동안 한결같이 찾아와서 따뜻한 생일잔치를 베풀어주어 감사하다는 인사말을 한다.

마이크가 내 손에 들렸다. 나는 사회를 보며 여흥을 시작한다. 먼저 우리 교도들이 노래하고 춤추게 한다. 우리가 먼저 흥겨운 판을 만들면 노인 할머니도 나와서 노래를 부른다. 그 노랫소리는 왜 그렇게 구슬픈지 듣고 있으면 가슴이 아파온다. 노랫소리에도 한이 묻어나온다. 따로 기쁘고 재미있을 것도 없지만 사회를 보면서 분위기를 확 바꾼다. 나는 그분들 앞에 서면 딴 사람이 된다. 어느덧 우리 교도와 환우들이 덩실덩실 춤을 추며 흥겨워하면 나도 함께 춤추고 노래 부른다. 이경재 신부님이 빤히 바라다보고 있어도, 여러 수녀님들이 지켜보고 있어도, 나는 마치 수도자가 아닌 굿판 사람이기라도 하듯 신명나게 그분들과 어울린다.

한 시간 넘게 재미있게 노래 부르고 춤추다 생일잔치를 마치고 떠나려 하면 환우들은 모두 따라 나와 헤어지기가 아쉬운 듯 선한 눈매에 섭섭한 정을 담아 우리를 바라보며 손을 흔들고 서 있다. 그분들의 그런 모습이 또 나를 잡아당긴다.

내가 하도 열성스럽게 하니까 이경재 신부님이 "박 교무님 우리 마을 부원장 해요" 하여 환우들 앞에서도 부원장이라고 불렀다. 그래서 나의 별명은 부원장이다. 신부님이랑 함께 환자 숙소 방문을 열면 환우들이 나를 반기는 모습을 보고서는 "박 교무님을 나보다 더 좋아해요" 하면서 신부님은 은근히 시샘(?)을 하기도 했다.

서른여덟 살의 어느 봄날, 성 라자로 마을이란 곳을 처음 방문했다. 그곳은 우선 자연환경이 아름다웠다. 꼭 소음이 들리지 않은 곳이어서가 아니라 마을은 평화로워 보였지만 좀 고요하게 가라앉은 느낌을 주는 곳이었다. 마을 어느 곳을 보아도 정성스럽고 부지런한 손길을 느낄 수 있었다. 전체가 그냥 깨끗한 것이 아니라 매우 정결하다는 느낌을 준다. 그 아름다운 마을에는 한센병 환자들이 모여 살고 있었다. 그때 처음으로 한센병 환자와 인연을 맺었다. 그로부터 종교의 문턱이 높은 줄도 모르고 성 라자로 마을을 드나든 지가 벌써 30년이 되었다.

30년! 그 짧지 않은 세월이 나에게는 잠시 잠깐처럼 느껴지기도 하고 또 오로지 그 일만 해온 한평생처럼 느껴지기도 했다. 한눈팔지 않고 곧장 달려와 발걸음을 멈춘 곳이 30년의 문턱이었다. 그곳에는 더는 갈 수 없음을 알리는 '정지' 팻말이 붙어 있었다. 그리고 '내년, 한 해밖에 더는 생일잔치를 할 수 없음'이라고도 씌어 있었다. 정년퇴임을 1년 앞둔 그 시점에 이제 종료의 시간이 왔음을 스스로 감지했던 것이다.

30년 전, 그 시작서부터 끝자락까지를 홀로 골똘히 생각하고 있는데 김화태 신부님의 기도로 30주년 행사가 시작되었다. 수원교구 총대리 이용훈 주교님은 "박 교무님이 보여주신 사랑의 실천과 종교를 초월한 큰 나눔은 이 시대의 큰 어른이라고 부를 만하다"고 축사했다.

'종교를 초월한 나환우와의 사랑 나눔 30년'에 대해 강원용 목사, 이인호 전 러시아 대사, 안병영 전 부총리의 축사가 이어졌다. 그리고 초창기부터 이 마을 돕기에 정성을 함께했고 지금도 든든한 후원자인 한지성 원불교 여성회장도 축사를 했다. 그 자리엔 박완서 선생님, 김문환 서울대 교수, 조안리 선생님, 이계경 국회의원, 이종덕 라자로 돕기회 운영위원장도 참석했다. 원불교 측에서는 이성택 원불교 서울교구장, 김주원 원불교 경기 수원교구장, 여러 교무, 그리고 강남교당 80여 명의 교도가 자리를 채우고 있었고 오늘의 공동 생일잔치를 맞는 나환우도 함께 참석해 있었다.

나에게는 80여 명의 우리 교당 교도가 마음 쓰이는 큰 손님이었다. 2월 9일이 아닌 12일로 공동 생일잔칫날을 바꾼 것도 남자 교도들이 함께 방문하기 위해 토요일로 정한 것이었다. 우리 교도들은 훈련이 잘 돼서 모든 식순이 진행되는 동안 마치 법회시간에 청법하는 자세를 유지하고 있었다. 그러한 교도들의 모습을 유심히 지켜본 박완서 선생님은 "강남교당 교도들이 다 좋아요. 참 좋아요" 하고 칭찬했다.

축사가 끝나자 강남교당 혼성합창단이 단상에 올라가 천주교 성가 「사랑의 송가」와 원불교 성가 「원하옵니다」를 부르고, 「그리운 금강산」을 부를 때는 나에게 회상의 날개를 달아주었다. 한국 전통무용가 임이조 님이 '한량무'를 출 때는 "여기에서 저분의 춤을……" 하며 격조 높은 춤구경을 좋아했다. 누구의 눈에도 보이지 않는 30주년 한 막이 서서히 내려오고 있었다. 그리고 내 눈에는 고 이경재 신부님이 계시지 않은 자리가 유난히 커 보였다.

30주년 행사는 KBS TV 9시 뉴스에 방영되었고 모든 신문과 잡지에서 한결같이 종교를 초월한 사랑 실천에 대한 미담 기사를 써주었다.

입 밖에 처음 내보는 말이지만, 나 자신이 한센병에 걸려 성 라자로 마을에서 그들과 함께 사는 꿈을 꾼다. 그러다가 꿈에서 깨어나면 '꿈이었구나' 하며 안심한다. 그러나 때로는 꿈이 현실인지, 현실이 꿈인지 잠결에 분간이 잘 되지 않아 일어나 앉아서 정신을 차리곤 한다.

초창기에는 라자로 마을에 자주 갔다. 그러나 일이 점점 많아지고 커지면서부터는 옛날과 같이 가지 못했다. 한때는 108명이기도 했던 환자는 모두 세상을 떠나고 나를 처음부터 보았다는 사람은 이제 딱 1명밖에 남지 않았다.

지난 30년 세월 동안 한 번도 지루한 줄 몰랐다. 그렇게 살아온 의미 있는 성 라자로 마을 돕기 30주년을 축제처럼 맞고 싶었다. 그래서 주방 수녀님에게 이번에 맞는 공동 생일은 원불교에서 성 라자로 마을을 드나든 지 30주년이 되는 때라 손님이 많이 올 것 같으니 100명 손님의 식사를 부탁한다고 했다. 건강한 사람들이 나환우를 찾아왔다가 밥을 먹고 가지 않는 것이 불문율처럼 되어서인지 그 수녀님은 나의 제안을 선뜻 받아들이지 못했다. 그래서 김화태 신부님에게 편지를 썼다. 이번 공동 생일은 내가 라자로에 드나든 지 30년이 돼서 다른 때와 달리 손님을 청하고 싶다고 했다. 그리고 그분들에게 점심식사도 대접하고 싶다고 했다. 우리 쪽에서 준비할 수도 있지만 라자로 마을에서 손님을 대접해주면 더욱 감사하겠다는 내용의 서신을 드렸다.

나의 편지 때문에 30년이 된 것을 알게 된 김화태 신부님은 감사패까지 만들고 수원교구 총대리 주교까지 청하여 행사를 훌륭하게 베풀어주었다. 그리고 음식도 맛있고 풍성하게 차려 마치 잔칫집 같았다.

은퇴 수녀님들과의 아름다운 만남

천주교와 울을 트고 살아오는 동안 나에겐 아름다운 만남, 소중한 인연들이 있다. 샬트르 성 바오로 수도회 베타니아 집에 계신 은퇴 수녀님들이 그분들이다.

베타니아 집을 쉼 없이 드나든 지 20년이 되었다. 내 스스로 20년의 의미를 기억하느라 정성껏 예물을 챙기고 카드를 썼다. 그리고 베타니아 집을 방문하여 여러 수녀님 앞에서 카드를 읽어드렸다.

아름다운 만남 20년!
여러 어른 수녀님들을 처음 뵌 때로부터 벌써 20년 세월이 흘렀습니다. 그동안 한결같이 기다려주고, 한결같이 반겨주고, 또 격려해주신 은혜에 깊이 감사드립니다. 그리고 제가 일을 하다 어려움을 당할 때는 기도 속에서 저를 기억해주신 사랑에도 감사드립니다.

카드를 읽다가 결국 울먹이고 말았다.

봉쇄 수도회 베타니아 집은 내 인생의 따뜻한 아랫목과 같은 곳이다. 때로는 은신처 같기도 했다. 무슨 일을 할 때 어려움을 당하면 여름날에도 마음이 추워진다. 그런데 한결같이 기다렸다 반겨주시는 노수녀님들 곁에 가면 추운 날 따뜻한 아랫목처럼 느껴진다. 해결하기 어려운 일로 앞이 보이지 않아 숨어버리고 싶을 때가 있다. 그럴 때 베타니아 집에 가면 그 일로부터 도망친 기분이기도 하고, 또 여러 수녀들이 나를 숨겨주는 것 같아 그 봉쇄 구역이 은신처처럼 느껴질 때도 있었다.

오랜만에 찾아가면 수녀님들은 다 한 마디씩 하신다.

"'박 교무님 올 때가 됐는데 왜 안 올까?' 하고 여러 수녀님들이 기다렸어요. '또 외국에 갔나? 병이 났나?' 하며 궁금해합니다."

그런 말을 하는 수녀님과 그 말에 동의를 나타내고 있는 여러 수녀님을 바라보면서 그분들의 진정을 느낄 수 있었다. 어떻게 여러 수녀님이 한결같은 마음으로 나를 기다리고 또 걱정해주실 수 있을까. 천주교 수녀도 아닌 원불교 교무를.

세상 소식이 딱 끊긴 그곳, 베타니아 집에 가면 나에게 있었던 모든 일의 이야기보따리를 풀어놓는다. 내가 겪은 어려운 이야기를 하면 수녀님들은 예쁘게 눈흘기면서 "그러면 우리보고 기도하라고 연락하지. 우리들은 기도발이 세잖아요" 하신다.

부활절엔 "제일 예쁘게 만들어진 부활절 계란입니다. 여러 수녀님이 박 교무님 것이라고 서로 골라놓은 것이에요" 하며 따로 준비해둔 계란바구니를 주신다. 나는 그 작은 계란에다 예쁘게 온갖 표현

❝ 해결하기 어려운 일들로 앞이 보이지 않아
숨어버리고 싶을 때가 있다.
어려울 때마다 베타니아 집은 은신처처럼 느껴졌다. ❞

을 한 노수녀님들의 신앙과 예술적 솜씨를 느낀다. 외국에서 온 수녀님이 갖다준 초콜릿이라며 귀한 선물도 주신다. 지난 부활절 때는 "제일 귀한 선물, 정진석 추기경께서 내려주신 건데, 교무님 드리기로 했어요" 하며 또 큰 선물을 주셨다.

언젠가는 우리 교도와 함께 방문했는데 조규옥 원장수녀님은 교도를 바라보면서 "박 교무님은 우리 수녀예요"라고 말했다. 그럴 때 느끼는 친밀감은 그분들과 내가 딱 붙어 있는 한 식구 같은 느낌을 갖게 한다.

나는 노수녀님들 앞에서 곧잘 노래를 불러드린다. 그래서 방문할 때마다 수녀님들은 "오늘도 교무님 노래 한 번 들을 수 있을까?" 하며 넌지시 노래를 청하신다. 그러면 선뜻 일어나 마치 어린 학생이 노래하듯 목청껏 노래를 부른다. 수녀님들은 노래를 깊이 감상이라도 하는 듯한 태도를 취하다가 노래가 끝나면 "한 곡만 더" 하면서 아쉬워하신다. 그러면 또 말 잘 듣는 어린이처럼 일어서서 노래를 부른다. 노래를 두어 곡 부르고 나면, "우리도 답창으로 한 가락 불러야지" 하면서 노래 잘하는 수녀님을 지명한다. 그 수녀님은 수줍은 듯 일어나서 소녀 같은 태도와 미소를 지으며 가느다란 목소리로 노래를 한다.

이렇게 작은 음악회가 끝나면 나는 자리를 뜬다. 베타니아 집에서 떠나올 땐 여러 수녀님이 따라 나와 배웅해주면서 "꼭 건강하셔야 합니다"라고 당부한다.

내가 항상 가고 싶은 곳, 그곳은 베타니아 집이다.

뱃속의 아기도 맡아주세요

삼성복지재단에서는 기업이윤을 사회에 환원한다는 구상을 갖고 1990년 여러 지역에 저소득층을 위한 꿈의 궁전과도 같은 탁아시설을 지어 서울시에 기부채납했다. 홍라희 여사는 미아 6동에 있는 어린이집을 내가 맡아 운영해주기를 바랐다.

나는 유아교육에 대해 아무 지식도 없고 경험도 없다. 그리고 강남교당에서 미아 6동까지는 거리도 너무 멀어서 망설여졌지만 그래도 내가 맡아 운영하는 것을 미덥게 생각하는 것 같아 그분의 청을 받아들여 '미아샛별 어린이집'이라 이름을 짓고 운영하기로 했다. 아직 공사 중인 건축현장을 찾아가 내가 머물 3층에 대해 의견을 말했다. 그 공간을 특별히 배려하여 손님을 맞을 수 있는 공간까지 마련해주었다.

저소득층 탁아시설에서 12시간 돌보는 일에 특별히 관심을 가졌던 것은, 그때까지 우리 교단에서는 아직 복지문제에 힘이 미치지 못하고 있던 때라 그 일을 하는 것이 시작이 될 것이라고 믿었기 때문이다. 그리고 그 무렵 우리 사회는 빈부격차의 심한 갈등을 겪고 있었다. 그래서 그 일을 하는 것이 우리 사회문제의 작은 골이라도 메울 수 있을 것 같아서였다. 그러나 아무 경험이 없던 나로서는 180명 어린이의 점심식사와 간식을 마련하는 일이 우선 큰 걱정이었다. 그런데 신심 있고 공심 있는, 그리고 헌신적인 오혜성 교도가 힘닿는 데까지 최선을 다할 테니 식당문제는 걱정하지 말라고 했다. 무슨 기계든지 잘 만질 줄 아는 부군 김덕원 교도는 어린이집 시설을 돌보는 관리인 역할을 해보겠다고 말했다. 우선 원불교 교도를 대상으로 보육교사를 뽑고 보니 교사들에 대한 믿음도 갔다. 정직한 연선숙 교도가 서무일체를 맡아보기로 했는데 그도 미더웠다.

1990년 7월 27일 삼성그룹 이건희 회장 내외, 교단에서는 예산 이철행 교정원장, 고건 서울시장이 참석하여 성대한 개원식을 갖고 어린이집 운영을 시작했다. 그곳을 운영하려던 다른 큰 뜻은 강남교당 중산층 교도들이 매일 3, 4명씩 어린이집에 가서 봉사를 할 생각이었다. 저소득층 자녀를 돌봄으로써 더불어 사는 삶을 실천해보려고 했다. 그래서 주방의 큰일은 오혜성 교도가 맡아 하고, 180명 어린이의 점심식사 반찬과 밥을 차려서 식사를 하게 하는 일은 매일 강남교당 교도 3, 4명이 빠짐없이 봉사하여 어린이집이 운영되게 했다. 교도들은 큰 책임감을 갖고, 자신의 집은 파출부가 살림을 하더라도 어린이집 봉사하는 차례를 빠지지 않았고 부득이 못 가는 날에는 대신 파출부 비용을 내놓았다. 봉사자 교도들은 아이들이 편식하지 않도록 골고루 음식을 먹이고 식사 후에는 설거지를 하고 오후 먹일 간식을 준비해놓고 돌아왔다. 미아샛별 어린이집 봉사활동을 할 수 없는 화요 법회날엔 여러 교당 뜻있는 분들이 화요 봉사팀을 만들어 물샐틈없이 운영했다. 오혜성 교도의 솜씨로 만든 점심식사가 맛있어, 봉사자들이 자신의 봉사 날짜를 기다리는 것이 큰 재미이기도 했다.

삼성복지재단 신경영 연수팀을 비롯 탁아시설을 돌아보기를 원하는 손님은 모두 미아샛별 어린이집으로 모시고 왔다. TV나 방송, 신문에서는 어린이집을 크게 다루었다. 「엄마들 친정집보다 더 안심하고 맡겨」「달동네 사랑의 둥지」「중산층이 돕는 달동네 탁아소」「이상형 탁아소」「일하는 엄마들의 희망의 공간」「세계에 소문난 사랑의 샘터」 등의 기사 제목으로 탁아소는 계속 매스컴을 탔다. 학교에 8학군이 있듯이 어린이집은 미아샛별 어린이집이 8학군에 속한다는 소문과, 함께 일하는 신혼부부들이 미아 6동으로 이사오기 때문에 전세집 구하기가 어렵다고도 했다.

학부모들은 뱃속의 아기도 맡아달라고 했다. 어느 공무원 여성은 생후 6개월된 아기를 꼭 맡아주겠다고 약속하면 임신을 고려해보겠다고도 했다. 우리는 그 약속도 지켰다. 나는 서울시 아동복지과로부터 전국 어린이집 원장을 대상으로 미아샛별 어린이집 운영체험을 말해달라는 강의 청탁을 받기도 했다.

'어린이집이 학부모들이 신뢰하고 언론에서 주목할 수 있었던 까닭은 어디에 있었을까' 하고 생각해볼 때가 있다. 주방일을 하던 오혜성 교도와 서무를 맡아 보던 연선숙 교도는 출퇴근을 하지 않고 아예 어린이집에서 살았다. 그래서 예상 시간보다 더 일찍 아기를 맡기러 와도 기꺼이 받아주었고 때로는 좀더 늦게 데려가는 어린이도 친절히 돌보아준 덕분에 어린이집의 인심이 좋다고 소문이 났을 것이다.

  더 중요한 원인은 8년을 운영하는 동안 매일 바꾸어가며 자원봉사자들이 드나들었는데 그들은 항상 손님이었고, 어떤 의미에서 봉사자들은 자신도 모르게 감시자의 역할도 했던 것 같다. 그래서 보육교사들은 긴장하고 어떠한 타성에도 빠지지 않으면서 어린이들을 항상 잘 돌보았기 때문이었을 것이다. 그 지역이 재개발이 될 때까지 8년 동안 어린이집을 드나든 자원봉사자는 연인원 6,325명에 달했다.

탈북청소년을 위한 학교를 세우다

교육인적자원부의 학교 설립 제안

2004년 2월 어느 날, 교육인적자원부로부터 전인학원 이사장을 찾는 전화가 왔다. 북한 이탈 청소년을 위한 학교를 설립하도록 제안하는 내용이었다.

하나원이 경기도 안성에 있는데 하나원에서 멀지 않은 곳에 학교를 설립하려 검토하다보니, 마침 특성화 학교인 헌산중학교가 관내에 있어서 우선 전인학원에 설립을 제안하기로 의견이 모아졌다고 했다. 그리고 첨부 공문을 보낼 터이니 긍정적으로 검토해달라고 했다. 공문 내용 가운데 내 눈에 얼른 띈 것은 다음과 같았다.

- 신축예정부지: 설립자 부담
    - 1안: 2만 평(안성시 삼죽면 덕산리), 16억 원
    - 2안: 1만 2,000평(이천시 율면 오성리), 19.7억 원
    - 3안: 2만 평(양주군 장흥면 부곡리), 56.5억 원
- 총 소요 금액(부지매입비 설립자 부담)+시설비 및 운영비(정부

특별교부금 보조)

1안: 200억 원, 2안: 204억 원, 3안: 241억 원
· 개교 예정일: 2006년 3월(시기 조정 가능)
· 설립 주체: 종교단체 등

참 좋은 제안이지만 나의 능력으로는 해볼 수 없는 일이었다. 그래서 원불교 중앙총부 관계부처에 교육인적자원부의 제안내용과 보내온 공문을 함께 보냈다.

실무자로부터 사무적인 전화를 받은 지 3일 후 안병영 교육부총리에게서 직접 전화가 걸려왔다. 안 교육부총리는 "남북통일 이전까지는 북한 이탈 청소년을 위한 사립학교가 매우 중요한 의미를 갖게 될 것입니다. 그간 여러 가지 많은 일을 해왔지만 박 교무님이 이 학교를 운영하면 매우 상징적인 일이 될 것입니다. 박 교무님이 하면 한국사회가 다 동의할 것 같아 학교 설립운영을 권유합니다. 잘 해보세요"라고 했다. 나는 그 문제에 대해 중앙총부에서 지금 검토 중이라고 말하면서 우리 교단을 믿고 큰일을 맡겨주어서 감사하다고 했다.

원불교 총부에서는 교정원 교육부가 중심이 되어 학교를 설립키로 했다는 소식이 왔다. 즉시 교육인적자원부에 연락하여 총부의 협의 결과를 알렸다.

원불교 총부 실무자가 익산에서 서울까지 올라와 교육부와 그에 관해 협의를 하고 돌아간 후 다음과 같은 일이 생겼다. 총부에서는

교육부가 제시한 땅을 사려 했던 것이 아니고, 경기도 관내에 학교를 세울 만한 산이 양평에 있어서 그곳에다 세워볼 생각이라고 했다. 그러나 구체적으로 검토한 결과 해발 230미터에 위치한 그 산은 평균 경사도가 42도여서 개발 가능한 경사도 34도를 초과하여 학교 부지로 적절치 않다는 건축사무소의 소견서가 나왔다. 만약 그 산이 적절치 않다면 총부 측에서는 부지매입에 재정적 부담이 커서 교육인적자원부에서 제시한 땅을 살 수 없다는 결론이었다.

교육부에 이미 "총부에서 합의를 거쳐 학교를 설립하기로 했다"고 말했는데 이제 와서 못하게 됐다는 말을 교단의 체면상 할 수가 없었다.

나는 이 학교의 설립이 너무나도 뜻있고 좋은 일이지만 힘에 겨워 본능적으로 피하면서 총부에 그 사실을 알렸던 것이다. 2002년에 대안중학교인 성지송학중학교를 설립했고, 그 이듬해 2003년에는 수도권 용인에 헌산중학교를 차례로 설립 개교했다. 그리고 같은 해 3월에 캄보디아에도 무료 구제병원을 세워 운영하고 있어서 모든 에너지가 완전히 소진된 상태였다. 특히 헌산중학교를 설립할 때 어려움이 너무 컸기 때문에 아무리 좋은 일이라 해도 욕심을 내볼 엄두가 나지 않았다. 그러나 북한 이탈 청소년 학교 설립의 일도 결국 내 몫으로 떨어지고 말았다.

교육인적자원부는 그 일을 원불교에 준 것이 아니라 두 개의 특성화 학교를 설립한 전인학원을 유념하면서 맡긴 일이라는 후문이 들려왔다.

헌산중학교를 설립한 지 만 11개월 만에 또 북한 이탈 청소년 학교 설립의 일도 내가 해야 되는 일이라고 자신을 세뇌하기 시작했다.

교단에서 1994년 나를 평양교구장에 임명했을 때, '분단의 현실 속에서 무슨 일을 어떻게 해볼 수 있을까?' 하고 막막하기만 했다. 그런데 1995년에 100년 만의 홍수로 북한동포가 곤경에 처했을 때 북한동포를 돕는 것이 지금 같은 분단 현실에서 평양교구장이 할 일이라고 생각했다. 특별한 사명감을 갖고 북한동포 돕기에 열성을 바쳤다. 우리민족서로돕기운동 공동대표까지 맡아가면서 마치 가난한 집 아낙네가 식구와 먹고살기 위해 죽기 살기로 뼈 빠지게 일하는 모습과 같았다. 그러다 서해교전이 일어났을 때 크게 놀라고 실망하면서 잠시 일손을 놓았다.

이제 북한 이탈 청소년 교육문제가 내 일이 된 것은 거역할 수 없는 역사적 지상명령 같았다. 탈북자, 그들은 남한사회에서 절대 약자이고, 약자들에 대하여는 따뜻한 배려가 절대 필요하다고 생각되었다. 특히 북한 이탈 청소년을 교육하여 남한사회에 잘 적응할 수 있도록 도와주는 것이야말로 그들 개개인의 성공적인 삶이 열리게 하는 것이고, 결국은 그들이 장차 평화통일의 초석이 될 것이라는 믿음이 갔다. 나는 북한 이탈 청소년 학교 설립의 일에 새로운 각오를 가다듬었다.

특성화교육에 많은 경험을 쌓은 성지송학중학교 곽종문 교장과 전인학원 상임이사 강해윤 교무를 실무팀으로 구성했다. 두 사람은 교육인적자원부와 통일부, 그리고 여러 유관기관 사람들과 잦은 회의에 참석하면서 하나하나 협의과정을 이루어갔다.

2004년 4월 20일, 안 교육부총리가 전인학원이 설립한 대안중학교인 헌산중학교를 방문했다. 그때 경기도 윤옥기 교육감도 자리를 함께했다. 안 교육부총리는 1995년경 교육부 장관 시절 대안교육법을 입법화하여 공교육에 적응하지 못하는 소수 학생들에게 교육의 기회를 열어주었다. 그분은 헌산중학교를 시찰하며 어린 학생들에게 큰 관심을 보이고 격려했다.

안 교육부총리와 윤 교육감, 그리고 수행원들이 함께한 자리에서 강해윤 상임이사는 북한 이탈 청소년을 위한 특성화 교육계획안에 대해 7분간 브리핑을 했다. 그 자리에서 학교를 설립할 부지에 대해 논의했다. 경기도 교육감은 안성시 삼죽면 덕산리 땅 2만 평은 수의계약을 할 수 없는 땅이라며 다른 폐교를 물색하는 것이 좋다고 했다. 이천 율면 오성리 폐교가 1만 2,000평으로 환경이 매우 좋다고 추천했다. 나는 전인학원 측에서 19억 원이 소요되는 재원을 만들 능력이 없다고 말했다. 그러면 이천 율면에 있는 월포분교를 검토해보자고 했다.

그동안 인근 여러 폐교를 둘러보았지만 대부분 규모가 너무 크거나 작아서 적절한 폐교를 찾지 못했다. 월포분교는 좀 작기는 해도 매우 아늑하여 탈북학생들의 정서순화에 도움이 될 것 같았다. 여러 번 월포분교를 방문한 다음 교육인적자원부와 통일부에 월포분교가 좋을 것 같다고 의견을 말했다. 정부 측에서도 현지 답사를 마치고, 학교터가 좁기는 해도 무난할 것 같다는 긍정적 반응을 보였다. 전인학원 측에서는 그동안 인연이 있는 중앙대학교 김인철 교수에게 건축설계를 의뢰하여 학교 모형도까지 마련했다.

　6월 29일, 경기도 교육위원회에서 이천시 월포분교를 전인학원과 수의계약하도록 결의했고, 7월 14일에는 북한 이탈 청소년을 위한 학교 설립을 학교법인 전인학원이 설립 운영을 맡게 되었다는 정부의 공식 문건이 나왔다.

　모든 일이 충분히 진전되었을 때 이천시장과 교육장을 방문, 그간의 진행상황을 보고하고 협조를 부탁했다. 그런데 이천시장은 이곳 주민들이 탈북자 학교가 들어오지 못하도록 집단적으로 반발할 움직임이 있으니 주민 설득부터 하는 것이 좋을 것이라고 했다.

　나는 시의회 의장실에 들러 같은 이야기를 했다. 그때 시의회 의장은 탈북자 학교를 북한땅이 가까운 강원도에 세우지 왜 하필 우리 고장으로 오려 하느냐며 설립을 노골적으로 반대했다. 그는 자신부터 반대에 앞장서겠다고 했다. 뜻밖의 반응에 갑자기 큰 공격을 받은 기분이었다. 그리고 '계획이 행여 좌절되면 어떻게 하나' 하는 우려가 앞섰다. 마음을 가라앉히면서 "이 고장 어른께서 왜 그런 말씀을 하십니까? 어렵게 대한민국을 찾아온 어린 청소년들을 따뜻하게 품에 감싸 안아 잘 교육하여 그들이 남한사회에 잘 적응할 수 있었으면 좋겠다고 말씀하기를 기대하고 왔습니다"라고 말하자 "나는 이문될 일 아니면 하지 않습니다"라고 잘라 말했다. 나는 할 말을 잃고 자리에서 일어났다.

월포마을에 한 영감님이 어른 대접도 받고 영향력도 있다 하여 그분에게 장문의 글을 쓰고 정성껏 선물을 챙겨 예물처럼 보냈다. 그러나 그 영감님 역시 편지를 읽을 필요도 없고 선물도 받지 않겠다며 돌려보내왔다. 그리고 이곳에 학교를 설립하는 것을 반대한다고 자신의 입장을 밝히더라는 것이다. 다급해진 나는 그곳 면장·이장·지서장까지 찾아가 학교를 세울 수 있도록 도와달라고 호소했다.

탈북청소년 학교 설립 결사반대 • 율면개발자문위원회
우리는 반대한다. 살기 좋은 고을에 탈북청소년 교육시설이 웬 말이냐? • 월포 4리 주민 일동
밀어붙이기식 탈북청소년 기숙학교 건립 용납할 수 없다 • 율면이장단협의회

7월 16일 경기도 이천시에는 학교 설립 반대 현수막이 온 시가지에 물결쳤다. 그것을 보고 한순간 월포분교에 학교를 설립하려던 계획을 빨리 포기했다. 겹겹의 민원반대를 뚫고 학교를 세우려면 지루한 설득작업만 벌이다 세월 다 갈 것이 뻔했기 때문이다.
이제는 학교부지 조건으로 마을과 멀리 떨어져 주민 반발이 일어나지 않을 곳을 찾아다녔다. 학교를 세울 만한 땅을 사람 사는 마을 밖에서 찾기는 참 어려웠다. 그것은 하나원과 멀지 않은 곳이어야 하기 때문에 더욱 어려웠다.

" 학교 설립 반대 현수막이 온 시가지에 물결쳤다.
나는 사선을 넘어온 탈북청소년들을
마치 숨겨놓고 교육시키려는 것 같아
미안한 마음에 더운 눈물이 뺨으로 흘러내렸다. "

기적 같은 성금으로 부지를 마련하고

학교 부지를 찾으려 돌아다니는 것은 상임이사 강해윤 교무의 몫이었다. 8월의 폭염 속에서도 땅을 찾는 발길은 멈추지 않았다.

한여름 정오 무렵 강해윤 상임이사로부터 "안성시 죽산면 칠장리 임야 1만 5,000평을 찾았습니다. 야트막한 산인데 주변에 마을이 보이지 않습니다"라는 전화가 걸려왔다.

즉시 그 땅을 보러 갔다. 사방을 둘러봐도 인가가 보이지 않았다. 깊은 산중 같았다. 사선을 넘어온 북한 이탈 청소년들을 마치 숨겨놓고 교육하려는 것 같아 미안한 마음과 함께 나도 모르게 더운 눈물이 뺨으로 흘러내렸다.

부지가 산이어서 어디서 어디까지가 1만 5,000평인지 가늠하기가 어려웠다. 그래도 다행인 것은 사람과 차가 다니는 도로에서 건너다보이는 땅이었다. 그곳에다 학교를 세우면 "왜 우리 마을에다 학교를 세우느냐"고 트집 잡을 사람이 없을 것 같아 좋아 보였다.

이천에서 학교 모형도까지 만들고 물러섰던 경험 때문에 우선 안성의 중요한 분들이 학교 설립의 뜻을 모아주어야 똑같은 낭패를 보지 않을 것 같았다. 당시 하나원 이강락 원장에게 그간의 전후사정을 말하고 죽산면 칠장리 산에다 학교를 설립하려 하는데 안성시 주요 인사들이 먼저 동의해주어야 땅을 계약하겠다며 부탁했다. 이 원장은 안성에 하나원이 있기 때문에 안성시 발전에 도움이 된다고 생각하지 아무도 피해의식을 갖고 있지 않다고 했다. 그리고 안성 사람들은 탈북자 학교도 안성에 세우지 왜 이천으로 갔는지 모르겠다고 한다 했다. 그 말만 들어도 안심이 됐지만 그래도 뒤탈이 생기지 않도록 구체적으로 찬성 의지를 모아달라고 부탁했다.

교육인적자원부와 통일부에는 적절한 땅을 찾았다고 보고했다. 교육부 김인희 과장과 통일부 고경빈 국장도 우선 인근에 마을이 없는 것이 다행이며 도로와 인접해 있어서 좋아 보인다고 했다.

김인철 교수에게 설계를 다시 부탁하기 위해 학교 예정부지 산을 보여주었다. 설계자도 땅에 대해서 긍정적이었다. 학교 부지 1만 5,000평은 가용면적 8,000평이었다. 그 부지를 8월 13일 매입·계약했다.

문제는 또 있었다. 학교 부지로 들어가는 진입로가 없었다. 꼭 우리 땅을 활용하려면 학교로 들어가기 위해 터널을 뚫는 수밖에 없었다. 진입로 문제로 애타 하는 나를 안타깝게 여긴 교도 한 분이 1억 원을 주고, 진입로로 필요한 1,000평을 매입토록 도와주었다. 하늘이 무너져도 솟아날 구멍이 있었다.

만약 월포분교에 학교를 설립할 수 있었더라면 기존의 학교 건물을 사용할 수 있어서 수리만 하고도 우선 개교를 할 수 있었을 테고 학교인가도 바로 받을 수 있었을 것이다. 그런데 산을 부지로 마련했으니 작은 학교를 신축해야 되는 큰 경제적 부담이 생겼다. 시간적으로도 쫓기는 기분이 들었다. 이제는 어서 건물을 짓고 개교 준비를 해야 했다. 사립학교로 설립해야 되는 탈북자 학교는 학교법인 측에서 건물까지 짓고 나서야 설립인가를 받을 수 있고, 인가가 나와야만 그때부터 정부 지원을 받을 수 있었다.

우리는 법정규정에 맞는 작은 학교 건물을 어서 짓기 위해 애썼다. 학교 부지를 매입하고 작은 학교 건축까지 해야 돼서 짐이 무거워지자 원불교 교단 측에서 '학교 부지 땅 한 평 사기 운동'이 전개되었다. 내 자신이 세계 55개국을 돕고, 나라 안에서 두 개의 대안학교를 설립토록 묵묵히 따라주던 강남교당 교도들의 힘만으로는 탈북자 학교는 세울 수가 없었다.

우리는 지금 기적을 만들어가고 있습니다. 저는 살아오는 동안 근심 걱정의 무게를 견디기가 어렵고, 견디다 못해 병이 나기도 했습니다. 그런데 지금은 너무 은혜로워서 감격스럽기만 합니다. 모든 교무님과 여러 교도님들에게 진심으로 감사드립니다. 저는 9월 6일 중도금 3억 3,600만 원을 지불할 때부터 큰 빚을 지기 시작했고, 9월 30일 잔금을 치러야 했을 때는 '장차 이 일을 어찌할 것인가' 하는 위기감에 휩싸이기도 했습니다. 그런데 사람이 하는 일이라고 믿기 어려운 일이 생겼습니다. 잔금을 지불해야 되는 무렵인 9월 26일부터 지난 11월 20일까지 8주, 55일 동안 매일 1,000만 원의 성금이 모아졌습니다. 하루 평균 1,000만 원의 성금이 모아지는 것을 보며 '이것이 기적이다'라고 생각했습니다. 성금을 보내주신 모든 분에게 한량없는 은혜를 느끼면서 감사를 드립니다.
2004년 11월 27일
박청수 합장

편지글은 원불교 중앙총부 홈페이지에 올린 글이다. 무위자연한 도움이 없고, 또 내가 하는 일에 지속적인 관심과 협력을 해준 고마운 한 기업의 도움이 없었더라면 그 일을 해내지 못했을 것이다.

모든 국가법이 엄중하고 까다로워서 한겨레중고등학교를 설립하기 위해서는 법률기준 완화 적용이 필요했다. 교육인적자원부로부터 '법률기준 완화'의 하달을 받아서 경기도 교육청에서는 그대로 했다. 그런데 그 완화된 법 적용까지 너무 많이 기다리고 또 견뎌야만 했다. 특히 12월 17일 경기도 안성시 도시계획 심의위원회의에서 한겨레중고등학교의 심의과정을 통과하는 데까지는 참으로 오랜 기간이 걸렸다. 그 같은 회의는 자주 열리지 않기 때문이라고 했다. 학교 설립인가를 받기가 시간적으로 쫓기고 있다고 판단한 우리는 12월 18일 150평 최소 규모의 학교 건물을 신축하기 위해 기공식 봉고를 올렸다.

2004년 12월 18일 전인학원 박청수 이사장은 북한 이탈 청소년을 위한 한겨레중고등학교를 설립하기 위한 기본시설이 될 학교 건물을 경기도 안성시 죽산면 칠장리 산 3번지 1만 5,000평 부지에 오늘 신축의 첫 삽을 뜨게 됨을 삼가 법신불 사은전에 봉고하옵나이다.

세계에서 유일하게 분단국가로 남은 우리나라는 단일민족이면서도 남북으로 나뉘어져 서로 다른 체제에서 반세기도 넘는 세월을 살아오고 있습니다. 그러는 동안 남한의 국민소득은 북한의 33배도 넘는 경제적 풍요를 누리게 되었고 남북한의 무역규모로는 무려 156배나 차이가 나고 있습니다. 이미 오래전부터 북한은 다른 나라의 도움 없이는 국민의 3분의 1이 먹거리도 해결할 수 없게 되어, 식량부족으로 굶주림을 견디다 못한 북한 주민들은 정든 땅을 등지고 이탈하여 중국·베트남 등지를 떠돌고 있습니다. 탈북자들은 한국으로 오는 것을 유일한 희망과 최종목표로 삼고 목숨을 걸고 남한 땅을 찾아오고 있습니다.

"너라도 좋은 세상에 가서 잘 살아라"며 부모들이 소중한 자녀를 남쪽 땅으로 떼어 보내어 이제는 부모 없는 단독 북한 이탈 청소년까지 생겨나고 있습니다. 앞길이 양양한 그들에게 우선 배움의 기회부터 주어져야 하기 때문에 우리 정부는 그들을 위한 대안교육으로 특성화 중고등학교를 세우게 되었습니다. 앞으로 이 학교에서는 남한사회의 적응력을 기르는 한편 특성화교육을 통해 개개인의 학력을 측정하여 공교육을 받게 하는 것을 목표로 하고 있습니다. 교육인적자원부에서 전인학원에 운영주체를 맡겨 오늘 이 자리에 사립 한겨레중고등학교를 세웁니다.

앞으로 이 학교에서 북한 이탈 청소년들이 심리적인 안정을 되찾고 꿈과 소망이 이루어지는 터전되게 하여 주시옵소서.

법신불 사은이시여!

장차 이 학교에서 남북통일 겨레의 소망이 싹트게 해주시옵고 남북이 하나되는 통일의 실험실이 되게 해주시오며, 또한 통일의 지름길을 마련하는 곳이 되게 해주시옵소서. 이처럼 소중한 민족적 과업인 국책사업이 전인학원에 맡겨지게 되어 전 교단적 관심과 정성이 이 학교에 모아지고 있습니다.

저희는 막중한 사명감을 갖고 이 학교를 원만히 설립 운영하도록 최선을 다하겠습니다. 학교설립의 일이 원만성취될 수 있도록 큰 은혜를 내려주시옵소서. 일심으로 비옵나이다.

원불교 좌산 종법사님은 학교 이름을 '한겨레중고등학교'라고 지어주었다.

학교 기공식을 마치고 곧바로 신축공사에 들어갔다. 그리고 작은 규모의 학교 150평의 철조 구조물이 모습을 드러냈다.

또다시 거센 반발에 부딪히고

학교 설립을 하는 동안 해가 바뀌었다.

『경인일보』 2005년 1월 21일자에 「탈북청소년 학교 9월 개교」라는 제목으로 보도, "경기도 교육청은 안성시 죽산면 칠장리에 들어서는 북한 이탈 청소년 교육시설인 한겨레중고등학교 설립을 위한 실시계획을 최근 인가했다고 20일 밝혔다"라고 보도했다. 『경인일보』에 이어 『연합뉴스』도 21일자에 「탈북청소년 학교 안성시 9월 임시 개교」, 『동아일보』 21일자에 「탈북학생 위한 한겨레학교 개교」, 『중앙일보』 25일자에 「탈북청소년 위한 대안학교 생긴다」라고 각각 보도된 이후 안성시 칠장리 주민들의 '탈북자 학교 설립 결사반대'

라는 현수막이 내걸렸다. 2월 11일에는 『연합뉴스』에 주민 반발 기사가 보도되었으며, 2월 12일에는 MBC 「손석희 시선집중」에서도 이 문제를 다루었다. 주민 반발이 일어나지 않도록 아무 마을도 보이지 않는 산속에 학교를 짓고 있는데 멀리 떨어진 칠장리 마을 사람들이 또 결사반대 현수막을 내걸고 말았다. 나는 솔직히 그곳에 마을이 있는 줄도 몰랐다.

우리를 돕던 한 분이 칠장리 세 개 마을에 일정 금액의 돈을 주고 무마하는 수밖에 없을 것 같다고 했다. 주민들에게 나누어줄 돈도 없거니와 돈으로 흥정하여 학교를 설립하는 것은 합당치 않다고 판단했다. 그래서 그간 학교 건물의 철조물 골격이 드러난 것을 완전히 헐어내기로 했다. 때를 기다려 다시 시작하기로 마음먹었다. 연합뉴스 주민 반발 기사가 보도된 때로부터 11일 만에 빠른 결심을 하고 단안을 내린 것이다. 학교 건물이 해체되는 것을 보아야만 주민 반발이 수그러들 것 같아서였다.

철골 구조물은 세우기보다 해체하기가 더 시간이 걸리고 어려웠다. 구조물을 해체할 때는 마치 살점이 떨어져나가는 것 같았다. 철거한 내용물도 깨끗이 감춰버렸다. '왜 아깝게 지어놓은 학교를 뜯어내는가 모르겠다. 그렇게 들어가는 돈을 차라리 우리를 주지······.' 하는 말도 들려왔다.

수소문하여 학교 설립 반대 추진위원장을 만나기로 했다. 그리고 그를 만날 수 있도록 주선해달라고 부탁했다. 나는 서울에 살고 있는 사람이지만 경기도 용인에 있는 헌산중학교에서 만나자고 했다.

그러나 그 위원장은 헌산중학교로 오지 않겠다며 탈북자 학교를 짓던 현장으로 오라고 했다. 내가 아쉬운 사람이니까 상대방이 원하는 장소로 갈 수밖에 없었다. 그 사람이 제시한 장소인 한겨레중고등학교 신축현장으로 약속시간에 가보았으나 나타나지 않았다. 그래서 그가 사는 마을로 찾아갔다.

날씨는 몹시 춥고 바람이 세차게 부는 날이었다. 그는 청장년 20여 명과 골목길에서 막걸리통을 옆에 놓고 윷놀이를 하고 있었다. 내가 나타나자마자 청장년 20여 명이 나를 둘러싸듯 모여들더니 공격적인 말투로 한마디씩 자기 주장을 하며 거세게 반발했다. 바람이 강하게 불어 '학교 설립 결사 반대' 현수막이 바람결에 찢기어 펄럭였다. 여러 장정이 어깨를 들썩이며 에워쌀 때는 무슨 봉변을 당할 것만 같았다.

낮은 목소리로 "나는 젊은 사람이 아닙니다. 바람 부는 날 길바닥에서 이러지 말고 어디 건물 안에라도 들어가서 이야기합시다"라고 말했다. 그러자 바로 앞에 보이는 건물로 들어갔다. 마을회관으로 보이는 그 공회당에는 불기도 없고 의자도 없었다.

나를 세워놓고 주민들은 한결같이 왜 양해도 얻지 않고 탈북자 학교를 세우느냐고 따져 물었다. 그들은 탈북자와는 함께 살 수 없으니 다른 곳으로 떠나라고 했다. 내가 무슨 말인가 하려고 하면 당신 말은 들을 필요가 없다며 말문을 막았다.

제각기 던지는 말을 들어보면, 마을에 술을 마시고 돌아오는 수도 있는데 학교 앞에 총대를 메고 서 있을 경찰이 싫다고 했다. 또 어떤 사람은 시국이 바뀌는 날에는 이 마을이 피바다가 될 것이라며 눈을 흘겼다. 집단적으로 서로 큰소리로 자기 말만 앞세웠다. 우선 학교에는 경찰이 없을 것이라고 짧게 대꾸한 뒤, 여기까지 왔으니 나에게도 말할 기회를 달라고 하자 그들은 하나둘 회관을 빠져나가버렸다.

내 곁에는 곽종문 교장과 강해윤 상임이사가 있었다. 곽 교장은 학교가 생기면 마을에서 생산되는 곡물과 야채를 사먹겠다고 말하고, 주민들에겐 고용의 기회도 생긴다고 했지만 그런 말들은 고함 속으로 나약하게 사라졌다. 위원장은 나를 쳐다보면서 "저 사람 만날 것을 좀 두렵게 생각했는데 오늘 만났다"며 적의에 찬 눈빛으로 나를 바라보았다. 학교가 세워져도 마을엔 피해가 가지 않도록 각별히 유념하겠다는 말을 더듬더듬 하고 돌아왔다.

2월 19일 한 종교 주간지에 「탈북청소년 학교 설립 위해 원불교 학원 한 곳에 170억 지원」이란 제목으로 한겨레중고등학교 설립 소식에 대한 비난기사가 보도되었다. 기사를 썼던 기자가 『월간조선』 4월호에 한겨레중고등학교를 공모 절차 없이 원불교에 맡겼다는 내용의 기사를 게재하려 한다며 조처를 취해야 할 것 같다는 긴급한 소식이 들려왔다.

그러한 사실을 몇 군데 알리고 그 기사를 삭제할 길은 없을까 알아보았다. 그러나 기사를 한 번 내기도 어려운 일이지만 편집방침으로 결정된 기사를 빼기는 더 어려운 일이라고 했다. 나는 『월간조선』을 직접 방문하기로 결심하고 「탈북청소년을 위한 학교 설립의 주체를 전인학원으로 선정한 배경」이라는 문건을 만들었다. 그리고 기타 자료도 준비했다.

안면도 없는 『월간조선』 편집장을 어떻게 만날 수 있을까 하고 궁리를 하다 평소 모르던 『조선일보』 문화부 김한수 기자에게 전화를 걸어 김연광 편집장을 만날 수 있도록 주선해달라고 했다. 김 기자는 고맙게도 시간약속이 됐다며 가보라고 했다. 좀 긴장되기도 하고 또 쑥스럽기도 했지만 사무실 문을 열고 들어섰다. 그리고 누가 편집장일까 하고 두리번거렸다. 그런데 어떤 사람이 나타나더니 웬일로 우리 회사를 왔느냐며 반겼다.

그러는 사이 편집장인 듯한 분이 내 쪽을 향해 왔다. 나를 반겼던 사람은 카메라를 가지고 와서 회사에 온 김에 사진을 한 장 찍자고 했다. 속마음이 아주 복잡한 상태인데 어떻게 사진을 찍을 수 있을까. 사진을 찍지 않겠다고 극구 사양했다. 옆에서 그 모습을 바라보던 편집장은 우선 사진부터 찍으라며 너그럽게 대해주었다. 그 사진 한 장을 찍는 바람에 초면의 긴장감이 깨졌다.

김 편집장에게 왜 찾아왔는가에 대해 대강 설명을 하고 지난 2월 19일자에 보도되었던 기사를 확대한 것을 그분 앞에 내놓았다. 나는 천주교 복지시설 성 라자로 마을 한센병 환자를 30년 동안 도운 사람이라고 요즈음 각 신문마다 보도가 되었는데, 탈북자 학교 설립 문제로 타 종교와 맞서는 인상을 주게 되어 매우 유감스럽다고 말했다. 그리고 준비한 문건을 내놓으며 그 기사의 글이 꼭 나가게 될 경우에는 이 자료를 참조해서 객관성 있는 글을 실어달라고 했다.

　좀 망설이다가 무례하고 무식한 사람처럼 그 문제의 기사를 아예 빼달라고 말했다. 만약 그 기사가 나가는 날에는 탈북자 학교는 설립되지 못하고 표류하게 될 것이라고 했다. 나는 교육기회를 빨리 얻지 못하는 북한 이탈 청소년들이 안타깝다고도 했다. 잠자코 듣고 있던 김 편집장은 그 기사를 뺄 터이니 아무 걱정하지 말라고 했다. 그러면서 『월간조선』도 종교분쟁에 말려들고 싶지 않다고 했다. 나는 너무나도 감격해 말을 잘 이어갈 수가 없었다. 김연광 편집장은 학교가 개교될 때 격려기사를 쓰겠다며 고마워 어찌할 바 몰라하는 나에게 잘 가라며 일어섰다.

　그 당시 정세현 통일부장관은 다음과 같은 이야기를 했다. 그간 여러 교육부총리에게 탈북자 학교 설립을 부탁했는데도 성사되지 않았다고 했다. 그런데 안병영 교육부총리는 대안교육법을 제정한 장관이어서 이제야 탈북자 특성화 학교가 설립되게 되었다고 했다. 탈북자 학교를 맡아 운영하겠다는 사람은 수도 없이 많지만 믿기 어려워 선뜻 맡길 수가 없다고 했다. 원불교가 운영주체가 된다면 양심적으로 잘할 것이라는 믿음이 간다며, 매우 어렵겠지만 수도하는 셈 치고 잘 맡아 운영해달라고 당부했다. 그리고 안성에 있는 탈북자 학교 부지까지 둘러보며 통일부가 북한 이탈 청소년들의 학부모라고 했다.

새터민 학생들의 보금자리

주민 반대에 부딪치고 나서 하나원 이강락 원장을 만나 의논했다. 그분 말에 따르면 지도급 인사들은 모두 찬성하고 있다며, 주민 모두가 반대하는 것도 아니고 두세 명이 주동이 되어 일을 꾸미고 선동하는 것이니 좀더 지켜보자고 했다.

어떤 연유에서인지는 몰라도 탈북자 학교 설립 반대 추진위원장이 사표를 내고 물러섰다는 소문이 들려왔다. 그런데 또 다른 사람이 자칭 대표라 하며 혼자 반대운동을 펼치고 있다고 했다. 그 사람은 환경문제를 들고 나서서 만약 칠장리 산에 학교를 세우면 환경이 파괴된다고 주장한다고 했다. 우리는 이미 환경영향평가를 받은 바 있어서 별 문제가 없을 것이라고 생각했다. 그러나 그 위원장은 안성시청뿐 아니라 교육인적자원부, 통일부 홈페이지마다 찾아다녔고, '칠현산 지킴이'라고 자처하면서 학교 설립을 반대하고, 각종 질의서 제출을 요구하여 관계 공무원들을 괴롭힌다고 했다.

그는 만약 학교가 들어서면 희귀종 새들이 서식지를 잃고 떠나게 될 것이므로 새들을 보호해야 한다며 학교 설립 반대의 글을 정부 산하 홈페이지마다 올린다고 했다. 결국 안성시 도시과 공무원들과 칠장리 주민 측에서 추천한 2명의 조류전문가와 전인학원 측에서 추천한 교수가 모여 조류·포유류·양서류·파충류에 대해 각각 조사하기로 하고 그 결과를 보고서로 작성하여 환경부에 제출하기로 했다. 이러한 일이 진행되는데 가장 아까운 것은 시간 낭비이고, 그뿐 아니라 그에 따른 모든 경비도 전인학원 측에서 부담해야 했다.

❝ 감개무량하고 벅차서 떨리는 음성으로 개교를 선포했다.
새터민 학생들에게 '희망과 용기를 갖고 노력하면
남한 사람들과 동등하게 살 수 있으니
열심히 노력하여 실력 있는 사람이 되라'고 격려했다. ❞

민원에 발이 묶여 지루하게 견디던 우리는 4월 7일에 안성시로부터 학교시설 계획인가를 받고, 4월 16일 경기도교육청으로부터 학교시설 결정을 받았다. 그리고 7월 11일에 드디어 한겨레중고등학교 인가가 나왔다. 북한 이탈 청소년들을 교육하고 학력을 인증하는 학교가 우리나라 최초로 생겨난 것이다.

북한 이탈 청소년들에게 자신의 인생을 밝게 개척해나갈 수 있는 교육기회가 온 것이다. 이 학교 설립인가야말로 전인학원만의 기쁨이 아니라 온 겨레가 함께 다행스럽게 생각해야 할 것 같았다.

온갖 어려움 속에서도 새터민을 맡아 어떻게 교육할 것인가에 대해 꾸준히 준비했다.

2005년 5월 29일 한겨레중고등학고 설립 기념 세미나를 열어 원불교 내의 강사들이 연구발표를 했다. 성지송학중학교 곽종문 교장은「새터민 청소년을 위한 한겨레중고등학교 운영 방안」을 발표했다. 한 새터민 강사는「새터민을 어떻게 도울 것인가」라는 주제를 발표하여 유익한 내용을 들을 수 있었다. 6월 24일부터 8월 13일까지 2개월 동안 45명을 대상으로 교사 아카데미를 운영 '제도 안에서 대안찾기'를 주제로 여러 분야에 걸쳐 연구하고 발표했다.

전인학원 이사회에서는 8월 7일 한겨레중고등학교 초대 교장으로 곽종문 교장을 선임했다. 곽 교장은 설립 과정부터 관여해왔기 때문에 큰 사명감을 갖고 임했다. 원불교 내의 여섯 개 대안학교 선생님이 모여 새터민교육을 어떻게 할 것인가에 대해 지혜를 모으기도 했다. 특성화교육에 경험이 많은 화랑고등학교 윤도화 교무부장이 교감의 역할을 하도록 하고, 8월 11일에는 50명의 교사 지망자 가운데 16명을 선발하여 차근차근 교과과정을 편성하는 준비를 했다.

우리는 학교 설립을 반대하는 칠장리 마을에 한겨레중고등학교 설립 센터를 만들고 주민과 원만한 관계를 만들기 위해 노력했다. 교단의 방침에 따라 새터민교육에 대한 경험을 쌓기 위해 교사 자격이 있는 전치균·이경진·김경신 세 교무가 설립 센터에 상주하면서 하나원 교육 봉사를 했다. 그리고 새터민을 맞을 준비를 1년간 했다.

학교 설립 반대가 잠잠해진 칠장리 주민을 위해 각종 봉사활동을 펼쳤다. 동남보건대학교 교수 등 4명은 주민 164명을 대상으로 돋보기를 맞추어주는 봉사활동을 했고, 상명대학교 영상학과 양종훈 교수팀은 노인들의 영정사진을 찍어주었다. 아직 사진이 나오기도 전에 주민 한 분이 세상을 떠나서 그 사진을 영정사진으로 쓰기도 했다. 또 안산 원광한의원 채명철 한의사 등 6명이 주민 80명을 대상으로 한방 무료진료도 했다.

학교 인가를 얻기 위해 신축하다 주민 반대로 중단됐던 150평의 학교 건물은 요진건설 최준명 회장의 배려로 겨울공사를 강행하여 작은 학교가 지어졌다.

2006년 3월 1일 오후 2시, 역사적인 한겨레중고등학교가 17명(여자 10명, 남자 7명)의 학생으로 개교했다. 나는 감개무량하고 벅차서 좀 떨리는 음성으로 한겨레중고등학교 개교를 선포했다. 그리고 새터민 학생들에게 "희망과 용기를 갖고 열심히 노력하면 남한 사람들과 동등하게 살 수 있으니 열심히 노력하여 실력 있는 사람이 되라"고 격려했다. 이 학교는 남북이 하나되는 실험실이고 통일의 지름길을 만드는 곳이며 지금 이곳에서 공부하는 새터민 학생들은 장차 통일의 선봉자가 될 것이라고 예언하듯 말했다.

곽종문 교장은 27명의 임직원을 한 명 한 명 소개했다. 그 자리에는 그간 학교가 설립되도록 합력했던 송응태 율곡연수원장과 안성교당 김제윤 교도도 함께했고 학교 설립에 관심 깊었던 분들과 많은 강남교당 교도가 그간의 어려웠던 쓴맛을 보람의 단맛으로 음미하며 여러 분의 축사를 듣고 있었다. 손님 가운데 귀한 분은 학교 설립을 반대했던 칠장리 마을 이창열 이장이었다.

우리는 탈북자 2만 명 시대에 살고 있다. 지금 태국에도 수천 명의 탈북자가 한국행을 기다리고 있다는 뉴스가 나온다. 2005년 일시적으로 탈북자 숫자가 줄어드는 현상이 나타났다. 그때 학교 설립을 맡았던 당무자들은 만약 학교만 크게 지어놓고 교육 시킬 학생이 많지 않으면 어떻게 할 것인가 하고 고심했다. 그래서 당초의 학생 정원 280명을 예상하고 학교 설립을 추진해오다 7월 30일 계획안을 변경하여 140명으로 조정하고 학교 규모도 줄였다. 물론 학생 수가 늘어날 때에는 최초의 계획안을 따른다는 것을 명시해두었지만.

교육인적자원부 방침에 따르면 북한 이탈 청소년을 교육할 때는 학년 구분 없이 북한에서의 수학 연한 및 연령 등을 고려하여 과정별로 운영하고 수료 후 (가칭) 학력평가 심사위원회의 심사를 거쳐 일반 학교로 전학하도록 되어 있다. 학력인증 특성화교육 프로그램은 일반 교육과정 40퍼센트, 특성화(컴퓨터 및 외국어) 프로그램 30퍼센트, 특기개발 및 직업교육 프로그램 30퍼센트로 운영하도록 되어 있다.

입학기간이 따로 없이 수시로 학생을 받아야 했다. 뿐만 아니라 탈북과정에서 2, 3년씩 시간을 허송해버린데다가, 북한에 있을 때 식량사정 때문에 교육체계가 잘 유지될 수 없어서 학교를 충실히 다닌 학생이 거의 없었다. 심지어 한글마저 아직 깨치지 못한 학생도 있어 안타까웠다. 20여 명 정도의 학생을 함께 수업할 수 없는 정도 차이 때문에 4, 5명 단위로 나누어 수업을 하고 있다. 그러다보니 선생님들의 노고가 너무 크다. 집에도 한 달에 두 번밖에 못 가고 방학도 없이 밤낮으로 기숙사에 있는 학생들과 함께 생활하고 있다.

산속에다 학교를 설립했지만 체험학습을 통해 남한 땅 방방곡곡을 찾아다니며 유적지도 답사하고, 지리산도 오르고, 함평 나비축제에도 다녀오고, 소록도 한센병 환자들을 위해 봉사도 했다. 그리고 남대문·동대문 재래시장을 경험하는 현장학습도 했다. 1년 동안 90명의 학생이 모여들었고, 졸업생 5명 모두가 대학 진학을 했다. 10명의 학생은 적응기간을 마치고 일반 학교로 전학 갔다. 벌써 학교 설립 목적이 달성되고 있다.

학생들은 집으로 갈 수 있는 토요일과 일요일이 돌아와도 80퍼센트 이상의 학생이 학교에 그대로 남아 있다. 무연고 학생이 20퍼센트나 된다. 그들은 학교가 집이고 선생님을 부모같이 의지하며 살고 있다. 전교생 가운데 부모가 있는 학생은 18퍼센트밖에 안 되고 또 부모가 있어도 남한에 와서 이혼하고 새 가정을 이룬 경우가 많기 때문에 돌아갈 곳이 없다.

선생님은 학교생활이 벅차고 힘들지만 자신이 학생의 의지처이고 버팀목이며 또 학생의 변화하는 모습을 보며 기쁨을 느낀다고 한다. 학생은 학교생활을 통해 남한사회 적응에 자신감을 갖고 열심히 노력하고 있다. 밤 늦게까지, 그리고 새벽에 일찍 일어나서 스스로 열심히 공부하는 모습을 볼 때 선생님들이 오히려 눈시울을 적신다고 한다. 학생이 유적지를 답사하고 오면 견문이 훨씬 넓어지고 소외계층 봉사를 다녀오면 남한사회에 대한 환상을 버리고 현실감을 갖게 된다고 한다. 그리고 나름대로 자기 진로를 열어가려는 희망과 용기를 갖는다고 한다.

학생들은 한국에 오기까지 너무나 많은 시련을 겪었는데도 모두 순진하고 선량하다. 모두가 평범한 시민으로 당당하게 살아가기를 바라는 것은 설립자의 기대이고 꿈이다.

제3장
누군가를 도와야만 나는 자유롭습니다

스위스로 가는 설레임

캄보디아 평화원탁회의에 기대와 관심을 갖고 스위스를 향해 1994년 8월 17일 서울을 출발했다. 길벗인 신현대 교도가 이번에도 동행하였다.

우리가 탑승한 스위스 항공은 홍콩과 봄베이를 경유하여 다음 날 아침 6시 20분에 취리히 공항에 도착했다. 세계 MRA 본부가 있는 코(Caux)의 마운틴 하우스에 가기 위해선 몽트뢰까지 기차를 타야 했다. 공항 밖으로 나와 기차를 타는 동안 접하는 모든 것은 이국적인 정취로 다가왔다. 때마침 부슬부슬 비가 내리고 하늘은 낮게 가라앉아 있었는데 이른 아침에 스위스 사람들이 활동하는 모습은 마치 무성영화를 보는 것 같았다. 말없이 움직이는 그들의 동작에서는 기하학적 분위기 같은 것이 느껴졌다. 우리네 사람들이 모인 곳에는 어디나 시끌벅적하여 생기가 넘치는 데 비해 침묵 속에 자신과 관계없는 일에는 시선도 주지 않는 그들의 모습이 그런 느낌으로 전해왔다.

우리가 탄 기차는 울창한 숲 아래로 흐르는 강물을 따라 달렸다.

집집마다 발코니에 피어 있는 빨강과 분홍빛의 제라늄, 그 예쁜 꽃을 차창 밖으로 보고 있노라면 스위스 사람들의 아름답고 여유 있는 심성을 보고 있는 것만 같았다. 산정에는 운해가 오락가락하는데 산기슭마다 마을이 평화롭게 내려앉아 있어 마치 산이 사람들의 삶터를 품에 안고 있는 듯이 보였다.

스위스 사람들의 집 한 모퉁이에는 짧게 토막내어 쪼갠 장작더미가 가지런히 쌓여 있었다. 그 장작더미를 보고 있으니 춥고 눈이 쌓인 긴 겨울이 연상되었다. 벽난로 안에서 자신의 몸을 태우는 장작개비가 하얀 연기를 굴뚝 밖으로 토해내고, 찬 바람이 그 연기를 하늘 멀리 데리고 가는 스위스의 겨울 풍경이 눈앞에 그림처럼 펼쳐졌다.

그러나 상상의 나래를 접고 다시 바라본 스위스의 초원에는 평화롭게 풀을 뜯는 젖소들의 풍경이 펼쳐지고 구름 사이로 내비치는 햇살이 유난히 찬란하게 빛나고 있었다. 비탈에도 계단식 밭을 일궈 포도를 재배하고 있는 로잔에 이르니 망망대해 같은 레만 호가 검푸른 얼굴로 우리를 반겼다. 호수가 눈앞에 펼쳐진 그곳이 바로 MRA 마운틴 하우스의 아랫마을이다.

기차에서 내리자 마중 나와 있던 영국의 데이비드 영 씨가 우리를 반겼다. 데이비드 영 씨는 나에게 캄보디아 지뢰 제거를 제안했고 그 지뢰 제거의 문제는 내 인생의 큰 숙제였다. 데이비드 영 씨는 손수 운전하여 1,000미터 고지를 굽이굽이 돌아 마운틴 하우스까지 오르는 동안, 캄보디아의 영향력 있는 정파 대표들이 와 있다고 말했다. 앞으로 캄보디아의 정신적 지주이자 노벨평화상 수상 후보자인 마하 고사난다 스님과 외무 장관인 시리부드 왕자가 평화원탁회의에 참가할 예정이라고 했다. 코의 마운틴 하우스가 가까워지자 잔잔한 설렘이 가슴에 파도쳤다. 마운틴 하우스는 나의 영감의 원천이다.

우리가 도착했을 때 실비아 여사가 언제나처럼 단정하고도 우아한 모습으로, 그리고 그분 특유의 사려 깊은 잔잔한 미소로 우리를 반겼다. 실비아 여사를 만나면 그리운 사람 곁으로 돌아온 안도와 기쁨이 샘솟는다. 우리는 레만 호가 내려다보이는 방으로 안내되었다. 우리가 머물도록 준비된 방 안에는 형언할 수 없는 독특한 분위기가 고여 있었다. 그것은 실비아 여사의 섬세한 정성이 여기저기서 숨 쉬고 있기 때문임을 나는 안다. 하얀 베고니아 꽃이 우리를 조용히 반겼다.

실비아 여사의 환영 카드 아래에는 스위스 초콜릿과 한국에 소식을 전할 때 쓰도록 미리 준비한 꽃 카드가 낮은 옷장 위에 가지런히 놓여 있었다. 탁자에는 사과 주스 병과 컵, 그리고 배와 복숭아, 사과와 포도가 예쁜 접시에 담겨 있었다. 과일을 깎을 과도도 준비되어 있었다. 욕실 문을 열어보니 분통같이 뽀얀 느낌을 주는 색색의 크고 작은 세 개의 수건이 걸려 있어 더욱 정결해 보였다.

방 안에는 50년 가까운 MRA 역사를 지켜본 옛 가구들이 잘 배치되어 있었고, 쑥색 바탕에 분홍색 큰 목단 꽃무늬 오리털 이불이 푹신해 보이는데 옥양목 침대 커버가 유난히 깨끗해 보였다. 실비아 여사의 온갖 배려를 마치 작품을 감상하듯 하나하나 살펴보니 그분의 따뜻한 마음이 온몸으로 전해왔다.

발코니의 문을 활짝 열고 앞을 내다보니 하얀 눈을 머리에 이고 있는 알프스의 연봉들이 멀리 정겹고, 1,000미터 아래 레만 호가 넓은 품으로 반겼다. 실비아 여사를 통해서, 그리고 마운틴 하우스에서만 느낄 수 있는 행복을 8년 만에 다시 느껴보았다.

실비아 여사와는 1987년 인도의 판츠가니와, 이곳 마운틴 하우스에서 처음 만났다. 그리고 그분이 한국을 내방했을 때 강남교당에서 체류한 것이 인연이 되어 더욱 가까워졌다.

실비아 여사를 만나면 그분 곁으로 '돌아온 느낌'을 갖는다. 그분은 지난 8년간 편지를 보낼 때마다 한결같이 예쁜 카드에 쓰거나, 긴 사연의 편지를 쓸 때도 아름다운 카드를 반드시 함께 보내곤 했다. 그분에게서 받은 카드와 편지만으로 앨범을 꾸며도 각종 스위스의 예쁜 산꽃과 아름다운 풍경 앨범이 될 것이다. 그분의 정성 가득한 편지를 받는 기쁨만으로도 나의 정서는 항상 촉촉한 윤기를 유지할 수 있으니 얼마나 고마운 인연인가.

그분의 편지에는 항상 새로운 세계의 소식이 담겨 있고 우리나라의 뉴스에 대한 변함없는 깊은 관심도 엿볼 수 있다. 실비아 여사는 나로 하여금 세계 여러 나라에 관심을 갖도록 일깨워준 분이다.

그분이 한때 한국까지 방문할 계획을 갖고 일본에 왔다 병이 났을 때, 나는 도쿄를 부산보다 더 가깝게 느끼며 그분을 문병했다. 그때 참으로 마음만 있으면 천리도 지척이란 말을 실감했다.

캄보디아 평화원탁회의

평화원탁회의에 참가할 캄보디아의 불교계 큰 지도자 마하 고사난다 스님이 오시던 날, 마운틴 하우스는 큰 손님을 맞는 분위기였다.

점심시간, 넓은 홀의 식당에는 일반 대중과 함께 특별석을 마련해 캄보디아에서 온 대표자와 MRA 세계 대표들이 자리를 함께했고 나도 그 자리에 동석했다. 평화원탁회의 참석자들은 훈센팩, 뉴틀파티, KNP, 불교자유민주당(BLDP) 등 4대 정파에서 참석했다고 하나, 누가 어느 파에 속하는 사람인지는 알 수 없었다.

가장 영향력 있는 대표 인물로는 외무장관이자 캄보디아의 왕자인 시리부드 씨인 듯 그의 강연은 많은 사람이 큰 관심을 갖고 들었고 예우 또한 각별했다.

평화원탁회의의 진행은 캄보디아 사정에 밝은 프랑스의 앨런 테이트 씨에 의해 이루어졌다. 스위스 MRA 대표 마르셀 그랜디 씨를 중심으로 영국·러시아·수단·소말리아 등 여러 나라 MRA 지도자와, 캄보디아 각 정파 대표들이 자리를 함께하여 평화원탁회의가 열렸다. 회의 분위기가 너무 부드럽고 평화로워 도대체 무엇이 캄보디아의 평화를 가로막고 있는 문제인지 나 같은 문외한은 짐작조차 할 수가 없었다.

어쩌면 공식적인 자리보다 회의장 밖, 아니 마운틴 하우스에 고여 있는 평화적인 공기 속에서 모든 문제가 절로 해결되고 있을 것이란 믿음이 갔다. 그뿐 아니라 대립되는 여러 정파가 모였다고 하지만 불교 국가인 캄보디아에서 종정의 지도력을 갖고 있는 마하 고사난다 스님에게 바치는 공손한 태도에서는 한 아버지를 섬기는 여러 아들의 모습을 엿보는 것 같았다.

우리가 보낸 지뢰 제거 성금 3만 달러를 캄보디아 평화원탁회의 비용으로 전용하고 싶다는 스위스 MRA 본부 측의 양해를 구하는 편지를 받고 보다 좋은 의미에 쓰인다면 흔쾌히 동의한다고 뜻을 밝혔다. 그 3만 달러로 캄보디아 여러 정파 대표 참석자의 항공료와 체류비가 지불된다고 했다. 그리고 세계 각국으로 망명 길을 떠나 흩어져 살고 있던 30명 가까운 많은 캄보디아 사람도 평화원탁회의가 열리는 동안 그곳에 와 함께 지내고 있었다. 그들조차도 4대 정파 어딘가에 속해 서로 입장을 달리하고 있을 테지만 나에게는 모두가 캄보디아 사람들일 뿐이었다. 항공료는 각자 준비했어도 그들의 체류비 역시 우리가 보낸 성금에서 쓰인다고 했다.

그러한 사실을 잘 알고 있는 그들 모두는 매우 우호적이었다. 캄보디아가 90여 년 동안 프랑스의 지배를 받아온 탓도 있고, 또 대부분의 망명자가 프랑스에 살고 있어서, 영어로 의사소통할 수 있는 사람은 많지 않았다. 말이 통하지 않기에 그들은 눈으로 말하고 있었

“ 여러 나라 MRA 지도자와 캄보디아 정파 대표들이
함께하여 평화원탁회의가 열렸다.
많은 이에게 캄보디아의 문제를 물었으나
문제에 대한 견해는 서로 달랐다. ”

고 그들의 순박한 눈빛이 나의 가슴에 와 박히는 듯했다. 특히 젊은 청년들은 조금 수줍은 듯한 표정으로 나와 가까이하고 싶어했다.

평화원탁회의 참석 대표자들보다 나라 밖에서 떠돌이 생활을 하고 있는 그 평범한 캄보디아 사람들의 선량한 미소와 고마워하는 눈빛에 나는 이미 그들의 포로가 되어 있었다. 그들과의 만남을 제안하여 15명 정도와 대화의 시간을 가졌다. 영어를 잘하는 한 사람이 나의 질문을 그들에게 통역하고 또 그들의 답변을 전해주었으며, 대화의 내용은 내가 궁금하게 여기는 '캄보디아의 문제'를 찾는 것이었다.

현재 캄보디아의 가장 심각한 문제가 무엇이냐고 물었더니, 대부분은 부모를 잃고 거리를 방황하는 고아들이 문제라고 했다. 그들은 1개월에 미화 3달러만 있어도 굶주리지 않을 수 있다고 했다. 우리나라 돈으로 2,400원만 있어도 고아 1명이 한 달을 살 수 있다는 말이 믿기지 않았지만, 나라 밖에 도움을 청할 때 공식적으로 그렇게 말하고 있다고 했다.

내가 관심을 갖고 있는 지뢰 문제에 대해서는 그들 모두가 해결하기 매우 어려운 문제라고만 대답했다. 외모로 보아 좀 고생한 것 같은 그들에게 언제쯤 조국 캄보디아로 돌아갈 예정이냐고 물었을 때, 한결같은 답변은 "하루빨리 돌아가고 싶지만 그때가 언제쯤일지는 아직 예상할 수 없다"였다. 고국이 그리우면서도 선뜻 돌아갈 수 없는 그들의 처지가 더욱 딱하게만 여겨졌다.

캄보디아 사정에 밝은 일본의 소마 유키카 여사에게 '캄보디아의 문제'가 무엇이냐고 물었을 때, 그분은 국민들의 무지몽매함이라며, 문맹률이 높은 그들을 교육시켜 조국의 현실을 깨우쳐야만 캄보디아의 장래가 밝아질 수 있다고 했다. 그러나 현재 캄보디아는 국민교육을 담당할 교사가 많지 않다고 했다. 많은 지식인이 크메르 루즈에 의해 희생되었기 때문이라고 덧붙였다. 현재 이 회의에 참석하고 있는 전 부수상의 미망인 르네 판 여사가 단기교육을 통한 교사 양성을 하고 있다며 그를 돕는 것이 캄보디아의 교육을 돕는 일이라고 했다.

마하 고사난다 스님에게 '캄보디아의 문제'를 여쭤보고 싶었다. 그래서 르네 판 여사에게 청하여 스님을 만나뵙게 되었다. 르네 판 여사는 캄보디아 말로 나를 소개했고 소개가 끝나자 자비가 넘쳐흐르고 천진스럽기 한량 없어 보이는 마하 고사난다 스님은 "관세음보살"하며 합장했다. 깜짝 놀라 스님을 바라보자, 한국을 여러 차례 방문했다며 1990년 원불교 교조 소태산 대종사 탄신 100주년 때 원불교 총부를 방문한 적이 있다고 했다.

그분에 대한 각별한 친밀감을 느끼면서 캄보디아의 가장 큰 문제가 무엇이냐고 여쭈었다. 그분은 서슴지 않고 "지뢰"라고 대답했다. 캄보디아 사람들은 지뢰 때문에 나날이 팔다리를 잃는 사람이 늘어나고 있다는 딱한 사정도 말씀하셨다.

또 다른 문제는 불교국가이지만 불경의 뜻을 알고 신자들에게 불법을 가르칠 만한 승려가 없는 것이라고 했다. 크메르 루즈에 의해 많은 승려가 학살당했기 때문에 지금 승려복을 입고 있는 어린 승려들은 입으로 불경을 외울 뿐 불경의 참뜻을 모르고 있다며, 승려교육도 시급한 일인데 경제적 힘이 없다는 것이었다.

많은 사람에게 '캄보디아의 문제'를 알아보았지만 문제에 대한 견해는 서로 달랐다. 대회 기간 동안 기록 사진을 촬영하고 있는 영국의 데이비드 체너 씨는 캄보디아에 대한 또 다른 문제를 제기했다. 크메르 루즈에 의해 무고한 지식인·승려·양민이 대량으로 학살당했기 때문에 남편과 자식, 그리고 가족을 잃은 많은 사람은 지금 분노와 저주로 들끓고 있다고 했다. 캄보디아의 진정한 평화를 위해서는 국민 정서순화가 선결 문제라고 했다. 그래서 그 문제를 돕기 위해 「압사라의 미소」라는 비디오 필름을 제작 중이라고 했다. 이 필름이 완성되면 캄보디아의 3,000여 개 되는 사원에 제공하여 모든 국민이 분노와 한을 삭일 수 있도록 도와주고 싶다고 했다. 앙코르와트를 배경으로 캄보디아의 찬란한 불교문화에 대한 자긍심을 갖게 하고 희망찬 미래를 생각할 수 있게 하기 위해 노력 중이라고 했다.

캄보디아에 대하여 아무 지식이 없던 나는 마운틴 하우스에서 캄보디아 사람과 캄보디아를 알고 있는 세계 여러 나라 사람으로부터 많은 것을 배웠다. 실비아 여사는 나의 탐구를 묵묵히 지켜보면서 또 다른 세계 여러 나라 사람과 식사 시간을 약속하여 만나게 해주고, 아프리카의 흑백 문제나 레바논 사람들이 겪고 있는 고통 등을 이해할 수 있도록 해주었다. 세계 MRA의 뜻있는 여러 분이 관심을 가져주는 만큼 세계를 향해 눈을 떴고 새로운 사명감으로 고양되고 있었다.

국교도 단절된 캄보디아를 돕다

낯선 캄보디아 사람으로부터 걸려온 전화

1994년 11월 30일 밤 낯선 한 외국 남성으로부터 전화가 걸려왔다. 아·태평화재단의 초청을 받고 아시아 태평양 민주 지도자 회의에 참석한 캄보디아 사람이며 이름은 손 수베르라고 했다. 신분은 밝히지 않고 이름만 밝힌 그는 자신의 나라 캄보디아에 대해 지속적인 관심을 갖고 도와주어 고맙다고 했다. 나의 이름과 전화번호는 MRA 지도자 프랑스의 앨런 테이트 씨로부터 전해 들었다고 했다. 그가 어떠한 사람인지는 알 수 없어도 캄보디아 사람으로부터 직접 전화를 받은 것은 처음 있는 일이어서 매우 반가웠다.

지난 8월 스위스 코의 마운틴 하우스에서 열린 캄보디아 평화원탁회 참석을 계기로 캄보디아의 여러 정황에 밝아진 편이고, 또 몇 가지 과제물도 스스로 정했다. 지뢰 제거 운동, 교육자 양성 후원, 승려 교육을 위한 장학금 후원, 고아에 대한 관심과 국민정서 순화의 문제가 바로 그것이었다. 그러한 과제들을 기회가 닿는 대로 내 몫만큼 일하려고 결심하고 있었다.

몸은 한국에 있어도 생각과 마음은 미지의 나라 캄보디아를 넘나들던 바로 그 무렵이라 그에게 나의 가장 큰 관심사가 된 지뢰 제거 문제에 대해 물어보았다. 전화기를 통해 전해온 그의 대답은, 그 문제는 앞으로 100년 이상 걸려야 해결될 문제라며 지금 당장은 '거리의 아이들'이 가장 시급한 문제라고 했다. 보살펴줄 부모를 잃은 고아들이 거리에 넘치고, 비바람을 피할 집도 없다고 했다.

우연히 걸려온 캄보디아의 낯선 남성과 긴 통화를 하고 난 나는 앨런 테이트 씨도 캄보디아를 잘 아는 분이지만 일본의 MRA 지도자 소마 여사나 후치다 씨도 캄보디아 사정에 밝은 분들인데 혹시 아느냐고 물어보았다. 그는 잘 아는 친구라고 했다. 언제쯤 한국을 떠날 예정이냐고 물어보았더니 모레 떠날 예정이라고 했다. 나는 내일 당장 만나자고 제안하며 시간과 약속 장소를 정하고 전화를 끊었다.

늦은 밤이었지만 소마 여사에게 전화를 걸었다. 지금 한국에 손 수베르 씨란 사람이 와 있는데 당신과도 잘 아는 사이라고 하여 그 사람에 관해 알고 싶어 전화했다고 했다. 그랬더니 소마 여사는, "아! 손 수베르 씨, 그는 캄보디아의 전 수상 손 산 씨의 아들이며 현재 캄보디아의 국회 부의장입니다"라고 말했다. 그러고는 이렇게 말했다.

"그는 도덕성이 매우 강한 친구이니 그와 함께 캄보디아 일을 하면 좋을 것입니다."

지금까지 캄보디아를 직접 도울 길이 없어 스위스를 통했는데 이렇게 캄보디아 사람이 직접 나타난 것은 매우 고무적인 사건이 아닐 수 없었다. 나는 그 밤잠을 이룰 수가 없었다.

'어떻게 하면 미국 달러를 구할 수 있을까? 내일 하루밖에 여유가 없는데…….'

나는 마치 북한에 두고 온 가족을 도울 수 있는 길이 열렸는데 꼭 하루밖에 여유가 없는 실향민과 같은 심정이었다.

불현듯 한 생각이 떠올라 서랍을 열어보았다. 거기에는 미화 5,000달러가 있었다. 지난 9월 북인도 히말라야 라다크에 갈 때 그곳 게스트룸 건립 성금으로 가져가려던 것을 윤순명 교무가 깜빡 잊고 놓고 갔던 달러다. 그 당시는 한 사람이 5,000달러 이상을 소지할 수 없어 나누어 갖고 가려던 것이었다. 돈을 놓고 간 것은 큰 낭패였지만 지금은 하늘에서 떨어진 것 같고 땅에서 솟아난 것처럼 소중했다.

남편이 자주 해외 출장을 다니는 교도 댁에 알아보면 달러가 좀 있지 않을까? 누구누구의 집에 전화를 걸어볼 것인가? 명단을 적어보면서 날이 밝기를 기다렸다. 다음 날은 강남교당 주부 중심의 화요법회 날이기 때문이었다.

캄보디아를 돕기 위한 성금을 직접 전달할 수 있는 기회가 마련되고 만 하루만에 그 일을 해내려니 마치 큰 거사라도 앞둔 사람처럼 긴장되었다. 날이 밝는 대로 5,000달러를 채워서 1만 달러(800만 원)를 만들어야겠다고 금액부터 정해놓고, 어떻게 그렇게 많은 달러를 구할 수 있을 것인가에 대한 궁리 때문에 도무지 잠을 이룰 수가 없었다. 결심과 궁리로 지새운 한 밤이 밝았다.

속마음이야 급하기 짝이 없었지만 그렇다고 너무 이른 시간에 걸

수가 없어 참고 참았다가 6시 30분부터 전화를 걸기 시작했다. 그러나 그 시간도 너무 빨랐던지 전화를 받는 교도님의 음성이 잠결인 것 같았다. 잠을 깨운 것도 미안하고, 느닷없이 새벽부터 캄보디아 문제를 들먹이면서 달러를 빌려달라는 것도 이해받기 어려운 일일 것 같아서 나는 말을 더듬고 있었다.

"달러요? 한 50불이나 100불쯤 있으려나요……."

불확실한, 그리고 기대에 못 미치는 대답을 들으면서 맥이 탁 풀리고 전신에 힘이 쑥 빠져나가는 듯했다. 그래도 그중 한 교도님이 부군과 의논을 해보겠다고 했다. 말만 들어도 위로가 되고 고마웠다. 잠시 후에 남편 출근길에 따라나가 회사에 있는 대로 가져오겠다고 하더니 1,000달러를 구해왔다.

1,000달러도 많은 돈이어서 고마웠지만 나머지 4,000달러는 어떻게 채울 수 있을까? 나는 묘수를 찾은 듯 평소 알고 있는 외환은행 지점장 교도에게 전화를 걸었다. 그분은 그렇게 많은 달러를 구하려면 남대문 암시장 달러 상인들한테서 구할 수밖에 없다고 했다. 아무리 급히 필요해도 나 같은 사람이 암시장 달러상을 찾아갈 수는 없는 노릇이었다. 전화하는 내 음성이 너무 힘이 없었던지 그분이 방콕에서는 원화도 통용된다는 정보를 일러주었다. 태국 방콕에서 우리나라 돈이 통용되는 것만도 큰 다행이라 여기고 부족한 금액은 원화로 채우기로 했다.

중요한 법회 전날 밤을 하얗게 지새웠지만 막상 법회 시간이 임박해오자 설교를 해야 하는 교무의 자세로 휙 되돌아왔다. 잠이 부족한 사람같이 보이지 않으려고 내 몸에 생기를 불어넣었다. 이 모든 것은 긴장의 위력을 빌릴 때 생기는 힘이다. 법회를 무사히 마쳤다. 어느 누구도 내가 간밤에 뜬눈으로 지새운 것을 눈치채지 못하는 것 같았다. 원화로 1만 달러를 채우는 일은 법회를 보는 동안 윤순명 교무가 수행하기로 했다.

법회를 마친 나는 오후 1시 반 약속 장소인 조선호텔 커피숍으로 갔다. 손 수베르 씨는 통역을 맡고 있는 한 아가씨와 함께 나왔다. 잠시 인사를 나눈 뒤 그분의 방으로 자리를 옮겼다.

나는 어젯밤에 전화 통화를 했던 캄보디아 사람을 유심히 관찰하고 있었다. 손 수베르 씨의 인상은 매우 조용하고 온화했다. 우리는 프랑스의 앨런 테이트 씨와 일본의 소마 여사와 후치다 씨, 그리고 지난 8월 스위스에서 만났던 캄보디아의 마하 고사난다 스님과 전 부수상의 미망인 르네 판 여사에 대해 이야기를 나누었다. 짧은 대화를 나눈 다음 준비해간 1만 달러를 내놓으면서 거리의 아이들, 고아를 위해 써달라고 했다. 그리고 일부는 원화이지만 방콕에서 교환할 수 있을 거라고 말했다.

전혀 뜻밖의 1만 달러를 전해 받은 손 수베르 씨는 매우 고마워하면서도 많이 놀라는 것 같지는 않았다. 그는 이 성금을 정의와 평화 발전을 위해 크메르 재단에 기탁하겠다고 했다. 나는 크메르 재단에서 발행되는 영수증을 보내달라고 부탁했다. 그는 오래 전부터 나에 관한 이야기를 들었다며 괜찮다면 오늘밤 캄보디아에서 같이 온 몇 사람과 함께 강남교당을 방문하고 싶다고 했다.

12월 1일, 그날 밤은 수도회 남성 교도들의 기도 날이었다. 기도의 날임을 밝히자 그는 오히려 참석하기를 희망했다. 나는 두 번 다시 캄보디아에 성금을 전할 다른 기회를 얻을 수 없을 것만 같은 생각이 들었다. 그래서 만약 원화를 더 준비해주면 단기 교육자 양성 코스를 운영하는 르네 판 여사에게 전할 수 있느냐고 물었다 그는 그렇게 할 수 있다고 했다.

　스위스를 통해 송금하는 것도 금액의 제한을 받아 어려운 일인데 이렇게 직접 그것도 원화로 전할 수 있는 길이 있으니 얼마나 다행인가. 이 기회를 놓치지 말고 캄보디아 과제를 좀더 덜어내기로 마음먹었다. 그래야만 복잡한 상념의 세계가 단순해질 수 있고, 단순해져야만 일상의 걱정의 무게를 견뎌내기가 쉬워진다고 믿었기 때문이다.

　어떻게든 이 기회에 좀더 돈을 보내야 하는데 시간은 세 시간밖에 남아 있지 않았다. 나의 생각은 번개같이 움직이고 몸도 나는 듯했다. 전혀 터무니없는 나의 청을 임시변통 형식으로 받아들여주는 고마운 인연들이 있어 내 인생의 어려움을 헤쳐나갈 수 있다.

　결국 다시 2만 달러인 1,600만 원의 현금을 구해 상자 속에 가지런히 넣어 포장했다. 거리의 아이들, 고아를 돕는 문제는 이번 기회로 끝내려고 몇 시간 전에 전했던 1만 달러와 새로 준비한 1만 달러를 합한 2만 달러는 고아를 돕는 성금으로, 남은 1만 달러는 캄보디아 2세 국민교육을 담당할 단기 교육자 양성 기금으로 보내기로 마음먹었다. 이 돈을 가져갈 손 수베르 씨가 강남교당을 꼭 방문할 것

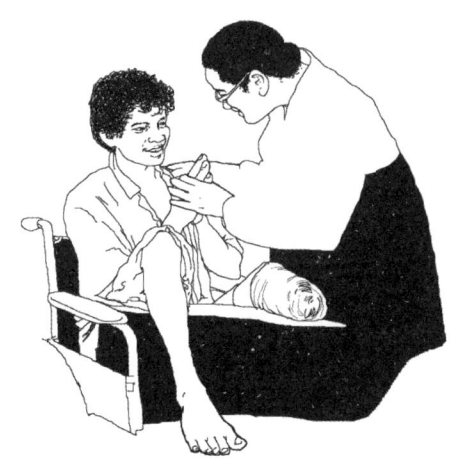

" 캄보디아 공포의 땅에서 한 개의 지뢰라도
제거하겠다는 것이 나의 간절한 염원이 되었고
힘이 미치는 한 지뢰를 캐내는 것은
내 스스로 정한 의무였다. "

인가가 불확실했지만 확인 전화를 해볼 길도 없어 기다려보는 수밖에 없었다.

밤이 되고 기도 시간이 되어 기도를 시작해도 일행은 오지 않았다. 기도가 거의 끝나갈 무렵에야 손 수베르 씨 일행이 들어섰다. 나는 낮에 만났던 통역 아가씨가 불어 통역가임을 알았다. 손 수베르 씨는 영어보다 불어를 더 잘하는 것으로 짐작되었다. 캄보디아 손님 4명을 단상으로 초대하고 1,600만 원이 담긴 좀 무게가 있는 현금 상자를 선물처럼 전달했다. 그리고 교도 중에 프랑스에서 유학했던 두 교도가 차례로 나와 간단한 환영사를 하게 했다. 영어와 한국어로도 각기 다른 교도가 환영사를 했다.

기도의 순서를 마친 다음, 손님을 3층 교화의 방으로 안내하여 차를 대접하면서 2만 달러는 고아를 돕는 데 쓰고 나머지 1만 달러는 국민교육을 맡을 단기 교육자 양성 기금으로 써달라고 말했다. 내가 관심을 갖고 있는 지뢰 제거 문제 때문에 언젠가는 캄보디아를 방문하고 싶다는 뜻을 밝히고 초청장을 보내달라고 했다. 우리의 환대에 고마워하며 캄보디아 손님들이 떠났다.

어젯밤 뜻밖에 낯선 캄보디아 사람으로부터 받은 한 통의 전화 때문에 길고도 긴 하루였지만 캄보디아에 대한 과제물을 덜어낼 수 있어 한결 홀가분해진 느낌이 들었다.

킬링필드의 땅 캄보디아를 가다

캄보디아 국회 부의장 손 수베르 씨로부터 1995년 1~3월 즈음에 캄보디아를 방문해달라는 초청장이 왔다. 적절한 기회를 봐서 방문하려던 계획에 따라 출국 수속을 밟았다. 그러나 캄보디아는 우리나라와 국교가 단절된 적성국가여서 그 나라를 여행하려면 해당 부처의 허가를 받아야한다는 사실을 알게 되었다.

캄보디아 방문 허가를 문체부로부터 받으려 하자 종교인이 종교적인 목적 없이 정치인의 초청을 받아 방문하는 것은 적절하지 않아 허가하기가 어렵다고 했다. 우여곡절 끝에 종교적 목적이 포함된 새로운 초청장을 받았다. 지구촌에 두세 나라밖에 남지 않은 적성국가 가운데 하나인 캄보디아를 가기 위한 복잡한 수속을 모두 마쳤다. 그러나 그것은 다만 출국하기 위한 수속일 뿐이었고 입국 비자는 캄보디아 공항에서 발급받기로 했다.

1995년 3월 15일 12시 TG696편으로 김포공항을 이륙, 캄보디아를 향해 떠났다. 캄보디아 사람과는 아무 인연도 없이, 다만 오랜 내전으로 곤경에 처해 있다는 그 이유 하나만으로 떠난 것이었다. 스위스 MRA를 통해 지난 6년간 난민을 돕다가, 이제 그 나라의 국회 부의장 손 수베르 씨의 초청으로 캄보디아를 방문하게 되니 형언할 수 없는 감회가 밀려왔다.

마치 오래도록 그리던 고국 땅을 찾아가는 사람처럼 이런저런 상념에 젖어 있는데 비행기가 캄보디아의 수도 프놈펜에 도착했다. 밖으로 나와보니 비행기 트랩 아래에 손 수베르 씨와 르네 판 여사가 기다리고 있었다. 두 사람 다 한 번씩 만났던 사람들인데 그렇게 반가울 수가 없었다. 귀빈실로 안내되어 잠시 환담을 나누는 동안 신속하게 비자가 발급되어 공항 밖으로 나왔다.

호텔을 향해 가는 동안 하늘도 올려다보고 땅도 내려다보았다. 그리고 거리의 행인들도 유심히 살펴보았다. 크메르 루즈에 의해 지식인과 승려, 무고한 양민이 200만 명이나 학살당한 킬링필드의 땅. 전체 국민을 대상으로 10명 가운데 한두 사람은 죽음으로 내몰렸다던 바로 그 현장. 대량학살로 남편이나 자식, 그리고 형제자매를 잃은 한 많고 슬픈 사람들이 사는 땅. 부모를 잃은 어린 고아들이 거리를 방황한다는 캄보디아.

온갖 불행과 고통만이 연상되는 나의 상념 속의 캄보디아는 하늘과 땅도 구겨져 있고 태양도 빛을 잃고 있을 것이라고 생각했는지도 모른다. 그래서 드높은 파란 하늘이 의아스럽고, 평평한 도로 위로 차가 달리는 것도 이상하게 느껴졌다. 이름 모를 남국의 식물들은 푸름으로 우거지고 유도화와 보랏빛 꽃들도 강렬한 햇살을 받고 화사하게 피어 있어 평화롭기만 했다.

거리의 아이들의 집 낙성식

한국을 방문한 손 수베르 씨를 처음 만났을 때 전달한 3만 달러 가운데 1만 달러는 단기교사 양성기금으로 르네 판 여사에게 전달되었을 테고, 2만 달러는 캄보디아 고아들을 돕기 위한 소박한 정성이었다. 그러나 손 수베르 씨는 뜻밖에도 그 기금으로 고아원과 규모가 작은 기술학교를 마련했다며 내가 방문하면 낙성식을 하겠다는 서한을 보내왔다. 그리고 그 같은 시설을 마련하는 데는 1만 달러 정도가 부족하다는 내용도 씌어 있었다.

우리는 도착한 다음 날, 고아원 준공식에 참석하기 위해 준비된 차량에 나누어 탔다. 그 고아원은 프놈펜으로부터 약 30킬로미터 떨어진 펠스레암필이란 곳에 세워졌다고 했다. 포장도로와 비포장도로를 달려 목적지에 도착했다. 주변이 황량하기 이를 데 없는 곳에 커다란 목조 건물이 세워진 행사장에 도착했다. 미완성처럼 보이는 1층 건물은 고아들의 주거공간이라고 했다. 건물 중앙에는 '서울 원불교 강남교당 후원으로 세워진 고아원'이라고 써 붙어 있었다.

햇볕을 가리기 위해 행사장에 쳐놓은 텐트가 세찬 바람에 뒤집힐 것만 같았다. 그곳에는 손 수베르 씨 부모님과 몇 명의 스님, 그리고 손 수베르 씨에게 관심 있는 외국 사람들과 캄보디아 사람들이 모인 듯이 보였고, 『프놈펜 포스트지』 등 언론사에서도 나와 있었다. 그 자리에는 풀 죽은 모습의 어린 고아 20여 명이 아무 호기심 없는 표정으로 쭈그리고 앉아 있었다.

손 수베르 씨가 먼저 경과보고 비슷한 말을 하는 것 같았고, 다음은 내가 인사할 차례였다. 나는 작은 성금 2만 달러가 기초가 되어 부모 잃은 거리의 아이들에게 보금자리가 마련되어 기쁘다는 말과, 앞으로 이 집에서 자라나는 어린이들의 장래가 밝기를 염원한다는 요지의 말을 했다. 나의 말은 손 수베르 씨가 캄보디아 말로 통역했다. 마지막으로 손 수베르 씨의 아버지 손 산 전 수상이 캄보디아 말로 격려사에 해당하는 말을 하는 것 같았다. 연설하는 그분의 모습에서 경륜 있는 노 정치가의 풍모를 엿볼 수 있었다.

때마침 건기여서, 작열하는 태양 아래 대지는 바짝 마르고 우기 때 이리저리 파놓은 굵은 흙덩이들이 돌보다 더 단단했다. 풀들은 마르다 못해 늦가을 들판처럼 누런 모습이었다.

행사를 마친 우리는 고아원 주변에 있는 난민촌을 방문했다. 태국 국경지대에서 지내던 난민들이 돌아와 이제 막 정착촌을 이루려는 사람들이라고 했다. 그들은 손 수베르 씨에게 무엇인가 어려움을 호소하는 듯이 보였다. 아직 생계에 대한 뚜렷한 대책이 없어 막막한 상태임을 호소하고 있다고 했다. 그들의 표정에서는 아무 희망도 엿보이지 않았다. 딱한 사정이 안됐고 난민들을 직접 만난 기회가 뜻 깊다고 생각되어 그들에게 도움이 되길 바라는 마음으로 여행자수표를 봉투에 담아 전달하고 그곳을 떠나왔다.

손가락을 걸고 한 약속

프놈펜에서 공식 일정을 마친 우리는 세계 7대 불가사의로 손꼽히는 앙코르와트에 가기로 했고 손 수베르 씨는 그곳에 볼일도 있다며 안내를 맡기로 했다. 어떻든 이 나라 국회 부의장의 안내를 받게 되어 고맙기도 하고 부담스럽기도 했다. 떠나기에 앞서 손 수베르 씨의 안내로 캄보디아 국회의사당을 구경하고 그분의 집무실에 잠시 머물렀다. 그리고 나서 항공편으로 시엠레아프를 향해 출발했다.

시엠레아프에 도착한 우리는 바이욘 호텔에 여장을 풀고 점심식사를 했다. 이곳까지 오는 그의 항공료도 우리가 지불했지만 손 수베르 씨는 점심 값도 우리가 계산하도록 자연스럽게 받아주었다. 굳이 대접하려면 못할 형편도 아니겠지만 우리가 모든 경비를 쓰도록 하는 그의 아량에서 오히려 청렴한 정치인이라는 믿음이 갔다.

시엠레아프는 작은 도시로 매우 조용하지만 여기저기 우거져 있는 아름드리 나무가 오랜 역사를 말해주고 있었다. 창문 밖을 내다보니 흙탕물의 개울에서 어린이들이 멱을 감으며 마냥 즐거워하고 있었다.

캄보디아의 적십자사 부총재이기도 한 손 수베르 씨는 시엠레아프 지부에 들러 직원들로부터 무엇인가를 보고받은 후 우리 일행과 2명의 직원과 함께 지프에 올라 어디론가 향해 달렸다. 총기를 소지한 대여섯 명의 군인이 탄 군용 트럭이 앞서 달렸다. 인적이 드문 시골 길에는 도로가 따로 없어도 평지이면 아무 곳이나 마구 달렸다. 줄곧 뽀얀 먼지를 피우며 달리는 군용 트럭을 따라 우리 차도 달렸다. 어디쯤에선가는 차를 세우고 초소에 들러 우리의 행선지에 대한 안전 여부를 확인하고 다시 달렸다.

사람을 만날 수 없는 정글 지대를 통과할 때는 어디선가 총성이 들려올 것만 같아 몸이 작게 움츠러들고 절로 숨죽이게 되었다. 검게 그을린 얼굴, 남루한 옷차림의 청년과 마주칠 땐 말로만 듣던 베트콩인가 싶어 오싹해졌다. 시골의 오막살이에 사는 주민들은 우리의 차량을 넋 놓고 바라보았고 꾀복쟁이 어린이들은 손뼉을 치며 신기한 눈으로 바라보았다.

한 시간쯤이나 달려 도로를 건설하는 현장에 도착했다. 차에서 내린 손 수베르 씨는 자신의 가방을 어깨에 멘 채 뙤약볕 아래를 걸으면서 현장 책임자로부터 보고를 받아 열심히 기록했다. 한참을 더 걸어간 곳에서는 많은 사람이 일하고 있었다. 손 수베르 씨는 온화한 음성으로 일하는 사람들을 따뜻하게 격려했다.

앞차에 타고 왔던 군인들은 손 수베르 씨를 사방으로 에워싸고 등을 보인 자세로 총부리를 겨누며 전방을 주시하고 있었다. 주위를 둘러봐도 마을이 보이지 않는 광야뿐이었다. 어디선가 숨어서 우리를 주시하고 있는 무리가 있을 것만 같아 막힘없는 광야가 허허롭게 느껴졌다. 나는 긴장감으로부터 해방되고 싶어 손 수베르 씨를 바라보며 군인들이 당신을 위해 저렇게 경호하고 있느냐고 물었다. 그는 미소 담은 얼굴로 나를 바라보며 당신의 안전을 보호하고 있다고 했다.

생소한 상황을 이리저리 파악하고 나서야 내 앞에 있는 사람들을 눈여겨보았다. 그야말로 남녀노소 일꾼들이 처음 보는 내 모습이 낯설어서인지 퀭한 눈매로 바라보고 있었다. 그들의 모습은 한마디로 참담해 보였다. 이가 빠진 할아버지, 며칠을 머리도 감지 않고 빗질도 해보지 않은 것 같은 아낙네들, 고작 일곱 살쯤 되어 보이는 어린 소년, 그리고 다박머리 소녀까지, 온 식구가 나와서 일하고 있는 것 같았다.

손 수베르 씨는 세계식량기구의 원조를 얻어 농촌에 도로를 닦고 그 일을 하는 주민들에게 식량을 나누어주고 있다고 했다. 식량을 배급받기 위해 어린아이들까지 일판에 나와 일을 하고 있었다. 그 큰 공사장에는 현대적인 기계 장비는 하나도 없고 삽과 괭이뿐이었다. 그리고 삽과 괭이로 땅을 판 흙을 삼태기에 담아 퍼올리고 있었다. 흙을 퍼올려 만들고 있는 넓은 도로 아래엔 직사각형의 깊은 웅덩이가 생겨나고 있었다. 우기에 많이 내린 빗물을 모아 관개용으로 쓰기 위해 작업하고 있다고 했다. 웃옷을 벗어젖힌 채 삼태기로 흙을 퍼올리는 어린 소년들이 열심히 일할 때마다 연약한 갈비뼈가 드러났고 그들 모두 허기져 보였다.

그들의 모습이 하도 딱해 보여서 빵이나 과일이라도 사주고 싶었다. 그러나 손 수베르 씨는 빵과 과일을 어디에서 구할 수 있느냐고 반문했다. 안타까워서 쩔쩔매는 내 모습을 바라보던 손 수베르 씨는 한국에 돌아가거든 히말라야 사람들에게 보냈듯 이 사람들에게도 헌 옷이나 모아 보내달라고 했다. 그러나 나는 선뜻 아무 대답도 못 하면서 '그 일이 어디 그렇게 쉬운 일인가'라고 속으로 말하고 있었다. 때마침 물이 귀한 건기여서 옷을 빨아 입기도 어려웠는지 허름한 옷차림이 한결 남루해 보였다.

헌옷을 보내겠다는 대답을 기꺼이 하지 못하고 있는 나를 바라보던 손 수베르 씨는 자신이 했던 말을 거두어들였다. 그 순간 나는 마음이 몹시 불편했다. 그리고 했던 말을 그렇게 쉽게 거두어들이는 손 수베르 씨도 너그럽지 못하다는 생각이 스쳐갔다. 이런 교감을 하는 것은 빛이 지나가듯 짧은 순간의 일이다.

손 수베르 씨가 그들에게 나를 뭐라고 소개하는지 몰라도 무표정하게 바라보던 그들의 얼굴이 환하게 밝아지면서 친근감이 어린 시선을 보내왔다. 밀짚모자를 눌러쓴 아낙네, 수건으로 태양을 가리느라 아무렇게나 머리를 틀어올린 아낙네, 내가 이 세상에서 만나본 사람들 가운데 가장 궁상맞고 혈색 없는 얼굴이지만 미소 짓고 있는 얼굴은 더할 나위 없이 선량하고, 까만 눈망울이 유난히 빛나고 있어 나는 이미 그들에게 정감을 느끼고 있었다.

내 머릿속은 빨리 암산을 하는 사람처럼 바빴다. 어떻게 하면 좋을까……. 오랜 내전을 치르느라 물자가 귀해서 이 지경에 이른 사람들, 헐벗고 굶주린 사람들, 이 군중을 어떻게 못 본 체할 수 있단 말인가? 이들에 대한 안타까운 마음 때문에 또 열병을 앓을 내 모습이 눈에 선했다.

그러나 헌옷을 모아 분류하고 포장하여 컨테이너를 채우는 일이 얼마나 어렵고 큰일인가를 히말라야 설산 사람들을 도울 때 충분히 경험했다. 그리고 당사국으로부터 무환수출 허가를 받아내는 일이 또 얼마나 어려운 일인가도 잘 알고 있었다. 캄보디아 사람들을 돕기 위한 큰 결단을 내리려 하자 어려웠던 옛일들이 한꺼번에 되살아나 머릿속이 매우 혼란스러웠다.

나는 마치 빠져나갈 묘수를 찾은 사람처럼 "우리나라와 국교도 없는 캄보디아에 어떻게 옷을 보낼 수 있느냐"고 손 수베르 씨에게 말해보았다. 그는 적십자사를 통해 보내면 아무 문제가 없다고 명쾌하게 대답했다. 자신들을 걱정하고 있는 마음이 전해져서인지 그 많은 사람은 이미 눈빛으로 나를 좋아한다고 말하고 있었다. 큰 결심을 하면서 흙 묻은 그들 손가락에 나의 손가락을 일일이 걸었다. 그리고 한국에 돌아가도 당신들을 잊지 않겠다고 약속을 했다. 그때부터 캄보디아에 헌옷을 모아 보내는 일을 시작한 셈이다.

그 사람들과 헤어진 손 수베르 씨는 또 어딘가를 시찰해야 하는지 군용 트럭을 앞세우고 더 깊은 시골길을 달리고 있었다. 점점 더 깊은 오지로 들어가고 있는 느낌이 들었다. 어쩌다 띄엄띄엄 보이는 집들은 야자수 잎을 엮어 얼키설키 벽을 둘러 비바람만 막을 정도로 약해 보였다. 그리고 집집마다 물을 저장해놓고 쓰는 용기 같은 큰 검정 고무항아리 같은 것도 보였다. 아프리카에서도 볼 수 없었던 인간의 원시적인 삶을 보는 듯했다.

얼마를 달렸을까? 외딴 곳에서 가게 하나를 보았다. 나는 그 가게를 꼭 구경하고 싶었다. 그래서 차를 세워달라고 하여 들어가보았다. 거기엔 슬리퍼 한 켤레, 가늘고 이리저리 구부러진 양초 몇 자루, 칫솔, 비누, 잎담배, 소금, 마늘, 그리고 멸치보다 굵은 말린 물고기, 사탕, 과자 등이 골고루 놓여 있었다. 손 수베르 씨는 비닐 봉지에 담긴 음식을 가리키며 캄보디아의 김치라고 했다. 그 김치와 멸치만 캄보디아 것이고 칫솔, 양초, 슬리퍼 등은 모두 태국에서 수입한 것이라고 했다. 이제 막 전쟁의 혼미 속에서 빠져나온 캄보디아는 유리컵 하나도 만들지 못하고 있다고 했다.

이것저것 조사하듯 물어본 것이 민망해서 얼마간의 돈을 가게 주인에게 전해주려고 하자, 온화하기만 하던 손 수베르 씨는 정색을 하고 나를 바라보며 냉정한 목소리로 "우리 국민에게 나쁜 버릇을 들이지 말아달라"고 했다. 그는 "물건을 사지 않았는데 왜 돈을 주느냐"고 따져 물었다. 너무 당황한 나는 사탕과 과자를 주섬주섬 봉투에 담고 정당하게 계산을 했다. 내가 손 수베르 씨에게 정중하게 사과하자 그 과자 봉지를 자신에게 달라고 했다. 그는 금세 온화한 음성으로 자기를 호위하고 있는 군인들에게 나누어주겠다고 했다.

도로 공사가 완료된 한 지점을 확인하고서 갔던 길을 되돌아 나왔다. 나는 그들의 민가에서 한밤을 지내보고 싶은 생각이 들었다. 그러면 인간의 원초적인 삶과 부딪쳐볼 수 있을 것만 같아, 되지 않을 일인 줄 알면서도 그곳 주민들과 함께 지내보고 싶다고 말했다. 손 수베르 씨는 나의 말을 액면 그대로 받아들인 듯 밤이면 크메르 루즈 군이 나타나기 때문에 불안해서 그렇게 할 수 없다고 했다. 캄보디아에 완전한 평화가 오는 날 민가에서 머물 수 있게 해주겠다고 했다.

나는 그 오지 마을에서 다리 하나가 없는 아녀자가 지팡이에 몸을 의지하고 집 안을 돌아다니는 것을 보았다. 그녀는 지뢰 희생자라고 했다. 지금 만들고 있는 새 도로를 닦는 동안에도 2명의 인부가 지뢰로 다리를 잃었다고 했다.

그 뒤 한 스님이 사원의 개발 계획을 설명하기 위해 손 수베르 씨를 산속으로 안내할 때는 산길 어디선가 지뢰가 터질 것만 같아 오금이 잘 펴지지 않았다. 그리고 땅을 밟는 면적을 최소화하기 위해 발부리를 세우고 사뿐사뿐 오솔길을 조심스럽게 걸었다.

설산 라다크로 가는 길

　남인도 방갈로르에서 열린 마하보디 소사이어티 창설 100주년 기념 행사에 초청을 받고 참석했던 우리 일행은 1991년 여름 인도 북부 히말라야 설산 라다크를 처음 방문했다.
　비행기를 타고 라다크를 향해 출발할 때는 우주의 신비를 체험할 것만 같은 큰 기대감 때문에 형언할 수 없는 설렘에 빠졌다. 비행기가 델리 상공을 벗어나자마자 눈과 얼음에 뒤덮인 히말라야 설산이 시야에 들어왔다. 꽁꽁 얼어붙은 험준한 연봉과 암벽 들이 얼키설키 산맥을 이룬 히말라야는 그야말로 장관이었다. 나무 한 그루, 풀 한 포기마저도 뿌리내릴 수 없을 것만 같은 설산을 내려다보고 있노라면 태초의 신성불가침 영역을 보는 것처럼 경건해졌다.
　흙의 땅을 절대로 내어줄 것 같지 않은 히말라야 설산 위로 50여 분을 날다가 내려다본 저 깊은 골짜기에 푸른 숲이 있는 것이 눈에 들어왔다. 사람이 살고 있을 것만 같은 그 골짜기를 내려다보는 것은 히말라야의 신비와 기적을 함께 발견하는 순간이었다. 푸른 나무와 숲이 있는 곳에는 물이 있을 것 같고 그런 곳에는 사람이 살 수 있을 것 같은 믿음이 생겼다. 푸른 숲이 있는 곳으로 비행기는 하강했다. 그곳이 바로 라다크의 중심지 레였다.

3,600미터 높이로 치솟은 땅. 눈과 얼음으로 뒤덮인 이곳. 인간이 살아가기에는 너무나도 부적합한 이 히말라야 산골짜기에 최초로 살기 시작한 사람은 누구였을까? 누가 평지를 버리고 이 높고 춥고 깊은 산중까지 찾아 올라왔단 말인가? 아무도 대답해줄 수 없는 의문들이 꼬리를 물었다.

비행기에서 내려 밟아본 히말라야 라다크의 땅은 황량한 사막이었다. 라다크는 인도령이지만 파키스탄·아프가니스탄·중국 등과 국경을 맞대고 있어 공항에는 민간인보다 군인이 더 많아 스산하고 살벌한 느낌마저 들었다.

상가세나 스님의 안내로 라다크에 도착한 우리 일행을 맞기 위해 공항에 나온 라다크 사람들은 도포 모양의 검은색 옷에다 붉은색 허리띠를 동여매고 있었다. 20여 명의 남성이 도열하듯 줄지어 서 있다가 우리 일행의 목에 하얀 얇은 스카프를 걸어주며 환영했다. 대체로 나이 들어 보이는 그 남성들은 30대 초반의 젊은 상가세나 스님에게 깊은 충성(?)을 바치는 사람들처럼 보여 잠시 상가세나 스님의 왕국에 도착한 것 같은 느낌을 받았다. 공항에서 승객들에 대한 검문검색이 철저하고 까다로웠지만 그 사람들의 호위 속에 귀빈 대우를 받으며 무사히 통과하여 대기 중인 소형 버스를 타고 옴마실라 호텔로 향했다.

호텔 입구에도 역시 우리를 환영하기 위하여 전통 의상을 입은 여인들이 테가 없는 갓 모양의 검정 고깔을 쓰고 조화를 들고 줄지어 서 있었다. 몇 명의 남성은 북을 두드리고 피리를 불면서 환영했다. 그들은 하늘에서 가장 가까운 동네 사람들이라 강한 자외선 때문인지 피부가 모두 검게 그을려 보였고, 인도 사람들이지만 아리안족이 아닌 몽골리안이어서 체구나 얼굴 모습이 우리와 비슷해 보였다.

해발 3,600미터 고지인 라다크에서는 분명 땅을 밟고 걸어도 마치 무중력 상태에 놓여 있는 것처럼 몸을 가누기가 어려웠다. 숨을 쉴 때도 내쉬는 숨이 모자라 자꾸만 들이마셔야 했고 가슴은 터질 것만 같았다. 그곳 사람들은 우리에게 천천히 동작을 취하라고 계속 주의를 주었다. 고도 적응이 어려워 잘못하다가는 쓰러진다고 했다.

호텔 방문을 열고 들어서자 소박하고 정결한 분위기가 방 안 가득히 고여 있었다. 손에서 가방을 내려놓자마자 안정을 취하기 위해 자리에 누웠다. 눈이 부시게 새하얀 풀 먹인 옥양목 시트를 잡아당기는 순간 옛 고향집에 돌아온 것처럼 마음이 편안했다. 태곳적의 정적 속에 파묻힌 것처럼 고요한데 방바닥 밑에서 히말라야 계곡물 흐르는 소리가 들려왔다. 쉼 없이 흐르는 물소리……. 맑고 은은한 그 소리에 귀 기울이고 있는 순간 별유천지에 와 있다는 느낌이 절로 들었다. 그렇게 잠시 휴식을 취한 뒤 호텔 정원으로 나갔다. 청남빛 하늘 아래 만년설을 이고 있는 히말라야 연봉들이 병풍처럼 둘러 있었다. 참으로 고요한 우주의 공간 속에 와 있는 듯했다.

인도의 서북부 히말라야 설산 티베트 고원에 위치한 '작은 티베트'라 부르는 라다크는 하늘의 정거장이라고 한다. 라다크는 지구촌의 오지 중에 오지로 1978년까지만 해도 인도 정부의 허가를 받은 학술조사단이나 갈 수 있었던 곳이다. 1979년 인도 항공사에서 가장 뛰어난 조종사들이 수십 번의 비행 끝에 개척한 비행 루트에 따라 1981년 군사 목적으로 라다크의 중심지 레에 공항이 생겼고, 이때부터 외부 사람들이 찾아들고 있다고 한다.

물질문명에 오염되지 않은 채 고유 전통문화를 지키며 사는 라다크 사람들에 대하여 특히 서방 사람들이 깊은 관심을 갖고 찾아온다. 그들은 만년설이 뒤덮인 히말라야 설산에서 명상 수련을 하며 물질문명의 혜택 없이 가장 자연스런 삶을 영위하고 있는 라다크 사람들의 삶과 문화와 종교에 대하여 연구하고 있다. 문명권에 살고 있는 사람들이 공통적으로 환경 파괴와 주체할 수 없는 쓰레기 문제로 골치를 앓고 있는데 라다크 사람들은 전혀 쓰레기를 만들어내지 않아 그들의 삶의 지혜를 배우기 위해 연구한다. 스웨덴 출신 여성 학자 헬레나 노르베리 호지가 쓴 『오래된 미래: 라다크에서 배운다』는 환경 문제에 관심 있는 세계 사람들에게 널리 읽히고 있다.

인더스 강물이 발원하여 흐르는 라다크. 그 옛날 실크로드의 길목으로 번영을 누렸던 라다크. 히말라야 설산 라다크와 인연을 맺게 된 것은 매우 단순한 미로를 통해서였다. 내 삶의 불쏘시개와도 같은 히말라야 라다크 소년들을 남인도 방갈로르에서 만나고, 방금 그들과 작별하고 그들의 고향 라다크로 가고 있으니 그것이 미로인 것이다.

1987년 젊은 교도 몇 명과 함께 인도를 처음 방문했다. 지도 한 장을 들고 안내자도 없이 가고 싶은 곳을 다 찾아다녔다. 그때, 그 옛날 인도의 지성의 샘이었던 나란다대학교의 유적지와 영취산에 갈 때는 부다가야 대탑의 아난다 스님의 도움을 받았다. 그러나 그 하루의 어려운 여정을 마쳤을 때는 고마운 도움이 갚을 수 없는 신세처럼 느껴졌다. 만약 어느 여행객이 인도 사람인 나에게 길잡이가 되어달라고 간청했다면 그곳 사정을 훤히 알고 있는 나로서는 절대로 그 청을 들어주지 않았을 것 같았다. 새벽부터 떠난 하루의 여정은 너무나도 고생스러워 여행이 아닌 고행이었기 때문이다. 진종일 배고픔을 면할 만한 음식도 사 먹을 데가 없고 교통도 말할 수 없이 불편했다.

　1990년 어느 가을날, 히말라야 라다크 상가세나 스님이 부다가야의 아난다 스님의 편지 한 장을 전해주면서부터 히말라야와의 인연은 시작되었다. 인편에 보내온 아난다 스님의 편지 사연은 매우 간단했다. 편지를 전하는 상가세나 스님은 사촌형이니 자기처럼 여기고 도와달라는 내용이었다. 상가세나 스님은 그 편지를 전해줄 때 또 다른 유인물도 건네주었다. 한국말로 번역된 그 유인물의 내용은 히말라야 라다크 사람들의 어려운 실상을 알리고, 그곳 산촌 사람들의 자녀교육 문제를 도와달라는 호소문이었다.

　간접적으로나마 고마웠던 아난다 스님의 신세를 갚을 수 있는 기회가 왔다고 생각하고 설산 라다크 사람들을 돕기로 마음먹었다. 바로 그 무렵, 강남교당의 김묘은 교도가 찾아왔다. 아들이 고등학교 3학년인데 어머니 마음 같아서는 과외를 시켜 더 우수한 성적을 만들고 싶지만 아들이 절대로 과외를 하지 않겠다며, 스스로 알아서 공부할 테니 그 돈은 학비가 없어서 공부를 하지 못하는 학생을 도와주라고 했다는 것이었다. 김묘은 교도는 결국 아들의 뜻을 꺾지 못하고 돈을 가져왔다며 아들 뜻대로 써달라고 했다. 나는 기다렸다는 듯이 그 돈을 반기며 히말라야 라다크 산촌 어린이들의 교육을 위해 쓰자고 제안했다. 뜻대로 쓰라며 전해준 봉투에는 200만 원이 들어 있었다.

법회 날 히말라야 소식을 전하며, 8개월 동안을 눈과 얼음 속에서 살아가는 히말라야 라다크 사람들의 자녀에게 배움의 길을 열어주자고 호소했다. 그렇게 모금한 성금에다 앞서 받아두었던 200만 원을 합해 5,000달러, 400만 원의 장학금을 마련했다.

국제연등 불교회관에 머물고 있는 상가세나 스님을 초청해 5,000달러를 전하고 점심 대접을 했다. 그는 체구가 건장했다. 30대 초반의 젊은 스님이지만 매우 진실해 보였고 진중한 태도여서 믿음직스러웠다. 상가세나 스님은 편지에 유인물 한 장을 전했다가 뜻하지 않은 5,000달러를 얻고 매우 기뻐하고 감격스러워했다. 하도 고마워하기에 부다가야의 아난다 스님에게 입은 은혜를 갚는 것이라고 설명했다. 스님은 너무 고마워서였던지 내년 여름에 마하보디 소사이어티 창설 100주년 기념행사에 참가하도록 초청장을 보내겠다고 했다. 그리고 행사를 마치면 히말라야 라다크를 방문할 예정이라고 했다.

나는 처음 인도를 방문했을 때 인도에 심취되어 그때 여행을 인도 공부의 제1강좌를 마치는 것이라고 생각했고, 언젠가 기회가 오면 제2강좌 공부를 하러 가야겠다고 별렀다. 상가세나 스님의 초청은 제2강좌를 알리는 종소리였고, 산을 좋아하는 나에게 히말라야를 가자는 제안은 기름에다 불을 댕긴 것과 다름이 없었다.

'마더'라 부르던 아이들

  1991년 6월 남인도 방갈로르에서 열리는 마하보디 소사이어티 창설 100주년 행사에 참석하기 위해 두 번째 인도를 방문할 때, 그곳에서 공부하고 있는 히말라야 설산 라다크 어린이들을 위한 장학금 미화 1만 달러와, 쌀 한 가마 무게도 넘는 90킬로그램의 옷과 학용품 등을 챙겨 떠났다. 마치 부잣집으로 시집온 사람이 가난한 친정을 찾아가는 심정으로 알뜰히 짐을 꾸렸다. 그것은 내가 처음 인도를 방문했을 때 절대 빈곤층의 참상을 보고 느꼈던 충격에 대한 보상이기도 했다.

  공항에 마중 나왔던 상가세나 스님과 함께 마하보디 소사이어티에 도착했을 때 소년들의 맑고 고운 찬팅 소리가 들려왔다. 그 맑은 소리는 히말라야 천사들의 소리였다. 히말라야에서 방갈로르에 와 공부하는 소년들이 길 양옆으로 줄을 지어 서서 손에 꽃을 들고 합장하며 「나무 붓다야, 나무 붓다야」를 반복하여 부르고 있었다.

  우리 일행이 그들 곁으로 지나갈 길바닥에는 하얀색 아름다운 꽃으로 만든 크고 둥근 수레바퀴, 법륜(法輪)이 놓여 있었다. 나는 생전 처음 보는 그 아름다운 꽃수레바퀴를 차마 밟고 지나갈 수가 없었다. 발걸음을 멈추고 감격과 감탄의 눈빛으로 바라보고 있자, 상가세나 스님은 어서 앞으로 걸어가라고 했다. 그 꽃의 법륜을 조심스레 밟고 계단 아래로 내려서려 했다. 그 계단 아래에는 또 빨간 꽃송이들로 'WELCOME'이라고 씌어 있었다. 길 가운데에는 걸음걸음 꽃을 밟고 걷도록 꽃잎을 일정한 간격으로 깔아놓고 있었다.

참으로 이런 환영의 모습은 일찍이 본 적도 없고 들은 바도 없어서 어떻게 발걸음을 내딛어야 할지 몰랐다. 그러나 그 길을 걷도록 재촉받고 있었다. 우리가 걸어가자 꽃송이를 들고 찬팅하면서 서 있던 소년들은 「나무 붓다야, 나무 붓다야」를 연속해 부르면서 하얀색 꽃, 빨간색 꽃 한 송이씩을 손 위에 얹어주었다. 나는 황홀함의 절정 속에 있는 것 같았다. 손에 가득 받은 꽃을 어찌할 줄 몰라 하자 쟁반을 받쳐 들고 뒤따르던 소년이, 받은 꽃을 쟁반에 담게 한 다음 또다시 새 꽃송이를 받도록 도와주었다. 평생을 살아가는 동안 다시는 체험할 수 없을 정성으로 수놓은 꽃길과 수많은 꽃송이 선물, 그리고 히말라야 천사들의 찬팅 소리는 영원히 나의 영혼에 각인되어 메아리칠 것이다. 히말라야 소년들과의 만남은 그렇게 감격스러웠다.

꽃의 모양은 양란인 덴파레처럼 보여도 꽃송이가 더 크고 꽃잎이 더 두꺼운 프란지파니라는 협죽도과(夾竹桃科)의 관목에서 피는 꽃이었다. 그곳에서는 그 예쁜 꽃을 사원나무에서 피는 법륜꽃이라고 불렀다.

히말라야 소년들은 북인도 히말라야 산촌으로부터 부모의 품을 떠

" 평생 다시는 체험할 수 없을
정성스럽게 수놓은 꽃길과 수많은 꽃송이 선물,
그리고 히말라야 천사들의 찬팅 소리는
영원히 나의 영혼에 각인될 것이다. "

나 서울에서 부산을 다섯 번이나 왕복해야 되는 1만 리나 떨어진 멀고도 먼 남인도 방갈로르까지 와서 공부하고 있는 어린 소년들이었다. 다섯 살 난 어린 소년부터 스무 살 가량의 청년까지 80여 명이 함께 살고 있었다.

라다크의 중심지, 레에 학교가 있긴 해도 깊은 산촌에 흩어져 살고 있는 그들은 그 학교까지 통학할 수도 없을 뿐 아니라 가정 형편이 어려워 공부할 수 없는 어린이들이라고 했다. 상가세나 스님은 그의 스승 붓다 라키타 스님이 하던 일을 이어받아 불우한 소년들을 데려다 합숙시키며 연령에 따라 초등학교, 중고등학교, 그리고 대학까지 공부시키고 있었다.

1990년 한국을 처음 방문했던 스님은 원불교 강남교당과 원불교 중앙총부를 방문한 인상이 좋았던지 그곳에서 발행하는 잡지에 원불교를 소개했고, 그래서인지 그곳 소년들도 이미 나에 대해 잘 알고 있는 것 같았다.

환영식장에 나갔을 때 내 앞에 앉아 있는 어린 소년들이 전혀 생소하지 않았다. 상가세나 스님은 그간 여러 차례 그곳에서 발행한 간행물을 보내주었고 나는 사진을 유심히 보면서 그들이 입을 옷가지를 준비했기 때문이다. 한참 동안 그들과 마주 보고 있으니까 사진에서 보았던 얼굴들이 눈앞에 다가왔다.

히말라야 소년들은 인도의 어린이들과 얼굴이 달랐다. 그들의 모습은 오히려 우리나라 어린이들과 비슷해서 우리말이 그들의 입에서 곧 튀어나올 것만 같았다. 인도에는 여러 민족이 살고 있지만 그들은 몽골리안이었다. 까만 눈동자에 초롱초롱한 눈망울들이 호기심과 정겨움을 가득 담은 채 나를 바라보고 있었다.

상가세나 스님은 아이들 앞에서 나와 덕수 교무, 그리고 나의 동행자인 신현대 교도를 소개했다. 상가세나 스님이 "너희를 사랑하는 어머니가 너희를 만나보려고 한국에서 여기까지 찾아오셨다"라고 말하자 소년들은 기쁜 듯 박수를 쳤다. 그리고 환영의 노래를 몇 곡 연달아 불렀다. 그 맑디 맑은 노랫소리는 히말라야 깊은 산골짜기에서 울려 나오는 소리처럼 들렸다.

자꾸만 눈시울이 뜨거워져 귀엽고 사랑스러운 대여섯 살의 어린이들을 똑바로 바라볼 수가 없었다. 얼마나 엄마가 보고 싶을까? 얼마나 집에 가고 싶을까? 한번 히말라야 고향 산천을 떠나오면 적어도 10년 후에나 가볼 수 있다는 그들. 부모의 사랑을 받고 자라나야 할 어린이들이 배움 때문에 너무 일찍 유학을 떠나온 사연이 안쓰러워 가슴이 미어져왔다.

1,500여 점 되는 한국에서 가져온 선물을 바닥이 나도록 전달하는 데는 시간이 한참 걸렸고 받아가는 그들과 건네주는 우리 모두가 정말 기뻤다. 선물을 받아든 어린 그들의 마음에 호기심과 기대감이 얼마나 컸을까? 무거운 분량을 운반해올 때까지의 온갖 어려움이 그 순간 눈 녹듯이 사라졌다.

상가세나 스님은 초청할 때 본행사 이전에 어린이 캠프가 있으니 사흘 전에 미리 와달라는 편지를 여러 차례 보낸 바 있었다. 어린이 캠프의 프로그램을 거들 능력도 없으면서 그의 청이 하도 간곡하여

사흘을 앞당겨 갔다. 나보다 앞서 와 있는 밍쾅 스님은 대만에서 청소년 지도자로 인기 있는 분이라고 했고, 네덜란드의 아난다 스님도 어린이 프로그램에 익숙해보였다. 우리는 구경꾼처럼 서 있다가 나중에는 「아리랑」도 가르치고 가락에 맞추어 한국 춤도 가르쳤다.

한국에서는 성 라자로 마을 나환자들 앞에서나 팔을 벌려 흥을 돋고 그들을 위로하지만 사실 나는 춤을 출 줄 모른다. 그러나 순진한 동심과 어울린 나는 아무 거리낌없이 무엇이든 할 수 있었다.

그곳 소년들은 나를 자연스럽게 '마더'라고 부르며 따랐다. 그러한 호칭은 나로 하여금 그들을 더 가깝게 느끼도록 하는 힘이 있는 것 같았다. 히말라야 어린이들은 모두 비구 스님들이 돌보고 있었기 때문에 그 어린이들은 나를 그리운 어머니로 착각한 건지도 모른다. 부모 곁에서 자란다면 떼도 쓰고 할 나이인데, 일찍 철든 아이처럼 모두 착하고 어른에게 순종하는 것 같았다. 그들의 그런 모습마저도 안쓰럽게 느껴졌다. 어린 소년이 너무 일찍부터 자신을 자제하고 있는 것 같아 어린이가 어린이답지 않게 자랄까봐 염려가 되기도 했다.

그들을 보는 대로 등을 어루만져주고 손을 잡아주었다. 누군가의 등을 어루만져주고 있으면 어느 결엔가 줄지어 서서 내 손길의 차례를 기다리고 있었다. 엄마의 손길 같은 여성의 피부를 느껴보고 싶어서였을 것이다. 겉으로는 흔연스레 그들을 사랑했지만, 속으로는 뜨거운 눈물을 삼키고 있었다.

캠프의 마지막 날은 그들과 함께 마이소르라는 꽤 멀리 떨어져 있는 도시로 옛 궁전과 인공 폭포가 음악에 맞추어 춤을 추는 것을 구경하러 갔다. 가는 동안 아이들이 탄 차를 앞지를 때는 모두 차창 밖으로 손을 내밀어 나의 손을 잡으려고 애썼다. 천진스런 그들과 참으로 정이 쉽게 들고 있었다. 처음으로 인도의 옛 궁전을 보는 그들은 신기해서 눈이 휘둥그레해졌고 사진 찍는 것도 즐거워했다.

나는 80여 명의 어린이에게 맛있는 점심을 사주겠다고 했다. 그들은 그동안 가장 먹고 싶었던 음식을 먹었다. 그 모든 음식값은 우리나라 돈으로 8만 원이었다. 인도에서는 1,000원만 갖고도 어린이들을 충분히 만족시켜줄 수 있어 기뻤다.

히말라야 어린이들과 함께 지내는 동안 인도의 인형극도 구경하고, 보리수나무 아래에서 명상을 한 다음 맨발로 그들과 함께 보리수나무 둘레를 돌았다. 그때는 내 마음도 천진스러워지는 것 같았다.

그들과의 닷새를 영원처럼 살았을까. 히말라야 소년들과의 이별은 큰 아픔이었다. 떠나려는 나에게 아지타 군은 녹음기를 들고 와서 「아리랑」을 부르라고 했다. 노래가 녹음된 테이프는 그들이 다 함께 「아리랑」을 부를 때 쓸 교재라고 했다. 떠나려던 걸음을 멈추고 노래를 불렀다. 떠나야 되는 시간이 임박해 문 밖으로 나왔을 때 나의 귀여운 소년들은 또 길 양옆으로 서서 내가 왔을 때처럼 꽃송이를 들고 「나무 붓다야, 나무 붓다야」를 부르며 한 송이씩 꽃을 선사해주었다. 내 뺨에는 더운 눈물이 비 오듯 흐르고 있었고, 나는 그들과 잠시 작별할 뿐이며, 그들을 영원한 나의 가족으로 느끼면서 떠났다.

나의 발걸음은 그들의 그리운 고향 히말라야로 옮겨지고 있었고, 그렇게 해서 히말라야 설산 라다크에 갔다.

히말라야에 학교를 세우고

라다크는 숲이 푸르게 우거진 곳도 있지만 대부분 회색이나 붉은 빛의 완전한 사막지대다. 히말라야에서 흘러내리는 물줄기가 닿는 곳은 푸르고 농사도 지을 수 있지만 그렇지 못한 곳은 모두가 사막이다.

처음 도착한 날 오후, 옴마실라 호텔을 출발하여 황량하기 이를 데 없는 어느 산 아래로 안내되었다. 그곳에도 많은 사람이 운집해 있었다. 천막까지 쳐놓은 그곳에는 만국기 같은 깃발들이 여러 줄로 쳐져 있기도 했다. 무슨 경사스러운 행사가 준비되고 있는 곳처럼 느껴졌다. 거기에도 테 없는 갓처럼 생긴 모자를 쓴 여인들이 전통 의상을 입고는 꽃을 들고 서 있었다. 어린이들까지 나와 있었고 많은 사람이 북적댔다. 나는 히말라야를 가는 것만이 유일한 목적이었을 뿐, 그곳에서 어떠한 일이 진행되고 있는지에 대해서는 아는 바가 없었다.

그날 라다크 데와찬에서는 매우 역사적이고 뜻 깊은 일이 진행되고 있었다. 히말라야 라다크의 산촌 어린이들이 한곳에 모여 공동으로 기숙사 생활을 하며 학교에서 공부할 수 있는 마하보디 불교기숙학교를 건립하기 위한 기공식이 열리고 있었다.

영하 30도를 밑도는 혹독한 추위, 8개월간의 긴 겨울을 살아가는 이곳 설산 사람들에게는 학교를 세울 만한 경제적인 힘이 없다. 그래서 세계 손님들을 청하여 거룩하게 기공식을 하고, 언젠가는 세계적인 관심이 이곳에 모여서 히말라야 라다크 산촌에 흩어져 살고 있는 어린이들이 기숙사 생활을 하며 공부할 수 있는 교육기관이 탄생되기를 바라는 행사였다. 그것은 상가세나 스님의 구상이고 히말라야 라다크 사람들의 소원이었으리라.

상가세나 스님은 허허로운 벌판 한곳에 이르러 원불교 의식으로 학교 건립을 위한 기도를 올려달라고 했다. 아무 예고도 없던 일이라 좀 당황스러웠지만 원불교 의식대로 그 취지에 맞게 기도를 올렸다. 발 아래에는 다음과 같은 표석이 박혀 있었다.

이 학교의 기초석은 한국의 서울 원불교 강남교당 박청수 교무에 의해 놓여졌다.
• 1991년 6월 13일 오후 4시.

나무 한 그루 없는 산 아래의 넓은 벌판에 국제선(禪)센터, 도서관 등이 들어설 위치가 조금씩 멀리 떨어져 있었다. 그 건물들의 기공식도 태국의 술락 씨, 네덜란드와 대만 대표 들에 의해 그 나라의 말로 자기 종교 의식대로 이루어졌다.

히말라야 라다크에 교육의 밝은 미래를 여는 기공식을 마친 그날 밤, 큰 축제가 벌어졌다. 화려한 전통 의상을 입은 무희들이 파란 터키석이 촘촘히 박힌 장신구를 머리에서부터 등 뒤로 흘러내리도록 치장을 하고 나와 춤을 추었다. 그곳에서는 여자만 춤을 추는 것이 아니라 남녀가 함께 노래 부르면서 춤을 추었다. 북과 피리에 맞추어 춤추는 그들의 춤사위는 매우 느리고 단조로웠다.

　그들이 춤추는 것을 보기 위해 마을 사람들과 어린이들까지 모여들었는데, 본고장 사람들은 낯선 우리를 구경하는 것이 더 신기한 듯했다.

　밤하늘에는 보석을 박아놓은 듯한 영롱한 별빛이 지상의 히말라야 축제를 내려다보느라 반짝였다. 흐릿한 불빛 사이로 미소 짓는 무희들의 눈빛에 어느덧 지구촌 사람의 정이 흐르는 듯했다. 히말라야에 초대받아 온 우리도 어느 결엔가 무희들의 비단끈을 잡고 함께 빙글빙글 춤을 추며 지구촌 오지 깊은 곳으로 빠져들고 있었다.

　길고도 긴 하루를 마치고 잠자리에 들었던 나는 그 밤 끝내 잠을 이룰 수 없었다. 피곤함을 가까스로 견디며 그들과 어울렸던 나는 가슴이 터져버릴 것만 같은 호흡곤란을 느꼈다. 누워도, 일어나 앉아봐도 도무지 편치 않았다. 내쉴 만한 숨이 나의 깊은 폐부 어디에도 남아 있지 않은 것만 같았다. 고도 순응의 고통이 무엇인가를 단단히 경험했던 하룻밤이었다.

　라다크에서 머무는 며칠 동안 상가세나 스님은 유서 깊은 몇몇 사원으로 우리를 안내했다. 세계 어느 곳에서도 볼 수 없는 찬란한 불교미술의 정수가 헤미스곰파를 비롯하여 사원마다 건강하게 숨 쉬고 있었다. 그 분야에 식견이 없는 나의 입장에서 볼 때도 그곳 불교미술은 순수한 히말라야 사람의 영감에서 얻은 것으로 여겨졌다. 혹독한 추위와 사막의 척박한 땅에서 물욕이 말끔히 정화된 히말라야 사람들의 예술혼이 담긴 것 같아 불후의 명작을 대하는 경건함을 느낄 수 있었다. 수천 년이 흐르도록 아직도 영롱한 색채를 간직한 물감들은 무슨 소재로 어떻게 만들어졌을까? 그 모든 불화의 작품 세계에 설산 사람들만의 비법이 숨어 있는 것 같았다.

라다크 사람들의 생활과 문화 전체가 불교적이어서 라다크 전체가 라마불교 자체인 것 같은 인상이 들었다. 설산의 자연환경 속에서 삶을 영위하려면 저절로 종교적일 수밖에 없을 것 같았다. 과학문명의 혜택을 충분히 입지 못하고, 물질적으로 풍요로울 수 없는 설산 라다크 사람들은 모두 하늘마음을 지키고 사는 것처럼 보였다.

라다크의 일정을 마치고 떠나오던 날 아침, 상가세나 스님이 마을 속에 위치한 마하보디 국제선센터로 초청했다. 앞으로 데와찬에 마하보디 불교기숙학교가 세워지면 히말라야 산속 깊이 묻혀 사는 총명한 어린이들을 데려다 합숙시키며 교육할 예정이라고 포부를 말했다. 그러면서 기숙학교 설계 도면을 우리 앞에 펼쳐 보였다.

상가세나 스님으로부터 학교에 관한 여러 가지 구상을 듣는 동안 내 앞에는 방갈로르에서 만났던, 이곳에 학교가 없어 1만 리나 떨어진 먼 곳에서 공부하고 있던 히말라야 소년들의 모습이 떠올랐다.

이곳에 학교가 세워지면 공부 때문에 부모와 자식이 떨어져야 하는 비극은 더 이상 생기지 않을 것이란 생각이 들었다. 그래서인지 그 학교 설립에 깊은 관심이 생겼다.

몇 년 전에 강남교당을 신축했던 경험이 있던 터라 건축 도면을 보면서 질문도 하고 인건비가 얼마나 되는가도 물어보았다. 그곳의 인건비는 미화 2달러, 1,600원이라고 했다. 인건비를 기준으로 삼으면 우리나라 돈은 그곳에서 30배의 가치가 있었다. 원화의 가치가 그렇게 크면 그곳에 한국의 힘을 모아 학교를 세우는 일이 아주 불가능한 일은 아닐 것 같았다. 그곳에 기숙학교 같은 교육기관이 꼭 필요하다는 생각을 다시 하면서 그 일을 해보겠다는 결심을 굳혔다.

한국에 돌아가 미화 12만 5,000달러, 1억 원을 모금해 보내겠다고 약속하며 일이 되도록 추진해보라고 했다. 그 말을 듣던 상가세나 스님은 너무 기뻐했다. 막연한 장래에 이루어지기를 염원했던 일이 이렇게 당장 이루어지리라고는 꿈에도 생각해보지 못했다며 고마워했다. 여러 나라 대표도 다 함께 기뻐했다. 나는 지구촌의 오지 히말라야 설산에 일감이 기다리고 있다는 사실이 너무나도 신기했다.

들지도 못할 무거운 짐, 카루나 병원

지구촌 사람들에 대한 염려로 잠 못 이루고

히말라야 라다크에 있는 상가세나 스님의 입장에서 생각하면 내가 항상 설산 사람들만 걱정하고 그 일만 열심히 해주길 바라겠지만 나의 형편과 살림살이는 이미 그렇지가 못했다. 히말라야 라다크에서 스리랑카를 거쳐 귀국한 이후 6개월 동안 일어났던 일은 참으로 많았다.

가장 먼저 스리랑카 어린이들에게 보낼 새 신발과 학용품, 그리고 오랜 내전으로 경제가 피폐해 어렵게 사는 스리랑카 사람들에게 보낼 여름 옷을 걷기 시작했고, 인도의 불가촉천민들에게 보낼 옷도 함께 모았다. 1995년 9월 15일에는 북한 수재민돕기 성금 1,000만 원을 대한적십자사에 국내에서 가장 먼저 기탁하고, 100년 만의 홍수로 큰 수재를 당한 북한동포들에게 식량 보내기 운동을 대대적으로 펼쳤다.

대한적십자사를 드나들다가 새로운 정보를 얻게 되었다. 지뢰로 다리를 잃은 아프가니스탄 사람들에게 의족·의수 보내기 캠페인이 그것이었다. 캄보디아 땅에 묻힌 지뢰 한 개를 제거하는 데는 1,000달러의 큰 비용이 드는 데 비해, 지뢰로 다리를 잃은 사람들에게 의족 한 개를 만들어주는 데 드는 비용은 고작 1만 6,800원이었다. 캄보디아 사람들의 재앙을 미리 막기 위해 영국의 할로재단에 지뢰 제거 비용을 보내고 있는 나의 입장에서 보면, 지뢰의 재앙으로 다리를 잃은 사람들에게 의족을 만들어주는 비용은 매우 저렴하다는 생각이 들었다. 그래서 그들에게 의족을 보내는 일은 횡재처럼 여겨져 한 개의 의족이라도 더 만들어 보내기 위해 열심히 노력했다. 그리하여 1,595개의 의족을 만들 성금을 모금해 대한적십자사에 기탁했다.

중국을 방문했을 때는 훈춘시 박영숙 부시장이 조선족 어린이들을 위한 경신소학교 건립을 도와달라고 요청했고, 조선족 동포를 돕는 일이야말로 당연한 일로 여겨져 약속했던 일도 그 6개월 사이에 이루어졌다.

또 마실 물이 귀한 미얀마 사람들의 이야기를 대한적십자사로부터 듣고 그 사람들을 위한 식수 공급 캠페인을 벌여 196개의 공동 우물을 마련할 성금을 모금하는 일도 그 무렵에 했다. 아프리카 방문 때 한 통의 식수를 얻기 위해 대여섯 시간씩 허비하는 지구촌 이웃이 있다는 것을 알고 안타깝게 생각했다. 미얀마 사람들에게 공동 우물을 마련해줌으로써 히말라야 학생들에 대한 물 걱정과 물이 귀한 지구촌 사람들에 대한 염려를 조금은 잊고 싶었다.

작게는 라오스 난민과 캄보디아 스레암필 고아원을 도왔고, 필리핀 수재민도 도왔으며, 남아프리카 흑인 어린이집 설립 성금도 모아

❝ 각계의 도움으로 모은 여섯 대 컨테이너 분량의 여름 옷을
캄보디아로 막 떠나보내고 그곳에 갔다.
나의 손길이 절실하다고 느끼기만 하면
아무 일이나 손에 잡히는 대로 하는 것이
내가 사는 방식이 되어버렸다. ❞

보냈다.

히말라야 라다크를 떠나기 닷새 전에는 각계의 도움으로 모은 여름 옷 여섯 대의 컨테이너를 캄보디아로 막 떠나보내고 그곳에 갔다. 나의 손길이 절실하다고 느껴지기만 하면 아무 일이나 닥치는 대로 하는 것이 내가 사는 방식이 되어버렸다. 그래서 남이 나의 속살림을 들여다보면 내가 느끼는 것보다 훨씬 복잡하다고 여긴다.

사실 영구 장학금을 마련하는 게스트룸 30개만 지어주면 히말라야 라다크에 대한 돈 걱정에서 완전히 해방되는 줄 알았다. 그래서 게스트룸 건축을 위한 5만 달러, 4,000만 원을 만들 때도 온갖 노력을 다했다.

김명숙 교도는 영구 장학금 일에 관심과 정성을 쏟으면서 동생인 상구통상 김양수 사장에게 우리 교당 소식을 알려 히말라야 어린이들의 영구 장학금을 마련하는 일에 동참하라고 권유, 전문 화장비누 1,000상자를 기증해주었다. 한 상자의 절반 가격인 1만 원을 받고 그 비누를 판매하여 1,000만 원을 마련했다. 나는 1,000만 원의 현금을 만들기 위해 1,000상자의 세숫비누를 파는 비누장수였고, 우리 교도들은 밖에 나가 비누를 팔아오는 외판원이었다. 그렇게 해서 그 많은 비누를 다 팔았다.

중고 의료기기 수집마저 좌절되다

어린이들의 내복과 장난감을 가지고 라다크에 간 것은 게스트룸 30개가 잘 만들어지고 있는가 보기 위해서였다. 작은 돈을 모으고 비누를 팔아 4,000만 원을 만드느라 온갖 애를 썼는데 그 게스트룸은 다 짓지도 않은 상태에서 상가세나 스님은 또 병원을 짓는 새 일을 벌이자고 하였다. 설산 사람들을 위해 하는 일이 더할 나위 없이 좋고 보람되지만 참으로 숨 돌릴 겨를이 없었다. 휴식을 취할 수 있는 캄캄한 밤은 없고 항상 밝은 태양 아래서 일에 쫓기고 있는 느낌이었다. 히말라야 설산에서 큰 부담을 느꼈던 병원 문제는 겉으로는 잠을 재워놓고 있었다.

인도 카루나 병원의 출납장을 보면 히말라야로부터 돌아온 지 반 년이 된 1996년 1월 28일 부천무역주식회사 이시원 사장의 성금 5,000만으로부터 모금이 시작되었다. 이시원 사장은 김형진 교도의 부군으로 지난 몇 년 동안 아프리카에 의약품을 보낼 때나 캄보디아에 지뢰를 제거할 때나 항상 기꺼이 협력했던 분이다. 김형진 교도는 남편인 이시원 사장이 라다크 사람들의 이야기를 전해 들으면 전폭적으로 지원하여 병원 문제를 다 해결해줄 수도 있을 것이라고 생각했을 것이다. 그분은 여행에서 돌아온 아내의 말만 듣고, 그 참담한 실상을 보지도 않은 상태에서 큰돈을 부담하였다. 사업을 꾸려 나가기도 힘겹고 어려울 텐데 전액을 부담하며 아내에게 좋은 일을 해보라는 사람이 천하에 어디 있을까.

1995년 11월 5일 상가세나 스님은 라다크에서 보내온 편지에 의료진과 함께 규모와 구체적인 제반 사항을 검토하여 산출된 병원 설립 기금이 95만 8,000달러라고 알려왔다. 100만 달러에 가까운 고지서가 날아온 셈이다. 100만 달러, 8억 원이나 되는 돈의 개념도 모른 채 참으로 순진하게 고지서와 다를 바 없는 편지를 보내와 기가 막혔다. 그러나 이미 시작된 일이나 다름없는데 취소할 수도 없는 노릇이고 병원 규모를 줄이자고 설득하기로 마음먹었다.

그 이듬해 3월, 볼일이 있어 대만에 간다는 상가세나 스님을 한국까지 다녀가라고 했다. 한국을 방문한 상가세나 스님에게 히말라야 산촌에 연건평 700평이나 되는 병원 규모는 너무 크다고 말했다. 설사 그렇게 큰 병원을 마련할 수 있다 치더라도 앞으로 운영은 또 어떻게 할 작정이냐고 물어보았다. 나는 병원 규모를 줄이자고 했다. 그 설득 작전으로 규모가 작은 개인 병원에 환자가 많은 곳을 직접 둘러보도록 했다. 전문성을 달리한 병원 몇 군데를 둘러보게 한 다음, 한국에서는 크지 않아도 많은 환자를 치료하고 있다고 설명하며 병원의 규모를 절반으로 줄이자고 했다. 의료 장비만은 공간처럼 줄일 수 없을 것을 감안하여 스스로 책정한 금액이 55만 7,000달러였다.

상가세나 스님이 한국에 오기 전에 문체부로부터 해외 송금 허가를 받았다. 그런 사무적인 일은 할 줄 모르지만 따로 할 만한 사무원이 없기 때문에 신현대 교도의 도움을 받으면서 스스로 그에 필요한 모든 서류를 작성했다. 학교를 지을 때 인도에 큰돈을 보내면서 모두 개인 송금을 했던 경험이 있는 나는 떳떳하게 해외 송금할 길을 터놓았다.

병원 문제를 협의하기 위해 한국에 온 상가세나 스님이 떠날 때 20만 달러, 1억 6,000만 원이 넘는 돈을 송금 수표로 마련해주었다.

그처럼 큰돈을 마련해주자 병원이 다 지어진 것처럼 기뻐했다. 인도의 화폐 기준으로 볼 때 20만 달러는 매우 큰돈이다. 그곳 인부 하루 품삯이 1,600원, 2달러인 것을 생각해보면 얼마나 큰돈인가를 알 수 있다. 김형진 교도가 오래 전 약국을 했을 때 모아두었던 거금을 기쁜 마음으로 희사해 부군의 돈과 함께 20만 달러를 보낼 수 있었다.

아무래도 나머지 35만 7,000달러라는 거액을 다 모금하기는 어려울 것만 같아 한국의 여러 병원으로부터 중고 의료 장비를 얻어 히말라야에 보낼 생각을 했다. 그래서 오래된 의료 장비를 얻기 위해 열심히 기웃거리며 또 구걸하고 다니기 시작했다. 중앙병원 임상병리과 의료진들에게 교양강좌 특강을 해달라는 청탁을 받았을 때도 그것을 인연으로 의료 장비가 생길까 싶어 주저하지 않고 가기도 했다.

병원을 새로 만드는 데 어떠한 의료 장비를 구비해야 되는가에 관한 의논 상대는 서울대학교 의과대학 민경업 박사였다. 나는 민 박사에게 야전 병원 하나를 차릴 수 있는 의료 장비 리스트를 마련해 달라고 했다. 청을 거절하지 못한 민 박사는 그렇게 해주었다. 그 자료를 히말라야로 보내어 그 정도의 의료 장비면 되겠느냐고 문의하는 서류가 오갔다.

어느 날 의료 장비를 주겠다는 병원이 있어 찾아갔다. 보여준 장비는 마치 쓰레기더미처럼 쌓아놓은 잡동사니 옆에 놓인 헌 침대였다. 너무나도 실망스러워 기진맥진한 상태로 교당에 돌아왔을 때였다. 인도의 불가촉천민을 위해 보낸 옷을 끝끝내 BLIA(Buddha's Light

International Delhi-India)에서 받을 수 없게 되었다는 소식이 팩스로 전해졌다.

컨테이너 세 대나 되는 옷이 인도에 도착된 이후 2개월 동안의 컨테이너 사용료와 기차 선로를 사용했던 세금이 8,630달러, 707만 6,600원을 지불해야 하는 고지서도 보내왔다. 인도에서 보내온 그 세금고지서를 보면서 의료 장비를 모을 생각을 깨끗이 포기했다. 쓸 만한 장비를 내놓는 사람도 없었지만 고철 더미 같은 의료 장비들이 히말라야까지 올라가지도 못하고 어딘가에서 통관이 되지 않아 잘못 얹혀 있는 날에는 참으로 큰일이라는 것을 깨달았기 때문이다.

공중분해될 뻔한 컨테이너 세 대

인도의 불가촉천민, 하리잔을 도울 기회가 온다면 나는 물불 가리지 않고 도울 수밖에 없었다. 그런 속마음을 어떻게 알았는지 델리의 BLIA로부터 불가촉천민과 델리의 빈민에게 나누어줄 헌옷을 모아 보내달라는 서신이 왔다. 마침 스리랑카에 보낼 옷을 모으던 무렵이라 불가촉천민을 돕기 위한 옷도 함께 모았다.

바로 그때 인도의 라마 롭상 스님이 불가촉천민을 돌보는 관료가 되었다는 소식을 보내왔다. 달라이 라마 생신 때 우리를 초청했던 분이다. BLIA라는 단체에는 아는 사람도 없이 편지 한 장만 받고 일하는 일인데 롭상 스님은 잘 아는 사람이어서 그분을 통해 불가촉천민을 돕고 싶었다. 옷을 모아 보내면 어떻겠느냐고 문의했다. 그분은 대단히 고맙다며 도와달라고 했다.

하리잔은 인도의 카스트 제도에 들지도 못하고 닿기만 해도 부정을 탄다는 의미로 불가촉천민이라 이름 붙여진 사람들이다. 인도를 처음 방문하여 그들이 살아가는 모습을 보았을 때 너무나도 불행해 보여 안타깝게 여겨졌다. 그후로 불가촉천민을 인도로부터 탈출시키는 터무니없는 상상을 해보곤 했다.

이미 BLIA의 주소가 표기된 옷을 담았던 상자를 라마 롭상 스님 쪽으로 주소를 변경하여 부치느라 법석을 떨었다. BLIA 쪽으로는 한 대의 컨테이너의 옷을 보내 델리의 빈민들을 돕고, 롭상 스님에게 보내는 나머지 두 대의 컨테이너는 불가촉천민을 도우면 좋겠다는 생각을 했다.

구호 물자를 보내려면 인도 정부의 무관세 통관 승인 허가서를 받아야 했다. 그런데 아소크 미션이란 자선기관의 롭상 스님은 허가서를 받아 보내지 못하고 BLIA에서는 허가서를 보내왔다. 이미 아소크 미션으로 주소 변경을 해놓은 두 대의 컨테이너를 다시 BLIA로 원상복구시켜야 되는 큰 사건이 생긴 셈이었다. 그 복잡한 일은 삼성엔지니어링에 다니는 박명도 교도가 사내 봉사대원들과 함께 기쁜 마음으로, 내 뜻대로 해주었다. 그런 번거로운 과정에서 삼성생명의 김제영 교도도 직원들과 함께 와서 그 무거운 상자 하나하나에 주소를 다시 바꾸어 붙여주기도 했다.

짐이 떠날 때 인도행 컨테이너 세 대뿐 아니라 스리랑카로 떠나는 컨테이너 한 대까지 모두 컨테이너 네 대 분의 1,000상자를 지하실에서 등에 지고 올려다 싣는 그 어려운 작업은, 박명도 교도 주선으로 삼성엔지니어링 22명의 직원이 다 해주었다. 젖 먹던 힘까지 다 쓰는 것 같았고 나중에는 봉사가 아니라 무서운 고행을 하는 사람들처럼 보였다. 그런 일을 해본 경험도 없는 사람들이 애쓸 때는 고맙다기보다 안쓰럽고 안타까워서 안절부절못했다. 삼성에서 직원들의 자원봉사를 장려하지 않았다면, 그리고 그 봉사 대원들이 도와주지 않았다면 그 복잡하고 힘든 일을 어떻게 할 수 있었을까. 지금 생각해도 고맙고 감사하기만 하다.

그렇게 해서 사연도 많았던 그 세 대의 옷 컨테이너는 인도로, 다른 한 대의 컨테이너는 스리랑카로 각각 목적지를 향해 떠났다. 인도의 BLIA 측에서는 컨테이너 세 대나 되는 많은 물량의 옷을 불가촉천민에게 나누어줄 비용까지도 보내달라고 했다. 인도의 사정을 잘 알고 있던 나는 그들이 원하는 대로 다 들어주었다. 그런데 세관으로부터 통관 수속이 되지 않아 그 컨테이너들을 인수하지 못하고 있다면서 한국에서 온갖 서류를 다시 작성해 보내라고 했다. 우리가 보낸 옷이 무균 상태로 떠났다는 증명서까지 보내달라고 했다.

정말 어처구니없는 노릇이었다. 우리 옷에 무슨 세균이 붙어 있을까? 가는 동안에 잘못될까봐 좀약까지 다 넣어서 보냈는데……. 무균 상태의 구호 물자란 무엇을 의미하는지 알 수 없었다. 히말라야에 물건을 보낼 때는 인도 정부에서 그런 요청을 하지 않았다. 도대체 어디에서 헌옷의 무균 상태를 증명해주는 곳이 있을까? 아니, 그런 수속 절차도 밟지 않고 이미 떠나버린 물건에 이제 어디에서 그런 거짓 증명서를 발급받을 수 있단 말인가.

인도에서는 그 일로 하루도 거르지 않고 팩스가 날아왔다. 결국 그 일을 선박회사에 부탁했다. 그러나 선박회사에서는 해보지 않은 일이라며 할 수 없다고 했다. 그래도 보낸 물건이 목적지에 가야 되니 무균 상태의 옷을 운송했다는 증명서를 발급해달라고 간청하여 결국 거짓 서류를 꾸며 보냈다.

인도 정부에서는 BLIA를 좋은 자선단체로 믿지 않았던 것 같고 그래서 물건이 통관되지 않은 것 같았다. 인도 정부는 'BLIA가 이렇게 많은 구호품을 받아 나누어준 경험이 있는가' '컨테이너의 많은 물건을 받아 보관할 창고는 있는가' 등 수많은 조사를 했는데 합당한 조건을 갖추지 못했다고 판단하여 보낸 물건을 통관시키지 않았다고 했다.

참으로 어이없는 일이었다. 그렇게 신뢰할 수 없는 단체라면 당초에 인도 정부에서 허가서를 발행하지 말았어야 했다. 또 한국에서는 인도 정부를 대신하는 인도 대사관의 합법적 절차를 밟아 보냈는데도 그 물건이 통관되지 않고, 세금 700여만 원이 우리 쪽에 부과된 것은 정말 이해할 수 없는 일이었다. 컨테이너의 옷이 결국 통관될 수 없게 되었다는 소식을 알게 되었을 때 한순간 '무슨 신통 조화라도 일어나 세 대의 컨테이너에 있는 옷들이 모두 분해되어 공중으로 사라져버렸으면' 하는 생각이 들었다. 인도를 위해 보낸 것이니 인도 안에서 실랑이를 벌이다 결국 해결될 것이라고 믿고 있었다. 그 일이 해결되지 않는 동안 흘려 보낸 세월이 고스란히 세금 뭉치로 되돌아올 줄은 꿈에도 몰랐다.

BLIA를 통해서는 그 옷을 불가촉천민에게 나누어주는 일이 불가능하다면 이제 어떻게 그 옷이 그들에게 갈 수 있을까 하고 또 궁리했다. 언젠가 로터스 랜턴의 무진 스님이, 인도 푸나에서 하리잔을 돕고 있다는 스코틀랜드 슈바르자 승려와 함께 우리 교당을 내방했던 일이 생각났다. 무진 스님에게 연락하여 슈바르자 승려의 전화와 팩스 번호를 알아냈다. 그분에게 국제전화로 그간의 상황을 설명하고 급히 허가서를 받아 보내라고 했다.

델리에 있는 물건이 푸나까지 가기에는 너무 멀지만 그래도 하리잔에게 전해질 수만 있다면 모든 어려움을 감수할 수 있을 것 같았다. 하루하루 지체하면 할수록 세금이 불어난다는 것을 알고 있었기 때문에 푸나에 쉴 새 없이 연락하고 재촉했다. 그러나 어찌된 연유인지 그곳에서도 정부 당국의 허가를 받기가 어려워 결국 보내지 못했다고 했다.

다시 참담한 좌절감을 느낀 나는 '누가 나를 도울 수 있을까, 어디로 가면 도움을 받을 수 있을까'를 생각했다. 이제 잘못하다간 그 컨테이너 세 대의 옷이 한국으로 되돌아오는 사건이 생길 판이었다. 생각만 해도 끔찍했다.

그때 생각난 곳이 대한적십자사였다. 나는 그간 국교가 단절된 캄보디아에 옷을 보낼 때나 아프가니스탄과 미얀마를 도울 때 모두 대한적십자사를 통했다. 그런 인연으로 대한적십자사를 매우 가깝게 느끼고 있었기 때문에 국제부 박찬욱 과장에게 전화를 걸어 사건 전모를 보고하듯 말했다. 그리고 컨테이너 세 대의 옷을 인도적십자사가 인도해갈 수 있도록 도와달라고 요청했다. 박 과장은 하루가 지연되어도 세금을 물어야 한다는 딱한 사정을 이해하고 인도적십자사와 긴밀히 접촉하여 인도적십자사에서 그 컨테이너 세 대의 옷을 인도해가기로 협조가 되었다고 했다.

그러나 막상 인도적십자사 측에서 그 물건을 인도해가려 하자 이제는 BLIA 측에서 인수를 포기하지 않아 일이 진전되지 않는다고 했다. 자기들이 통관 수속을 밟지 못해 두 달을 넘겼고 그 세금을 한국에서 물어야 되는 줄을 뻔히 알면서 포기하지 않으면 도대체 어쩌자는 것인가. 나는 잔뜩 화가 났다.

그래서 인도 대사관을 찾아가 "인도 경찰이 필요합니다"라고 했다. 대사관 측에서는 놀라면서 "왜 그러느냐"고 캐물었다. 그동안의 자초지종을 장황하게 설명했다. 그들은 매우 미안하게 됐다며 본국에 연락해 일이 잘되도록 협조하겠다고 했다. 인도 대사관의 개입으로 BLIA 측의 포기각서를 받아냈다.

인도로 떠난 컨테이너의 운송을 맡았던 조양상선에서는 우리의 딱한 사정을 알고 두 달 이상의 컨테이너 사용료를 전액 탕감해주는 고마운 배려를 베풀어주었다. 세 대의 컨테이너가 두 달 이상 머물러 있었던 인도 땅 사용료와 세금만 깨끗이 청산하고, 불가촉천민에게 나누어주는 조건으로 인도적십자사로 물건을 넘겼다.

히말라야 라다크 병원의 의료 장비를 얻어보려고 애쓰는 동안 발생한 사건으로 나의 힘을 모두 빼앗겼다. 그러나 폭풍이 지나가고 바람이 자면 그만이듯 또다시 병원 일에 열중할 수 있었다.

라다크에 생긴 국제선센터

　나의 시야에서 그리 멀지 않은 곳, 히말라야 야트막한 산록에 넓은 분지처럼 보이는 그곳엔 회색빛 고운 모래밭이 비스듬히 산 아래로 흘러내리듯 자리 잡고 있다. 그 가운데는 작은 아기 산봉우리 하나가 솟아 있다. 그곳은 원불교 라다크 국제선센터에서 마주 바라다보이는 곳이다.

　2006년 8월 21일, 간밤에 비가 잠깐 내렸는데 얕은 그 산에는 눈이 내렸나보다. 그 넓은 분지가 온통 흰 떡가루를 덮어놓은 듯 새하얗다. 솟은 산봉우리와 주변의 바위가 눈발을 받아 희끗희끗한 것이 아름다운 한 폭의 동양화처럼 보였다.

　오전 10시 반부터 시작된 원불교 라다크 국제선센터 개원식이 진행되는 동안 눈높이로 바라다보이는 그곳을 응시하듯 바라보면서, 아지타 원현장 교무가 영어와 라다키어, 그리고 때로는 한국어를 번갈아 사용하면서 진행하는 모습을 지켜보고 있었다.

　아지타 원현장 교무는 라다크 출신 원불교 외국인 교무 1호이다. 1991년 남인도 방갈로르 마하보디 소사이어티를 방문했을 때 그곳에서 공부하는 80명의 히말라야 소년 가운데 맏형이었다. 그는 나를 만나면서 원불교 교무가 되기로 서원하고 1993년에 한국에 와서 공부하고 수련하여 원불교 교무 고시에 합격했고, 현재 강남교당에서 설립한 인도 델리교당에서 봉직하고 있으며 원불교 법명이 원현장이다.

개원식이 베풀어지는 야외식장은 화려한 누각 같았다. 사방 담장을 알록달록한 연둣빛 휘장으로 두르고 하늘을 가린 원색의 천조각을 이은 차일이 머리 위에서 바람에 물결치고 있다. 남미의 페루나 히말라야의 라다크 같은 고산지대에 사는 사람들은 원색을 잘 짝 맞추어 독특하게 화려한 빛깔의 조화를 만들어내고 있다. 이같이 고운 색상으로 사방을 병풍 치듯 가리고 또 꽃자줏빛 계통의 천조각으로 조각보처럼 이어 만든 차일로 하늘의 햇볕을 차단하고 있는 그곳은 찬란한 누각에 앉아 있는 것 같은 착각을 하게 했다. 그 화려한 누각의 500여 남녀 대중은 육중한 히말라야 산의 일부처럼 느껴졌다. 거의가 감청 빛깔의 전통의상을 입고 침착하게 앉아 있는 라다크 사람들이 풍기는 기운이 그러했다.

단상 중앙, 나의 양옆으로 하얀 법복을 입고 앉아 있는 윤순명·이경진 교무, 그리고 우리 교도들은 원현장 교무가 치는 목탁 소리 운곡에 맞춰 일원상 서원문을 독송했다. 다음엔 자줏빛 승복의 라다크 젊은 여승들이 앞으로 나와 독특한 운곡으로 티베트 찬팅을 했다. 이어 원현장 교무의 원불교 소개가 끝나자 내가 말해야 할 차례가 왔다.

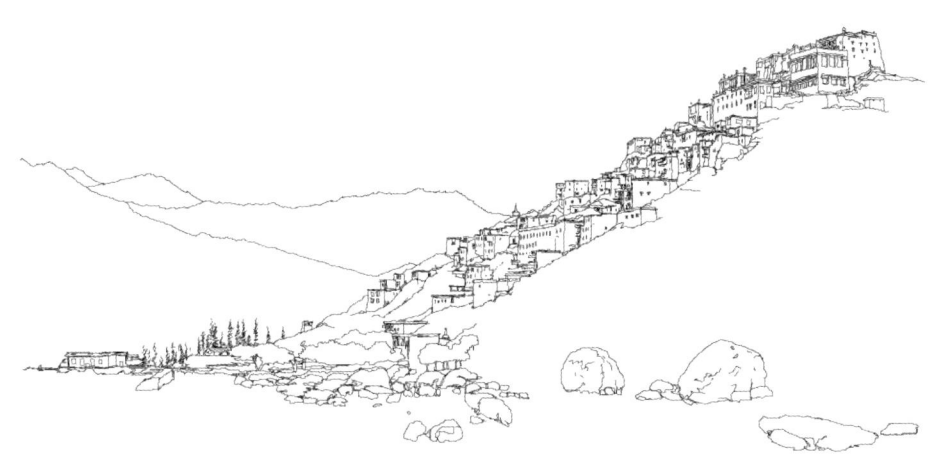

“ 세계 사람들이 관심을 갖고 너나없이 찾아오는
라다크는 지구촌의 정수리 같다.
사람의 몸 가운데 머리에서 모든 것을 생각하고 판단하듯,
라다크는 인류의 정신적·사상적 시원을
이룰 수 있는 곳이라는 예감이 든다. ”

원불교 국제선센터 개원식에 많은 분이 참석해주셔서 감사합니다. 이곳을 1991년 첫 방문한 이래 상가세나 스님을 통해 라다크에 큰 열정을 바친 곳이어서 여러분은 마음의 권속처럼 생각됩니다. 나는 지금 이곳을 여덟 번째 방문하고 있습니다.

한국에서 여기까지는 참으로 먼 곳이고 3,600미터 고지의 높은 히말라야 설산 라다크, 하늘 아래 첫 동네를 이렇게 여러 번 왔다는 데 대해 지금 스스로 놀라고 있습니다.

히말라야 라다크는 나의 짧은 일생을 산 곳 같기도 하고 라다크에 했던 일들을 생각하면 기억되는 나의 전생 같기도 합니다. 여러분이 살고 있는 히말라야 라다크는 나의 마음의 영토입니다.

처음 찾아왔을 때만 해도 이곳은 지구촌의 오지 중에 오지였습니다. 이곳을 찾는 사람은 그리 많지 않았습니다. 원현장 교무의 말에 따르면 최근에는 여름 한철에 세계 사람이 20만 명이나 찾아온다고 합니다. 델리에서 라다크로 오는 비행기를 탔을 때도 동양 사람은 우리뿐이었습니다. 지금 라다크 거리는 이곳에 사는 원주민과 세계 사람이 반반 섞여서 걷고 있습니다. 내가 알기로 세계에서 이런 곳은 없습니다. 라다크는 이제 세계 사람들의 관심 지역으로, 특수 지역이 되었습니다.

세계 사람들이 관심을 갖고 너나없이 찾아오고 있는 라다크를 지구촌의 정수리 같다고 생각합니다. 사람의 몸 가운데 머리에서 모든 것을 생각하고 판단하듯, 라다크는 인류의 정신적·사상적 시원을 이룰 수 있는 곳이 될 것이라는 예감을 갖게 합니다. 그런 생각 때문에 이곳에 원불교 국제선센터를 세우게 되었습니다. 오늘 여러분의 진심에서 우러난 축복 속에 원불교 국제선센터 개원식을 갖게 되어 정말 기쁩니다.

원불교는 1916년에 한국에서 출현한 새 불교입니다. 교조 소태산 대종사님은 깨달음을 얻기 전에는 불교와 아무 인연이 없었으나 도를 얻은 후에 석가모니 부처님을 '성인 중에 성인'이라 하고 불법은 무상대도라고 가르쳐주셨습니다. 그리고 석가모니 부처님을 원불교의 연원불로 모셨습니다. 원불교는 옛 불교와는 다릅니다. 교조 소태산 대종사님은 새 시대의 인지에 맞는 진리적 종교를 신앙케 하고, 사실적 도덕의 훈련으로 중생이 부처되는 길을 경전에 밝히셨습니다.

원불교 교전은 이미 여러 나라 말로 번역되어 있습니다. 이곳 국제선센터에서는 각국의 언어로 번역된 원불교 경전을 구비해놓고 여름 한철 세계 사람들에게 경전을 전할 문서교화의 도량입니다.

라다크는 세상에서 '리틀 티베트'라 불리고, 이곳은 티베트 불교를 믿는 불심 장한 사람들이 살고 있습니다. 여러분도 세계 많은 사람이 불법을 믿는 불자가 되기를 바랄 것입니다. 세계 사람이 라다크에서 원불교를 만나 소태산 대종사님의 가르침을 받게 될 때에는 곧 석가모니 부처님의 말씀도 함께 믿고 깨닫게 될 것입니다. 원불교가 세계에 알려지게 되면 넓은 의미에서 불교가 세계에 전해지게 된다고 볼 수 있습니다.

소태산 대종사님이 출현하신 한국은 아주 작은 나라입니다. 현재 세계에서 가장 막강한 미국에서도 원불교를 세계 사람에게 전하기는 오히려 막연한 일입니다. 또 큰 나라이며 점점 발전하고 있는 중국을 통해서도 세계 사람에게 원불교를 전하기는 어렵습니다. 그러나 이곳 라다크는 원불교를 세계에 전할 수 있는 지름길이라고 믿고 있습니다. 이곳이 세계 각국 사람들이 찾아오는 관심 지역이 되었기 때문입니다.

이곳에서 원불교의 경전을 만나는 사람들이 각자의 마음에 평화를 얻고, 은혜를 발견하며, 물질을 선용하는 사람들이 되기를 바랍니다.

라다크는 지구촌의 오지인데도 뜻밖으로 지식인이 많다. 그들의 눈빛은 따뜻하면서도 냉철해 보인다. 그들에게 느껴지는 중후함은 마치 그 옛날 우리네 선비나 양반을 대하는 느낌과 같다.

여인들이 있는 곳으로 발걸음을 옮겼을 때는 몇몇 사람이 소박하게 준비한 꽃다발을 전해주면서 환히 웃어보였다. 그들의 반기는 미소에서 한없는 정겨움을 느낄 수 있었다. 더 많은 여인들은 내 발걸음이 그들 곁에 가까워지자 미리 준비한 하얀 수건을 목에 걸어주며 손을 꼭 잡아주었다. 라다크에서는 처음 만난 사람들에게 하얀 목수건을 걸어주는 것이 환영한다는 뜻의 정중한 예의다. 어떤 할머니는 인도 지폐 한 장을 손에 쥐어주었다.

라다크 사람들은 내가 그들을 위해 했던 일들을 잊지 않고 지금까지 고마워하고 있었다. 7년 만에야 왔건만 그들은 세월 속에 아무것도 잊힌 바 없는 사람들처럼 따뜻하게 반겨주었다. 이같은 일은 라다크 사람들의 인심 아니고는 세계 어디에서도 경험할 수 없을 것이다.

　라다크 말을 모르는 나는 오직 미소로밖에 답하지 못했다. 하얀 법복을 입은 채 라다크 여인들이 쓰는 테 없는 모자와 뒤로 두르는 수놓은 보자기를 두르고 춤추는 여인들 사이에 끼어들었다. 그들의 춤사위를 흉내내며 함께 춤을 추었다. 군중들은 환호하고 박수를 쳤다. 그것은 라다크 사람들과 함께한다는 나의 큰 표현이었다.

　원현장 교무는 개원식 날 밤 국제선센터에 화려한 야외 만찬장을 마련하고 우리 일행을 초청했다. 그 자리는 개원식이 열리도록 협조하고 합력한 고마운 분들, 그리고 앞으로도 도움이 필요한 사람 15명 정도를 초청한 자리였다. 원현장 교무는 자신이 통역하겠다며 한국말로 하고 싶은 이야기를 다하라고 했다.

　원불교 라다크 국제선센터가 성대한 개원식을 갖도록 여러분이 원현장 교무를 도와준 데 대해 깊이 감사드립니다. 원현장 교무는 출중한 인물이긴 해도 아직 경험이 부족한데, 여러분이 멀리 있는 나를 기억하면서 오래간만에 라다크를 다시 찾은 나를 기쁘게 해주기 위해 열과 성을 다해준 데 대해 깊은 감명을 받고 있습니다. 앞으로도 이 국제선센터가 발전과 성공을 거둘 수 있도록 관심 가져주시기 바랍니다.

　이곳 원불교 라다크 국제선센터의 부지 조건을 한국에서 결정해

" 7년 만에 라다크에 왔건만 그들은 세월 속에
　아무것도 잊힌 바 없는 사람들처럼
　나를 따뜻하게 반겨주었다.
　이는 라다크 사람들의 인심 아니고는
　세계 어디서도 경험할 수 없을 것이다. "

야 했을 때, 레 공항으로부터 걸어서 10분 정도 거리에 위치하고 있다는 것이 이 땅을 선택한 결정적인 요인이었습니다. 세계 여러 나라 사람이 레 공항에 내려서 10분만 걸으면 곧바로 원불교 국제선센터를 찾아올 수 있을 것이라는 생각 때문이었습니다. 608평의 부지에 법당과 네 개의 게스트룸이 있는 이 국제선방을 만족스럽게 생각합니다.

16년 전 처음 라다크를 방문했을 때는 티베트 스님들의 찬팅 소리를 녹음하기 위해 녹음기를 들고 있는 서양 사람을 보았고, 또 사원의 만다라 불화를 섬세하게 관찰하려는 사람이 어두컴컴한 사원 내부 천장을 손전등으로 불빛을 비추면서 열심히 바라보고 있는 것을 볼 수 있었습니다. 요 몇 년 사이에 지구촌 오지인 라다크가 여름 한철 수많은 세계 사람이 찾아오는 서방 사람들의 관심 지역이 되었다는 것이 신기하게만 생각됩니다.

히말라야 라다크를 찾아오는 세계 사람들은 산을 트래킹하기 위해 찾아온다고 들었습니다. 하늘 아래 첫 동네인 라다크에 처음 방문한 세계 사람들은 히말라야 설산 말고도 자연스럽게 문명의 소외지대에 살고 있는 라다크 사람들의 삶에도 깊은 관심을 가질 것입니다.

라다크에 살고 있는 사람들은 분수 밖의 욕심을 내도 채울 수 없다는 것을 잘 아는 달관자들이라고 생각합니다. 여러분은 욕심 없는 사람들이 아닙니까. 눈과 얼음으로 뒤덮인 산간지대에서 땔감마저 없이 혹독한 추위의 시련을 견디면서도 여러분은 마음의 여유와 평화를 누리면서 순박하고 선량한 모습으로 살아가고 있습니다.

현대 문명의 충분한 혜택을 누리면서도 오히려 불만스러워하고 누군가를 원망스럽게 생각하며 정신적으로 채워지지 않는 결핍을 느끼면서 살아가는 문명권의 사람들에겐 라다크 사람들이 연구의 대상일 것입니다. 그래서 라다크에 고여 있는 그 정신적인 것을 만져보고 싶어하고 냄새 맡아보고 싶어할 것입니다. 그러다 어떤 사람은 라다크 축제문화에 손끝이 닿는 사람도 있을 것입니다.

8개월 동안이나 눈과 얼음에 갇혀 사는 라다크 사람들은 그 긴 겨울 동안 축제문화의 여유를 즐기면서 살아가고 있음을 알게 될 것입니다. 그리고 사람이 애써보아도 벗어날 수 없는 수많은 한계에 대해 이미 터득하고, 냉혹한 자연환경에 다만 순응하면서 부처님의 가호를 힘입고자 하는 불자들의 모습을 눈여겨볼 것입니다. 라다크 사람들은 누구나 할 것 없이 염주를 돌리고 마니차를 돌리는 수도자임을 알게 될 것입니다.

라다크를 찾은 사람들은 결국 티베트 불교에 관심을 가질 것입니다. 그러다가 영문도 모른 채 한국에서 출현한 원불교 경전을 만날 것입니다.

그들은 소태산 대종사님의 시대에 맞는 불법, 생활에 활용할 수 있는 불법, 남녀노소 대중이 다 믿고 닦을 수 있는 불법인 원불교를 라다크에서 만나게 되면 위대한 발견처럼 여길 것입니다. 원불교가 진리적인 종교, 사실적인 도덕의 훈련을 시키는 종교인 점에 크게 주목하게 될 것입니다. 그리하여 어느 절대자로부터 우리에게 죄복이 주어지는 것이 아니라, 죄복을 자신의 임의로 할 수 있음을 알게 되면 얼마나 희망차고 기대되는 인생을 살아갈 수 있겠습니까. '이러한 진리적인 종교가 한국에서 이미 출현한 소식을 어서 많은 사람이 알도록 해야지' 하는 사명감 가진 한 사람이 나오면 원불교는 자연스럽게 그 사람의 나라에 전해질 것입니다.

이 우주에는 인간의 헤아림으로 알 수 없는 세계가 있습니다. 그것은 숙겁(夙劫)의 인연 이야기입니다. 숙겁에 원불교와 인연 있고 법연 있는 사람은 자신도 모르게 원불교를 만나기 위해 오래 방황하는 사람이 있다고 믿고, 그들이 우연이 아닌 필연적으로 히말라야 라다크에서 원불교를 만나게 될 것입니다. 그러면 그때는 원불교가 그 사람의 종교가 될 테고 그 사람 나라의 종교가 될 것입니다.

라다크 국제선센터를 세우면서, 당장에 설립 목적이 실현되지 않더라도 오래 기다렸다 한 사람이라도 원불교를 만나 환희심을 내고 자신도 모를 사명감이 샘솟아 원불교 소식을 널리 전하는 사람만 얻는다면 나의 소망은 차차 이루어지는 것이라고 생각하고 있습니다. 그런 사람이 5명이면 5개국으로 그리고 10명이면 10개국으로 원불교가 전해져서 나의 염원대로 이곳에서 원불교가 세계화될 것입니다.

라다크 거리마다 원주민과 외국 사람이 반반 정도 섞여서 다니고 있는 것을 볼 때 나의 소망은 훨씬 앞당겨 실현이 될 수도 있을 것이라는 좋은 예감을 갖게 합니다.

작년에 독일 타라 축제에 참석했을 때, 독일 사람들이 한결같이 물질적으로 풍요롭다고 해서 정신적으로 행복해지는 것이 아니라는 말을 들려주었습니다. 오히려 물질적으로 부족함 없이 다 채워졌을 때 내면 세계는 더욱 공허함을 느낀다고 했습니다. 그리고 자신들은 어디에선가 삶을 이끌어줄 가르침 같은 것을 받고자 버터플라이팀 활동에 참가하고 있다고 했습니다.

설산 라다크는 인류의 정신적 결핍을 채워주고, 혼탁한 영혼을 정화해주는 곳이 될 것이라고 확신합니다.

만찬장에서 만난 사람들은 그 옛날 마하보디를 드나들 때부터 친근하게 알고 있던 툰덥 박사를 비롯 그전에 안면이 없는 사람들까지도 마치 일가친척 같은 느낌이 들도록 따뜻하게 대해주며, 내 뜻이 꼭 이루어지도록 힘을 합할 터이니 걱정 말라고 했다. 참석자 중에는 원불교『정전』을 라다키어로 번역했던 롭상 제왕 씨도 있었다.

마하보디 카루나 병원이 완공되었을 때 상가세나 스님은 원불교에 감사한 뜻으로『원불교 교전』과『대종경』을 힌디어로, 그리고『정전』을 라다키어로 번역하여 그 두 권을 원불교에 봉정하는 뜻으로 전한 일이 있다. 그날 그 식장에 모였던 라다크 사람들에게도 나누어주었다.

번역을 담당했던 번역자는 이런 말을 했다. 원불교『정전』「참회문」은 너무나도 훌륭한 법문이기 때문에 라다크 사람들부터 배우고 수행해야 한다고 했다. 그 책의 판권이 마하보디 상가세나 스님에게 있기 때문에 내가 방문한 이때 그 판권을 원불교 국제선센터로 이양해놓는 것이 좋을 것이라고 했다. 그러면 『정전』의 재출간을 서두르겠다고 했다.

  그 후 책의 판권 이양 문제를 꺼내자 상가세나 스님은 기꺼이 그렇게 하겠다며 문서에 서명해주었다. 나로서는 실로 뜻밖의 일이 이루어지고 있었다. 나는 라다크 원불교 국제선센터에서는 라다크를 찾는 세계 사람들에게 원불교 경전을 전하겠다고만 강조해왔다. 만약 라다크 사람들에게도 원불교를 알리고 싶다고 하면 그것은 티베트 불교에 원불교를 전파하겠다는 뜻과 같다. 오랜 전통의 티베트 불교에 작은 손상이라도 입히면 안 된다고 생각했기 때문에 원불교를 세계화하는 데 다만 라다크의 땅만 빌리려고 했다. 그런데 라다크 사람들 스스로 원불교를 배우겠다고 하니 너무나도 뜻밖의 고마운 말이었다. 어쩌면 세계 사람들보다 먼저 라다크 사람들이 소태산 대종사님의 가르침을 배우고 이해할 것이라는 기대감까지 앞섰다.

원주민 인디오들과 춤추다

　미국에 있는 이해의사원(TOU) 국제업무 담당자 루이스 돌런 신부님의 초청을 받고 1992년 라틴아메리카 원주민을 위한 종교인 순례 모임에 참가했다. 낯선 나라를 방문한다는 것은 항상 미지의 세계에 대한 호기심과 기대감이 앞서게 마련이지만 남미여행은 그렇지 않았다.

　원주민을 위한 순례라는 점이 속마음을 경건하게 만들었고, 알 수 없는 엄숙한 생각까지 하며 여행길을 떠났다. '내 인생에 언제 또다시 원주민을 만날 수 있을까' 하는 생각이 들면서 아마 이번 기회가 처음이자 마지막일 수도 있겠다는 생각이 들었다. 그래서 그들에게 전할 미화 1,000달러부터 챙겼다. 그 돈은 원주민들에게 전할 특별한 예물과 같았다.

　남미를 방문하여 원주민 인디오를 처음 만난 곳은 페루의 쿠스코, 그 옛날 잉카제국의 수도에서였다. 얼핏 보기에 남미의 주류를 이루고 있는 사람들은 정복자 스페인 사람들의 혈통을 이어받은 후예 혼혈아 메스티조였다. 그들은 생김새도 서양사람 같았고 체구도 컸으며 모두 당당하고 활달해보였다.

　지금으로부터 2만 년 전 원시 몽고인종과 헤어져 아시아에서 아메리카 대륙으로 건너온 사람들의 자손, 인디오는 유난히 머리카락이 검고 체구도 왜소했다. 몽골리안이어서 생김새도 어딘가 모르게 우리와 비슷했다. 그들은 소외당한 사람들 같아 보였고 얼굴에는 수심이 가득한 채 모두 풀 죽어 보였다.

　인디오들은 우리 일행을 환영했다. 남자는 그들 고유의 악기를 불고 북을 쳤고 여자는 가면을 쓰고 나와 장단에 맞춰 춤을 췄다. 어느결엔가 나도 모르게 스며들 듯이 가면을 쓰고 춤을 추는 사람들 속에 들어가 춤사위를 흉내내며 나도 함께 춤추었다. 우리 일행과 그곳에 모여 있던 사람들은 내 춤사위를 재미있어하며 박수를 쳤다. 춤판이 끝나 자리로 돌아오려 하자 악단의 악사들이 곁으로 모여들어 눈웃음으로 반겨주기도 하고, 그중 어떤 사람은 뺨에 키스했다. 함께 춤을 춘 것이 자기들의 입장을 지지하는 사람으로 여겨져 고맙다는 표시였을 것이다.

　환영 공연이 끝나고 저녁식사 시간이 됐을 때 신기한 일이 생겼다. 조금 전 내가 춤추는 것을 보았던 인디오 어린이들이 나를 중심으로 옹기종기 모여들었다. 어떤 어린이는 구슬을 주고, 또 다른 어린이는 무슨 열매인가를 손에 쥐어주었다.

　곁에 모여든 많은 어린이를 데리고 밖으로 나왔다. 아무 말도 통하지 않는 그들에게 '코리아' '서울' '올림픽'이라는 세 마디를 가르쳐주면서 반복적으로 따라하라고 했다. 나와 함께하는 것이 매우 신이 나는 듯 목청껏 "코리아, 서울, 올림픽"이라고 외쳤다. 그들이 자라서 언젠가 코리아라는 나라를 알게 되고, 코리아의 수도가 서울인 것을, 그리고 올림픽을 개최한 나라인 것을 알게 되기를 바라는 마음으로 그렇게 했다. 결국 '코리아' '서울' '올림픽'이라는 세 마디의 말로 그들과 만족스럽게 소통했다.

모든 행사를 마치고 밖으로 나와 길을 걸을 때, 조금 전 단상에서 엄숙한 모습으로 의식을 집전했던 노신부님이 자연스럽게 다가와 나의 손을 잡고 걸었다. 나는 스페인어를 모르고, 신부님은 영어로 말하지 않았다. 그래도 신부님과 맞잡은 손은 그 사회의 약자, 인디오에 대한 염려와 연민의 정이 관심으로 흐르고 있다고 느껴졌다.

잉카문명에 대해 따로 아는 바는 없지만 잉카제국의 마지막 도시 마추픽추를 둘러보면서 실로 경탄을 금할 수가 없었다. 스페인 침략자에게 쫓고 쫓기어 높고 높은 산봉우리를 깎아 만든 도시는 천혜의 요새였다. 그 옛날 아무 기계도 없던 때 이 산중에다 어떻게 그렇게 정교하게 석축을 쌓아 집을 짓고 계단식 밭을 일구며 살았을까. 규모 면에서도 방대하고 기하학적 느낌마저 들도록 구획과 선이 뚜렷했다. 오늘날까지도 그 형태를 건강하게 유지하고 있으니 참으로 놀랍기만 했다.

산 아래에서는 보이지 않고 공중에서만 확인할 수 있다 하여 마추픽추를 공중도시라고도 부른다. 그러나 그 높은 공중도시마저도 스페인 군대에 공격을 받고 멸망했다고 하니, 자신의 땅에 살던 그들이 끝까지 쫓기고 죽음을 당해야만 했던 수난의 역사는 참으로 비참했다. 오늘날 그 후예들이 대통을 엮어서 만든 것같이 보이는 삼뽀냐 악기에서 흘러나오는 가락만 듣고 있어도 공연히, 저절로 슬퍼진다.

남미여행에서 인디오의 존재 그 자체가 가슴에 응어리졌다. 남미의 인디오뿐만 아니라 미국에 살던 원주민이 겪었던 말할 수 없는 수난과 희생, 그리고 호주의 원주민이 침략자 백인으로부터 살육을 당해 대륙이 피바다를 이루었던 그 무서운 수난의 역사에 대해서도 알게 되었다. 수난과 고통을 겪었던 원주민이 쓴 글을 접할 때면 오히려 그들의 따스한 가슴과, 인간적이고 순리에 따르는 삶에서 깊은 영감을 얻게 되었다.

어느날 스위스 MRA 본부에서 영화 한 편을 보았다. 호주 백인이 원주민으로부터 어린 자식을 빼앗아다 백인 삶에 길들이는 것을 보았다. 깨끗한 옷을 입히고 위생적으로 절도 있게 생활하도록 가르치는 것이었다. 영화에서는 어린이를 색출하려고 백인이 들이닥치면, 원주민 부모들은 자식을 빼앗기지 않으려고 울부짖으며 필사적으로 품에 끌어안았다. 어린 자식 또한 부모와 떨어지지 않으려고 울면서 떼를 썼다. 결국 공포에 질린 얼굴로 잡혀가는 어린이들은 수용소에서 갇힌 듯 생활했다. 깨끗한 옷을 입고, 좋은 음식을 먹지만 그들은 모두 굳은 표정과 반항하려는 태도로 살아가고 있었다. 그들은 조금도 행복해보이지 않았다. 마치 어린이 죄수처럼 보였다.

그들 중 어린 자매 2명이 수용소를 탈출하여 끝도 없는 대지를 방황하고 걸으면서, 때로는 주인 몰래 어느 집에 들어가 음식을 훔쳐 먹으며 살아 결국 자기 집을 찾아냈다. 자식을 빼앗기고 넋이 나간 사람처럼 살아가는 어머니 품에 안기는 감동적인 영화였다.

 영화는 실화이고 그 어린이들이 자라서 이제는 어른이 되었다고 했다. 도대체 백인들은 왜 인간답지 못하게 남의 자식을 빼앗아다가 자기들 식으로 길들이려 했을까? 그 비정한 발상과 처사에 내가 방금 당한 것처럼 분하고 억울했다. 그리고 말할 수 없는 슬픔이 가슴 깊이 밀려왔다. 그 영화 한 편을 보고 마음속에 간직하고 있던 원주민에 대한 가슴속의 응어리가 본병처럼 도졌다. 나는 그 본병을 치유해야겠다는 결심이 굳건해졌다. 그 결심은 이제부터 원주민을 구체적으로 돕는 실천을 해야 되겠다는 생각이었다. 그래서 호주 MRA 본부에 연락하여 원주민을 돕고 싶다는 뜻을 밝혔다. 다행히 원주민을 돕는 프로그램이 있다고 했다. 그들을 위해 적어도 1년에 1만 달러씩, 3년 동안 3만 달러를 돕기로 스스로 결정했다. 2008년 첫해에 1만 달러를 호주 MRA 본부에 보냈다. 이듬해인 2009년에는 호주 MRA에서 세계평화여성대회가 열렸다. 그 대회에도 참석하고 원주민도 만나볼 겸 또다시 1만 달러를 챙겨 호주로 떠났다.

 떠나기 전 색색의 비단 누비지갑 여러 개에 50달러씩 정성스러운 마음을 담아 넣었다. 호주에서 만나게 될 원주민 개개인에게 선물로 주기 위한 것이었다. 보기에도 좋고 맛도 있는 우리의 전통 한과 유과도 한 상자 챙겼다. 원주민 마을 사람들이 함께 먹을 것이었다.

 세계평화여성대회는 원주민들이 모닥불을 피우고 전통의식을 치르는 것으로 시작되었다. 내가 보낸 후원금으로 여러 명의 원주민 여성이 그 대회에 참가하고 있었다. 그들은 내가 온다는 소식을 이미 알고 있었고, 식전 행사가 끝나자 모두 곁으로 모여들었다. 그들과 나는 아무 말도 하지 않고 서로 미소 지으며 바라보기만 해도 참 반갑고, 금세 정이 건네지는 것 같았다. 준비해간 선물을 그들 개개인에게 전했다. 그리고 마을에서 함께 먹을 한국 유과 상자도 전했다. 그때, 받는 그들의 기쁨보다 주는 내가 더 행복하다는 것을 깨달음처럼 알았다.

호주에 당도하여 평소 알고 지내던 호주 MRA 지도자 앤드루 씨에게 원주민을 돕기 위한 1만 달러를 전달하려고 했다. 그러자 그는 그렇게 큰돈을 혼자 받을 수 없다며 개막식 대회장에서 전달하라고 했다. 대회장에서 나는 "작년에 1만 달러, 지금 1만 달러를 전달하지만 내년에도 1만 달러를 더 보낼 것"이라고 말했다.

세계 각국에서 모인 사람들은 나의 원주민에 대한 관심에 큰 호의를 갖고 대해 주었다. 가장 놀라웠던 것은 원주민을 돕는 일은 정부에서나 하는 일이지 개인이 돕는 일은 없었다고 했다. 대회가 진행되는 동안에도 원주민들은 내가 언제 시간이 나는지 엿보면서 만나고 싶어했다. 그럴 때마다 그들 곁에 함께 있었다. 대회가 끝나는 날 밤에는 문화행사가 있었다. 나라마다 단체로 나와 그 나라의 민속춤을 선보이곤 했다. 나는 자연스럽게 원주민들 틈에 끼었다. 공연하기 전 원주민들은 전통에 따라 얼굴에 여러 물감을 칠했다. 그들은 묻지도 않고 내 얼굴에도 물감칠을 했다. 원주민 공연 차례에 그들과 함께 춤을 추었다. 관객들은 크게 놀라는 반응을 보였다. 모든 행사가 끝난 뒤, 사람들은 내가 춤추는 모습이 참으로 아름다웠다고 한 마디씩 했다. 원주민은 백인이 함께하고 싶어해도 절대로 끼워주지 않는다고 했다. 그들이 나를 무대에 끼워주고 함께 춤을 춘다는 것은 커다란 사건이라고 했다. 호주라는 나라를 세울 때 백인이 원래 그 땅에 살고 있던 원주민을 변방으로 쫓아내기 시작했고, 원주민을 마치 짐승처럼 살육하여 대륙을 피로 물들게 했다고 한다. 쓰라린 역사를 잊지 않고 있는 그들은 그 역사 때문에 절대로 백인과 함께하지 않고, 백인을 용서하지 않고 있었다.

헤어지면서 원주민들은 나에게 수공예품, 갈대 같은 것으로 만든 선물을 주었다. 그들 가운데 젊은 아가씨는 웃는 얼굴로, 그리고 고마운 태도로 "당신은 죽어서도 동물로 태어나서 우리의 먹이가 되어 줄 것"이라고 했다. 원주민들은 사냥하고 강에서 물고기를 잡아 생계를 이어간다. 때로는 사냥감을 구하기 어려워 애쓴다고 했다. 그들은 내가 내생에도 그들을 도울 것이라고 믿고 있었다.

아! 아프리카

밀린 신문을 보려고 펼쳐 들었을 때 「검은 대륙을 돌보는 한국인 슈바이처」라는 신장곤 박사 관련 기사가 눈에 띄었다. 무심코 사진을 먼저 보다가 의사가 청진기를 대고 진료하는 대상이 사람처럼 보이지 않아 설명을 읽어보았다.

"세계에서 키가 가장 작은 민족인 피그미족을 진료하고 있다"라는 사진 설명을 읽는 순간, 형언할 수 없는 죄의식의 늪에 빠져들었다. 배가 몹시 부르고 키가 아주 작은 한 흑인 임신부의 모습을 사람의 모습으로 보지 못한 것이다. 나 자신이 피부색이 검지 않고 키가 작지 않은 데서 빚어진 엄청난 편견 때문이었을 것이다.

신문 전면을 가득 메운 아프리카 원주민들의 참혹한 실상을 죄스러운 마음으로 읽었다. "한국에서는 하찮다고 여기는 치료약이 없어서 귀중한 생명이 죽어가는 것을 속수무책으로 바라보는 일이 가장 무섭고 고통스럽다. ……어떤 때는 당장 수술을 해야 하는데 소독용 알코올이 없어 현지인들이 마시는 토속주로 대용한 적도 있으며, 거즈가 없을 때는 붕대를 끊어 쓰고, 붕대가 없으면 거즈를 이어 쓰는 일이 허다하다"라는 내용도 있었다.

사진 한 장을 잘못 보았던 꺼림칙한 생각 때문에 천연덕스럽게 앉아 있을 수가 없어 속죄하는 마음으로 혼자서 가만히 기도를 올렸다. 그래도 마음은 편해지지 않았다. 그곳 원주민들을 위해 의약품 값이라도 보태면 속죄의 실천이 될 것 같아 한국국제협력단에 전화를 걸어 계좌번호를 물었다. 그런데 나의 사무적인 전화를 너무 반겨 조금은 어리둥절했다. 신문에 대서특필되고 벌써 여러 날이 지났는데도 아무 반응이 없었는데, 오늘 처음 관심을 가져주는 전화가 걸려와 너무 고맙다는 이야기였다.

왜 이렇게 딱한 기사를 읽고도 모든 독자가 침묵했을까? 마음만 먹으면 얼마든지 남을 도울 수 있는데 우리의 동정심이 너무 무디다는 생각이 들었다.

나는 법회시간에 아프리카 원주민 사진 한 장을 잘못 본 데서 연유한 번민과, 신문기사 내용을 소개하면서 아프리카 원주민의 질병 퇴치에 정성을 합하자고 호소했다. 마치 나의 청을 뿌리치지 못하는 사람들처럼 교도들은 1,000만 원의 큰 성금을 모아주었다. 그 성금을 한국국제협력단에 기탁하고 나서야 비로소 홀가분해졌.

한국국제협력단에서는 우리의 성금으로 정부가 파견한 의료진이 인술을 베풀고 있는 아프리카 12개국에 의약품을 보내겠다고 했다. 그 후, 보내질 의약품의 종류와 수량들을 소상히 밝힌 보고서와 같은 것을 보내왔다. 나는 의약품마다 치유의 효험이 있기를 빌었다.

의약품을 받은 우간다의 의사 유종덕 씨는 "……약과 검사시설 없이 이론적 회진을 도는 데 지쳐, '실탄 없이 싸우는 군인의 모습이 이런 것이구나' 생각하고 탄식할 때가 참으로 많았습니다. 제가 근무하는 병동에서 당일에 7명이나 사망하는 일도 있었습니다. 병원에 수액이 없었기 때문에 당뇨·혼수로 사경을 헤매는 환자를 안타깝게 쳐다볼 수밖에 없었습니다. 그것은 차라리 고문과도 같은 것이었습니다. 그러던 중 원불교 지원 약품이 도착하여 현지인들을 위해 긴요하게 쓰고 있습니다"라는 편지를 보내왔다.

사진 한 장이 인연이 되어 아프리카에 의약품을 보내게 되었는데 그곳에서는 목숨을 살려내는 데 큰 도움이 되는 것 같아 일한 보람이 손끝에 잡히는 것만 같았다. 그래서 이듬해에도 1,600만 원의 성금을 모아 한국국제협력단에 다시 기탁했다. 성금 전달식을 마친 자리에서 박쌍용 총재는 아프리카 방문을 권유했다. 이번에 기탁한 성금으로도 의약품을 준비해 의료진이 있는 아프리카 12개국에 보낼 예정이라며, 그 가운데 몇 나라를 직접 방문하여 의약품도 전달하고 먼 나라에서 애쓰고 있는 의료진도 격려해달라는 것이었다. 그런 인연으로 멀고 먼 아프리카 땅을 밟게 되었다.

에티오피아의 블랙 라이온 병원에 의약품을 전달했을 때 병원장은 다음과 같은 인사말을 했다.

"요즈음 우리 병원에 마취제가 떨어져 수술이 중단된 상태였는데 한국에서 마취제(할로탄)를 보내와 대기 중인 수술환자들의 생명을 구할 수 있을 것 같습니다."

병실을 돌아보았을 때 본, 곧 죽음의 벼랑으로 떨어질 것만 같은 강보에 싸인 수많은 아기 환자, 침대도 없이 복도 한편에 눕힌 그 가엾은 아기들 모습이 아직도 눈에 선하다.

아프리카 사람들이 전통을 지키며 살고 있는 시골 모습을 보고 싶어서 우리 공관 측에 도움을 청했다. 내 뜻을 전해들은 공선섭 대사는 한국전쟁에 파병되었던 6·25전쟁 참전 용사 2명을 안내자로 정하고 차편까지 마련해주어 큰 기대감을 갖고 아프리카인의 삶을 체험하기 위해 나섰다.

에티오피아 수도인 아디스아바바를 출발한 지 20여 분쯤 되었을 때 농촌풍경이 전개되었다. 눈에 들어오는 주택들은 아프리카적인 특징이라곤 전혀 찾아볼 수 없는 함석지붕의 찌그러진 오막살이들뿐이었다. 안내자가 보여준 전통 가옥의 지붕은 그 옛날 우리 농촌의 새막처럼 생겼고 내부 구조도 매우 단순했다.

어느 골목을 지나다 그야말로 전통 오막살이 같은 집을 만났다. 지난밤에 사람이 잠을 잤을 것이라고 믿어지지 않는 그 헛간 같은 곳엔 마른풀이 깔려 있고, 방 안에는 어린아이가 혼자 주저앉아 울고 있었다. 허술하기 짝이 없는 그들의 삶터가 아프리카 사람들의 고단한 삶, 가난을 설명하고 있었다. 인간의 삶터라고, 가정의 보금자리라고 믿기지 않는 집을 보면서 낭만적으로 생각했던 아프리카인의 삶은 빈곤과 불결함뿐이란 것을 깨달았다.

안내자를 따라 들어선 어느 집은 집이 곧 방이었다. 거적문 같은 것을 열고 들어섰을 때 어두컴컴한 방 안에는 연기마저 자욱했다.

❝ 나는 아프리카에서 마실 물이 얼마나 귀한가를 깊이 깨달았다.
마실 물을 구하기 위해 얼마나 애쓰는가도 알게 되었다.
마을에 공동우물을 파주거나 식수 펌프를 마련해준 일은
모두 아프리카 방문 때 느꼈던 식수문제의 곤란,
그 어려움을 극복해보기 위한 노력이었다. ❞

그 안에 있던 원주민의 두 젊은 아낙네는 우리가 들어서자 매우 당황해하는 모습이었다. 안내자가 무슨 말인가를 하자 순박한 미소로 나를 반겼다.

그들은 왕골 같은 것으로 민속공예 바구니를 짜고 있었고 발치에는 어설픈 곤로에서 나뭇가지들이 타느라 연기가 나고 작은 주전자에서는 커피가 끓고 있었다. 아낙네들은 커피를 마시겠냐고 권하며 무엇인가 대접하고 싶어했다. 말이 통하지 않은 채 마주 앉아 있어도 그들 특유의 미소 때문에 정이 갔다. 그들은 가난이란 말조차 빌릴 수 없을 만큼 아무것도 가진 것은 없어도 평화스러워 보였고 또 행복해 보였다.

호기심이 많은 나는 집 안을 이리저리 살펴보았다. 그들은 모든 것을 순순히 내보여주기라도 하듯 맨 먼저 물항아리부터 보여주었다. 잠시 후 그 집에서 나와 또 다른 집을 방문했다.

낯선 사람이 골목길에 나타나서인지 원주민들은 문을 열고 나와 구경하는 것 같았다. 선량한 그들의 표정이 나를 거부하지 않는 것 같아 걸음을 재촉해 이 집 저 집을 가보았다. 한 집을 들어갔다가 또 다른 집에 와 있으면 바로 전에 갔던 집주인이 울 너머로 바라보며 미소를 지었다. 다녀온 집의 한 아낙네는 집 안에 핀 꽃을 주섬주섬 꺾어 이웃집에 와 있는 나에게 갖다주며 순박하게 웃었다. 뜻밖에 꽃다발을 받아든 나는 참으로 행복했다. 가난과 역경 속에서 살아가는 그들이지만 심성만은 곱고 맑아 보였다.

이상한 것은 집집마다 아낙네들이 물이 담긴 물항아리를 보여주는 것이었다. 대사관으로 돌아와 방문 소감을 말하면서 여인들이 왠지 물이 담긴 항아리를 보여주더라는 말을 하자 공 대사님이 들려준 이야기는 이러했다.

이 나라에서는 식수를 구하기가 매우 어렵기 때문에 물항아리를 보여주는 것은 자기 집엔 마실 물이 있다고 보여주는 것이라고 했다. 그곳에서 물 한 동이를 구하려면 왕복 다섯 시간 내지 일곱 시간이 걸린단다. 그래서 식구 가운데 한 사람의 일거리는 매일 물 한 동이를 길어오는 것이라고 했다.

나는 케냐에서 흑인 빈민가를 방문했을 때 그 가난한 사람들이 공동수도에서 물 한 통도 돈을 주고 사는 것을 보았다. 짐바브웨에서는 50미터 지하에서 힘겹게 식수를 길어 올리는 것을 보았다.

아프리카에서 마실 물이 얼마나 귀한가를 깊이 깨달았다. 그리고 아프리카 사람들이 마실 물을 구하기 위해 얼마나 애쓰는가도 알게 되었다. 아프리카를 다녀온 후로 나는 물을 철저히 아껴 쓰고 있다. 아무 생각 없이 헤프게 쓰는 사람을 보면 아껴 쓰라고 타이른다.

아프리카 식수 문제 해결에는 아무 도움을 주지 못했지만, 대한적십자사를 통해 미얀마 195개 마을에 식수 펌프를 마련해주는 일과 캄보디아 바탐방과 시엠레아프의 74개 마을에 공동우물을 파주거나 식수 펌프를 마련해준 일들은 모두 아프리카 방문 때 느꼈던 식수문제의 곤란, 그 어려움을 극복해보기 위한 노력이었다.

신문이나 TV 뉴스에 비친 아프리카는 한발(旱魃), 기근(饑饉), 아사(餓死), 내전과 국경 분쟁 등 온갖 불행한 사태가 끊임없이 일어나고 있어 지상의 갖가지 비극을 안고 있는 지역처럼 생각될 때가 있다. 아무리 원조를 해도 밑 빠진 독에 물 붓기와 같아서 아프리카는 지구촌의 영원한 숙제처럼 여겨지기도 한다.

스와질란드와 남아공을 방문했을 때 아프리카의 자연이 참 아름답다는 생각을 했다. 잘 가꾸어진 가로수 아래에서 비질하고 있는 흑인의 모습은 그대로 아름다운 한 폭의 그림이었다. 살빛이 검기에 자연과 더욱 조화롭다는 생각도 들었다.

선조 때부터 그 땅에서 평화롭게 살아오던 원주민들의 삶은 백인들이 그 땅을 밟으면서부터 억압당하고 쫓기고 노예처럼 살아가고 있다. 아프리카에서 경관이 빼어난 곳에 유난히 큰 저택을 짓고 아름다운 수목 속에 사는 사람들을 볼 때는 흑인 속에 군림하고 있는 백인을 보는 것 같고, 그 집에서는 백인을 섬기는 흑인의 신음이 새어 나오는 것만 같았다. 아프리카에서 느끼는 백인들의 위세는 백인끼리 사는 다른 나라에서는 느껴볼 수 없는 것이었다.

나는 아프리카를 방문했을 때 마치 현장학습을 하는 학생처럼이나 진지했다. 남아공까지 갔다가 원주민이 살고 있는 블랙랜드를 가보지 못하면 중요한 것을 놓치는 것이라고 생각했다. 그러나 그곳에 살고 있는 한국 사람들이 원주민이 살고 있는 지역에 외부인이 불쑥 나타나는 것은 매우 위험한 일이라며 만류했다. 그러나 끝내 그분들의 협조를 간청해 원주민의 마을 블랙랜드를 찾아갔다.

그곳은 사람이 사는 마을이라고 믿기 어려운 게딱지 같은 집들이

다닥다닥 무질서하게 촌락을 이루고 있었다. 울도 담도 없는 매우 좁은 공간에 함석을 사방에 벽으로 두르고 지붕도 함석으로 덮여 있었다.

빛도, 공기도 통할 수 없는 함석집, 더운 여름은 바람이 통하지 않아 어떻게 살며 또 겨울은 어떻게 지낼 수 있을까? 그들의 삶터를 보면서 나는 절망의 늪으로 빠져들었다.

그 보잘것없는 집들은 모두 큰 자물통으로 굳게 잠겨 있었다. 온 마을은 마치 사람이 살고 있지 않는 것처럼 텅텅 비어 있었다. 그들 모두는 어딘가에서 백인을 위해 고달픈 하루를 보내고 있을 테다.

1994년, 대통령의 암살로 르완다에 내전이 일어났다. 정권을 잡고 있던 후투족이 투치족 반군에 패배한 것이었다. 종족 간에 죽인 사람의 시체를 불도저로 구덩이에 파묻는 참혹한 실상이 시시각각 TV 화면을 통해 전해왔다. 또 주변국으로 탈출한 후투족 난민들의 삶을 동물의 농장에 비유하는 기사가 보도되기도 했다.

그 전쟁터에서는 각종 전염병이 만연해 사람의 목숨이 경각에 달려 있는 것 같은 긴급한 보도도 잇달았다. 1994년 7월 31일자 강남교당 회보에 「르완다를 도웁시다」를 보면 "르완다에서는 지금 25만 명의 어린이가 죽어 그 시신을 불도저로 밀어 구덩이에 파묻고 있습니다. 또 콜레라 앞에 100만의 난민이 무방비 상태로 죽어가고 있습니다. 세기적인 비극의 현장 르완다를 도웁시다. 단돈 500원이면 15명의 르완다 어린이에게 결핵 접종을 시킬 수 있고, 500원만 있으면 10명에게 디프테리아 예방주사를 놓을 수 있습니다. 그들을 살려

냅시다"라고 호소했다.

르완다 내전이 일어났을 때, 마치 발등에 불이 떨어진 것처럼 돕기를 서둘렀다. 모금을 시작한 때로부터 유니세프에 2,361만 원을 기탁할 때까지 고작 10일밖에 걸리지 않았다. 르완다 국민 수는 815만여 명이었다. 죽고, 탈출하고 이미 질병에 걸린 사람만도 400만 명에 이르렀다. 계산으로는 그만큼의 성금이면 살아남은 르완다 국민 모두가 예방주사라도 맞을 수 있다고 생각되었다.

아프리카 여러 나라가 제2차 세계대전 이후 신생독립국이 될 때, 아프리카를 식민 통치하던 열강들은 지리·역사·문화·인종의 특수성을 고려하지 않고 그들 멋대로 분할했다. 그 불합리한 국경선을 그대로 받아들이며 독립한 여러 나라는, 걸핏하면 종족 간에 갈등이 생기고 내전이 일어난다.

르완다를 도왔던 것은 이 같은 인식의 바탕에서 약자를 도운 것이었다.

그 후 스위스 MRA 센터에서 르완다의 키갈리 인디펜던트 대학교 총장을 만났을 때 마치 친지를 만난 것처럼이나 반가웠다. 르완다를 도왔던 애정으로 3,000달러를 장학금으로 보냈다. 그 후, 도서가 부족했는데 그 성금으로 몇백 권의 도서를 구입했다며 고마워했다. 그 일 또한 큰 보람이었다.

가슴 아픈 지구촌의 재앙

　인간에겐 견문이 매우 중요하다는 생각을 자주 해보곤 한다. 여행을 할 때마다 참으로 많은 것을 배우고 경험하고 느끼고 깨닫게 된다. 특히 중동지역을 여행했을 때는 그 현장에서가 아니면 체득할 수 없는 것들을 나의 것으로 삼을 수 있었다.
　로마제국의 지방도시였다는 요르단의 제라시에서는 지진의 괴력이 얼마나 무서운 것인가를 전신으로 느낄 수 있었다. 로마보다 더 로마적이고 1, 2세기경에는 서구문명의 요람이었다는 그곳에서는 천몇백 년 전에 지진이 요동치고 지나간 자리에서도 역사적인 사실들을 엿볼 수 있었다. 방금 지붕을 걷어낸 상태처럼 보이는 모자이크 마룻바닥과 수천 명이 모일 수 있는 원형극장, 석주의 둥근 품 안에 안겨 있는 제라시 광장, 800미터 '기둥의 거리'에는 키가 큰 돌기둥들이 근육이 삭아버린 앙상한 속뼈를 드러내 보이며 도열하듯 서 있었다. 한 번의 지진으로 그 방대한 규모의 석조 건물들이 매몰돼 버렸다고 한다. 지진이 나면 지반이 흔들리고 땅바닥이 갈라져서 집이 무너지는 것이 아니라 땅속의 무서운 괴력이 큰 입을 벌리고 지상의 모든 것을 한순간 삼켜버릴 수도 있다는 것을 알 수 있었다.

그때의 지진으로 얼마나 많은 사람이 죽었을까? 또 살아남은 사람들은 얼마나 많이 다치고, 정신적으로 그 무서운 지진의 공포 때문에 평생 동안 얼마나 시달렸을까? 또 가족과 삶터를 모두 잃어버린 그 상실감은 얼마나 컸을까?

중동 여행을 마치고 돌아온 후로는 어디에선가 지진이 나기만 하면 조건반사적으로 그 재난지역을 돕고 있다. 지진뿐 아니라 긴급구호가 필요한 화산 폭발이나 태풍 피해를 입어도 즉각적으로 관심과 정성을 쏟은 나라만도 13개국에 이른다. 중동의 제라시에서 받은 충격 때문에 그렇게 할 수 있었다.

몇 해 전, 아프가니스탄에 강한 지진이 발생했을 때 한 일간신문의 「나린지역 90퍼센트 파괴, 서 있는 집 안 보여: 2만 명 실종」이란 기사에서 "산간지역의 평원인 나린은 지형과 도로 사정으로 구조와 지원활동을 항공기에 의존하는 수밖에 없는 곳이어서 구조작업에 어려움을 겪고 있다. 흙벽돌집으로 이루어진 가난한 농업공동체인 나린은 눈 덮인 힌두쿠시 산맥의 기슭에 위치하고 있어 카불에서 이어지는 길은 좁고 꼬불꼬불하고 옆은 깎아지른 절벽인데다 눈마저 내려 교통이 완전히 두절된 상태다. 게다가 길 중간에 있는 3.2킬로미터 길이의 실랑 터널은 해발 약 4,000미터로 지구상에서 가장 높은 터널이다"라고 현장 소식을 전했다.

아프가니스탄을 가본 적은 없어도, 눈에 선한 고향 마을 소식 같아 안타까움이 더했다. 북인도 히말라야 설산 라다크와 국경을 맞대고 있는 곳이 아프가니스탄이기 때문이다. TV 화면으로 보면 높은 산악지대에 살고 있는 그들 모습도 자주 보던 라다크 사람들의 삶의 형태와 너무 비슷했다.

라다크와 이웃하고 있다는 것만으로도 나의 이웃이 큰 불행을 겪고 있는 것 같았다. 살아남은 주민들은 집도 음식도 없이 한 겨울밤을 보내고 있다는 소식도 있었다. 땔감 나무를 쉽게 구할 수 없는 그곳 사람들은 모닥불도 없이 그 무서운 추위를 견딜 것이란 생각이 들었을 때, 그들의 고통은 나로 하여금 더 이상 구경꾼이나 방관자로 있을 수 없게 했다. 그래서 벌떡 일어나듯 그들을 돕기 위해 동분서주하여 10,14만 5,130원의 성금을 대한적십자사에 기탁했다. 그 성금이 꼭 큰 것은 아니어도 세계 불행에 동참하는 몫을 했던 것이다.

이제는 방 안에 앉아서도 TV로 세계 소식과 그 현장을 낱낱이 생생하게 볼 수 있다. 2001년 인도의 구자라트 주에서 지진이 발생해 3만 명이 목숨을 잃는 참사가 일어났을 때도 TV로 모든 참상을 볼 수 있었다. 그때 한 여인의 손, 여러 개의 반지를 낀 손만 무너진 건물더미 밖으로 나와 있었다. 그 여인이 행여 숨 쉴 수 있는 공간 속에 갇혀 있으면서 그 손만 빼내면 살 수 있을 줄 알고 무진 애쓰고 있을 것이란 상상이 되었다. 그런 생각이 들자 내 손이 건물더미에 깔려 있는 것 같은 착각이 들었다.

인도에 지진이 발생했을 때도 성금을 모았고, 그 성금을 기탁하고서야 내 손이 무너진 건물 흙더미 속에서 빠져나오는 듯한 자유를 느낄 수 있었다.

우리의 핏줄 라이따이한

인도차이나 반도에 위치한 베트남. 귀에 유별나게 익숙한 베트남의 옛 사이공 거리를 거닐다보면, 은밀히 다가와서 한국 사람의 옷자락을 잡는 여인이 있다. 말하지 않아도 깊은 호소력을 담고 있는 그 눈빛, 그는 비밀스럽게 간직해온 남편 사진과 한국 주소가 적힌 낡은 편지 봉투를 펴보였다.

"나의 남편은 한국사람입니다. 혹시 이 사람을 아시나요?"

빛바랜 사진과 손때에 절은 주소 쪽지 하나를 들고 무작정 거리에서 남편을 찾고 있는 베트남 여인. 미안한 마음으로 '모르는 사람'이라고 정직하게 대답하면, 그녀는 곧 실성해버릴 것만 같은 실망과 좌절의 늪으로 빠져드는 것처럼 보였다.

"우리 아버지 이름은 ○○○인데, 고향은 ○○○고요, 고모의 이름은 ○○○. 한국에 돌아가면 아버지에게 연락 좀 해주실 수 있어요?"

이렇게 이야기하며 나달나달해진 주소 쪽지를 디밀며 아버지를 찾는 우리의 핏줄 라이따이한. 한국말은 서툴러도 한국 아버지를 찾고 있는 모습은 영락없이 우리를 빼닮았다.

우리에게는 망각이란 강물을 따라 저 멀리 흘러가버린 월남전. 한때 한 치 앞도 안 보이는 전쟁의 포화 속에서 지구촌의 남녀가 나누었던 사랑은 오늘날 베트남에 '라이따이한'이라는 한·베트남 혼혈아를 태어나게 했다.

20년 가까운 세월 동안 두 나라의 국교가 단절되어, 그녀들은 그리운 남편이 자기들 곁으로 올 수 없다고 믿고 있었다. 이제는 길이 트였으니 사랑하는 아내와 자식들 곁으로 달려올 것이라고 철석같이 믿고 있는 그들. 그 누가 지금 그들 곁으로 되돌아가고 있는가?

기다리다 지치고, 한국 남편이 영원히 돌아오지 않을 것이라는 사실을 깨닫는 순간, 그들의 사무친 그리움은 분노로 변할 것이고, 끝내는 한국과 한국 사람을 저주하게 될까 두려웠다. 그녀들은 온갖 핍박과 냉대 속에서 적군의 자식 라이따이한을 끌어안고 키우며 꿋꿋이 절개를 지키고 있었다. 아직도 그녀들은 행여 찾아온 남편이 가족을 못 만나고 헤맬까 걱정되어 집 자리도 바꾸지 않고 기다림으로 애태우는 세월을 살아가고 있었다.

잊으려 해도 잊을 수 없을 만큼 자라버리고, 덮어놓고 싶어도 더 이상 덮어놓을 수 없는 역사 속에 감추어놓은 우리의 모습이, 한·베트남 혼혈아 '라이따이한'이란 이름으로 그 실상의 얼굴을 쳐들고 우리의 양심 앞에 책임을 묻고 있었다.

투덕 직업훈련원 기공식에 참석하기 위해 베트남에 간 나에게 "피곤하시죠?"라고 또렷한 한국말을 하는 라이따이한 아가씨와 눈이 마주치면서 순간적으로 '누가 저렇게 어려운 말을 가르쳐주었을까' 라고 생각했다. 어딘가 우리네와 꼭 닮은 그 아가씨가 속마음을 잡아당기고 있었다.

라이따이한들은 이제 결혼할 나이의 처녀총각이 되어 있었다. 기다려도 돌아오지 않을 아버지를 대신해서 그들을 결혼시켜주어야겠다는 생각이 들었다. 한국에 돌아와서는 우리가 그들의 아버지가 되어 결혼을 시켜주자고 법회날 호소했다. 한 쌍의 결혼비용은 40만 원이 필요하다고 했다. 그리하여 베트남에 머물면서 라이따이한을 거두고 있는 주정섭 씨를 통해 남녀 몇 쌍을 결혼시켰다. 라이따이한에게서 결혼한 사진도 보내왔다. 직장에 가려고 해도 자전거가 없어 가기 어렵다고 하소연하던 그들에게 30대의 자전거도 마련해주었다. 베트남과 라이따이한 젊은이들이 함께 직업훈련을 받게 될 투덕 직업훈련원에 1,000만 원의 성금을 보태고 죄스럽고 미안한 마음을 덜어냈다.

제4장
큰 스승님들, 마음의 속뜰에서 만난 인연들

제가 늘 지켜보고 있으니 마음 든든하지요?

길상사 행지실에서 스님을 뵙고 돌아올 때면 잠시 배웅 나와 등 뒤에서 하신 말씀인 줄만 알았는데 스님 세상 떠나고 나서 주신 하서를 챙기다보니 한 엽서에도 "제가 등 뒤에서 늘 지켜보고 있으니 마음 든든하지요?"라고 쓰셨네요.

너무 과로하지 말 것! 장거리 선수는 한꺼번에 기운을 쏟아버리지 않는대요. 언제 한번 만나야 할 텐데요. 서울 사무소 소장이 되었으니 일이 더욱 많겠어요.
나무천수천안(南無千手千眼) 관세음보살! 교무님은 세상의 소리에 귀 기울이며 천수와 천안으로 돕고 거드는 관세음보살이에요. '숙제' 읽으면서 선재 선재(善哉 善哉)! 라고 칭찬해드리고 싶었습니다. 사무실에 나갔을 때 몇 차례 전화로 문안드리려고 했는데 그때마다 안 계셨습니다.
엊그제는 부산에 내려가 한 가지 일을 끝내고 왔어요. 일 끝내고 나면 마음이 텅 비어요.

여기저기서 꽃 소식이 들립니다. 향기로운 봄 맞으세요.

• 1996. 3. 30

보내주신 약 감사히 받았습니다. 나무약왕보살(南無藥王菩薩)! 필요한 것 있으면 떼를 써서 구해달라 부탁해 염치없습니다.

오두막 둘레에는 요즘 해바라기가 눈이 부시도록 아름다워요. 푸른 창공을 배경으로 볼만합니다. 엊그제도 창문을 발랐습니다. 방 안이 한결 밝고 아늑합니다. 한지로 바른 창문 아래서 한국인의 정서가 자라났을 거라는 생각입니다. 도시화된 주택에서는 그런 걸 느낄 수 없지만요. 너무 바쁘게만 지내지 말고 더러는 하늘도 쳐다보고 구름도 바라보세요. 밤하늘에 별도 헤아리고요. 아름다운 가을 맞으십시오.

• 1995. 9. 22

다시 훌쩍 태평양으로 건너왔습니다. 따뜻한 햇볕과 푸른 바다가 있는 캘리포니아로요. 아침저녁으로는 겨울인데 한낮으로는 초여름 같은 사막 특유의 기후입니다.

여행을 떠날 때마다 이 혹성을 언젠가는 떠날 연습이라고 생각됩니다. 보좌관 신현대 님의 안부를 묻습니다.

• 1992. 1. 17

또 한 해가 새어나가버렸습니다. 세월은 오는 것이 아니라 가는 것이란 말이 실감이 갑니다. 꽃 피고 새 우는 봄날에 훌쩍 한 번 다녀가십시오. 새해 복 받으시고요.

- 1990년 세모 불일암에서

너무나도 뜻밖에 스님께서 세상을 떠나고 안 계시니 편지 한 장, 엽서 한 장 모두가 소중하기만 합니다.

스님! 생전에 드리지 못한 말씀이 있습니다. 많고 많은 편지를 읽어주셔서 참으로 감사했습니다. 일을 할 때마다 힘겹고, 그 무게를 견딜 수 없을 때마다 매번 편지를 썼습니다.

때로는 편지가 너무 여러 장이어서 봉투가 터질 것 같았습니다. 글씨도 졸필인데다 항상 급히 쓰느라 난필이어서 다 쓰고 나서는 '과연 이 긴 편지를 읽어보실 수나 있을까' 하는 생각을 하곤 했습니다. 때로는 저의 걱정을 다 듣고, 걱정이 전염되어 마음이 편치 않으시면 어쩌나 하는 걱정도 했습니다. 이제 드리는 고백이지만 스님에게 편지를 쓰고 나면 매번 걱정이 덜어지는 듯한 위로를 받으면서 좀 홀가분해지는 느낌이었습니다.

지금 생각해보면 1991년 불일암에서 처음 뵙고 3일 동안 머물 때 아무 부담 없이 많은 말씀을 드렸던 것 같아요. 처음 만나 고작 둘째 날이었는데, 제 이야기를 열심히 듣고 "하신 말씀 중에 이야기의 주인공에 대해서는 남는 것이 없는데 오늘밤 박 교무님이 나에게 깊이 각인되고 있어요" 하셨습니다. 스님은 불쑥 "앞으로 나도 도와주십시오" 하셨습니다. '불일암에 계신 스님을 무슨 일로 돕나?' 하는 혼자 생각을 하면서도 선뜻 "그러세요, 스님" 했습니다. 이미 '맑고 향기롭게' 시민운동을 펼칠 구상을 갖고 계셨음을 미처 몰랐습니다.

직접은 아니지만 청학 스님을 통해 프랑스 길상사 건립 일을 도와달라고 하셨습니다. 그때 불일암에서의 약속을 기억하면서 1,000만 원을 보내드렸습니다. 스님은 프랑스 길상사를 건립하기 위해 그림 전시회를 하셨습니다. 전시회를 마치고 1,000만 원의 가치가 있는 연꽃그림을 보내주셨습니다. 강남교당 3층에 제가 거처하던 방은 아주 작았지만 한 벽면을 꽉 채우는 그 그림을 걸어놓고 항상 정겨운 마음으로 보았습니다. 퇴임한 후에 그 그림을 한겨레중고등학교 이사장실에 '법정 스님 기증품'이라고 밝히고 걸어놓았습니다. 이제는 더 많은 사람들이 관심 있게 보고 있습니다.

스님은 성북동 길상사를 창건할 때 저를 봉축위원명단에 넣어놓으셨습니다. 원불교 사람인 제가 불교 사찰 봉축위원을 하는 것이 합당한 일인가 하고 곰곰이 생각해보았지만 결국 사양하지 못했습니다. 길상사 창건 법회가 있던 날 길상사에 갔습니다. 스님을 중심으로 좌편으로는 김수환 추기경을 모셨고, 바른편으로 저의 자리가 마련되어 있었습니다. 그 자리에 여성 스님은 한 분도 앉지 않았습니다. 특별히 저를 배려하셨음을 지금도 잘 알고 있습니다.

아름다운 추억이 있습니다. 저는 매번 5월 길상사 음악회에 참석했습니다. 부처님 오신 날을 즈음해서 음악회가 열렸습니다. 그때마다 들었던 음악은 무엇이었는지 기억나지 않습니다. 그러나 음악회가 진행되는 동안 저의 눈은 높은 하늘을 바라보고 있었습니다. 경내의 크고 높은 나뭇가지마다 수없이 걸린 4월 초파일 색색의 연등엔 환히 불이 밝혀졌고, 밤하늘의 창공에 매달려 있는 등을 보는 것은 환상적이고 아름다웠습니다. 마치 지구 밖에서 아름다운 길상사 음악회를 내려다보는 것 같은 착각을 하면서 그 밤을 즐겼습니다.

1992년 라다크 설산 사람들에게 겨울옷을 모아 보낼 때 스님은 강남교당 지하실에 여섯 대 컨테이너 물량이 천장 높이 쌓인 것을 보고 "이 세상에 박 교무님이 제일 부자다. 다른 누가 이렇게 많은 옷을 가진 사람이 있을까? 박 교무님보다 더 부자인 사람 있으면 나와보라고 해요. 이 많은 옷과 담요 이불이 설산 사람들에게 전해지면 얼마나 따뜻하게 지낼 수 있을까?" 하며 제가 힘들여 한 일의 보람을 금방 손에 쥐어주셨습니다.

2003년 헌산중학교 개교식 날에도 강원도에서부터 직접 차를 몰고 와 참석해주셨습니다. 아직 3월의 이른 봄, 날씨가 차가워서 모두 오버코트를 입고 왔는데, 얇은 옷차림으로 그 추위를 견디느라 큰 고생을 하셨습니다.

캄보디아 더운 나라를 다녀올 때면 스님은 강원도 오두막집에 눈이 가득 쌓인 카드를 보내주시면서 눈을 보고 더위를 식히라고 하셨습니다. 한번은 저의 부주의로 캄보디아 배에서 땅 위로 떨어져 허리에 압박 골절상을 입고 큰 고생을 했습니다. 스님은 그 소식을 듣고 홍화씨 가루를 구해 사람을 시켜 보내주시면서 "홍화씨가 뼈가 붙는 데는 제일 신속하다"고 하셨습니다. 또 때론 과로로 편도선이 붓고 아예 몸져 누워 있을 때, 외부에서 걸려온 전화를 받고 상대방의 음성을 얼른 알아차리지 못해 망설이면 "나, 스님 강원도입니다" 하셨죠. 그리고 "편도선이 부었으면 동쪽을 향해 발뒤꿈치를 들고 두 손으로 귀를 위로 잡아당기면서 '야' 소리를 내보세요. 그렇게 하고 나서 소금물로 목을 헹궈내요. 그러면 나을 거예요" 하셨습니다. 스님은 "절대로 과로하지 말아요"라고 조금은 꾸중하는 어조로 말씀하셨습니다.

스님을 1년에 한두 번쯤 뵈었던 것 같습니다. 2008년 12월쯤 길상사 행지실로 스님을 찾아뵙고 "스님! 금년에 처음 뵙습니다"라고 말씀드렸습니다. 그때 스님은 "이게 무슨 소리! 나는 매일 만나는데" 하셨습니다. 그때가 스님을 마지막 뵐 때였습니다. 스님을 뵐 때면 항상 행지실 방 안에 사람들이 가득 모여 있었습니다. 무슨 말씀이라도 드리려면 마치 무대에 출연하는 것 같아서 될 수 있는 대로 말을 하지 않고 다소곳이 앉아 있곤 했습니다. 스님은 제 몫까지 말씀하시듯 이것저것 소식을 묻고 많은 말씀을 하셨습니다. 가끔 제가 "스님! 오랜만에 뵙습니다" 하면 스님은 "자주 만날 필요 없어요. 자주 만나면 범속해지기 쉬워요" 하셨습니다.

다비장에서 스님의 색신(色身)이 불길 속에서 훨훨 타는 것을 TV로 지켜보았고, 스님이 입적하신 후로는 참열반에 드시도록 지성으로 축원드렸습니다. 그런데도 이 세상에 계시지 않다는 사실이 실감이 나지 않습니다. 모든 독자도 스님의 책을 통해 영원토록 스님의 음성으로 스님의 말씀을 들으면서 자기 인생을 동행할 것이라고 믿습니다.

세정 알아주시던 분
• 법정 스님께

　스님의 병세가 위독하다는 소식이 처음엔 어디에선가 새어나오듯이 들려오더니 얼마 가지 않아 신문에까지 알려졌습니다. '이젠 곧 당하는 일이구나' 하고 하루하루를 조심스런 마음으로 지내고 있었습니다. 서울에 나갔다가 용인 삶의 이야기가 있는 집으로 돌아오는 길에 "법정 스님이 열반하셨다"는 소식이 전해져왔습니다

　되짚어 다시 서울로 올라갔고 스님이 계시다는 길상사에 이르렀지만, 누군가가 기운을 다 빼앗아가버리기라도 한 듯 전신의 힘이 쭉 빠져 무거운 발걸음으로 평소 스님을 뵈러 가던 행지실로 올라갔습니다.

　길상사에는 많은 사람이 비보를 접하고 모여들고 있었습니다. 누군가 "교무님 가신다" 하자 별채 행지실의 작은 대문을 잠그려다 다시 열어주었습니다.

　스님을 뵈러 갈 때마다 오르던 그 행지실 툇마루가 그날따라 유난히 높게 느껴졌습니다. 간신히 올라가 열린 문 안으로 들어섰을 때, 스님은 마치 주무시듯 베개를 베고 갈색 장삼을 이불 삼아 덮고 반

듯하게 누워계셨습니다. 몇 명의 상좌가 열반에 드신 스님 곁에 앉아 있는데도, 스님께서 벌떡 일어나실 것만 같은 착각 속에 한참 동안을 바라보다 마지막 큰절을 올렸습니다. 잠시 머물렀던 그 짧은 시간이 너무 길게 느껴졌고, 숨죽인 듯한 방 안의 고요함이 너무나 적막하게 느껴졌습니다. 행지실은 참 오랜 세월 드나들던 익숙한 곳인데도 더 이상 잠시도 머물 수 없는 서먹함 때문에 스님을 마지막으로 한 번 더 바라보고 그 방을 나왔습니다.

스님을 뵙고 떠나올 때면 항상 작은 대문 밖까지 배웅해주면서 혼자 말씀처럼 저를 격려해주시곤 했습니다. "건강 잘 지키면서 일 열심히 하세요. 내가 등 너머로 항상 지켜보고 있어요" 하신 말씀이 오늘도 다시 들리는 것만 같은데, 혼자서 뒤돌아 나오려니 천지가 텅 빈 것 같았습니다.

스님의 열반 소식은 삽시간에 세상에 알려졌습니다. 세상은 잠시 경건한 침묵 속으로 가라앉아 명복을 비는 듯하더니 차차 스님의 인격, 그 맑고 향기로움이 온 세상에 번져나갔습니다. 스님의 청정함으로 혼탁한 세상이 깨끗하게 씻기는 것 같았습니다. 강원도 오두막에서 홀로 건장한 모습으로 잘 계시려니 믿고 있던 국민은 뜻밖의 열반 소식이 믿기지 않는 것 같았습니다. 스님이 계시지 않는 세상이 너무 삭막하고 쓸쓸할 것 같아서인지 너나없이 아쉬워했습니다. 79세로 세상을 떠나시기에는 너무 빠르다 싶어서인지 다 함께 열반을 애석해했습니다.

농경사회에서는 자연과 더불어 살다가, 산업사회로 이동하면서 다 함께 시골 사람이던 우리가 모두 도회지에서 살게 되었습니다. 공장이나 회사, 관공서 등 일터로 출근하는 현대인은 저마다 바쁘게 움직이고 하루 종일 업무에 시달리는 생활을 마치 다람쥐 쳇바퀴 돌듯 합니다. 그런 삶을 일상으로 받아들이느라, 봄이 와도 봄이 오는 것도 느낄 겨를 없이 오직 현실생활에 매몰되어 살아가고 있습니다. 빌딩 숲 도시에서 마치 자연을 차단하듯 멀리하고 경쟁사회에서 행여 뒤질세라 자기 앞가림에만 치중하면서 살다보니 따뜻한 가슴, 인간다운 품성마저도 잃어가고 있습니다. 그러나 그 심각성마저 깨닫지 못한 채 살아갑니다.

홀로 산사에 계시면서 스님 특유의 투명한 감성으로 보고 느낀 철따라 변화무쌍한 자연의 아름다움과 신비로움을 산방한담(山房閑談)으로 띄어주면, 사람들은 비로소 메말랐던 정서에 다시 물기가 도는 것을 느끼곤 했습니다. 스님의 글은 종교를 초월해 남녀노소 모두가 좋아하며 읽었습니다. 스님의 영혼에 기대어 살던 많은 사람은 이제는 더 이상 스님의 글을 읽을 수 없을 것이라는 허전함을 느끼는 것 같습니다.

이승을 떠나면서 책을 절판하라 하시니 사람들은 당장 먹어야 되는 양식을 구하듯 책을 사느라 서점마다 북적였습니다. 책은 금세 동이 나버렸고 더 이상 서점에서 구할 수 없게 되었습니다. 스님은 때로 밝은 마음눈으로 세상을 바라다보면서, 순리가 지켜지지 않을 때나 자연을 훼손할 때면 가차 없이 준엄한 비판을 하셨는데 이제는 어느 누가 그렇게 할 수 있을까 하는 걱정도 하는 것 같습니다.

스님은 1970년 나이 39세였을 때 어느 편집자의 원고청탁을 받고 「미리 쓰는 유서」를 쓰셨습니다.

내가 죽을 때에는 가진 것이 없을 것이므로 무엇을 누구에게 전한다는 번거로운 일도 없을 것이다. 본래무일물(本來無一物)은 우리 사문의 소유 관념이다. 그래도 혹시 평생에 즐겨 읽던 책이 내 머리맡에 몇 권 남는다면, 아침저녁으로 "신문이오" 하고 나를 찾아주던 그 꼬마에게 주고 싶다. 장례식이나 제사 같은 것은 아예 소용없는 일, 요즘은 중들이 세상 사람들보다 한술 더 떠 거창한 장례를 치르고 있는데, 그토록 번거롭고 부질없는 검은 의식이 만약 내 이름으로 행해진다면 나를 위로하기는커녕 몹시 화나게 할 것이다. 평소의 식탁처럼 나는 간단명료한 것을 따르고자 한다. 내게 무덤이라도 있게 된다면 그 차가운 빗돌 대신 어느 여름날 아침에 좋아하게 된 양귀비꽃이나 모란을 심어달라 하겠지만, 무덤도 없을 테니 그런 수고는 끼치지 않을 것이다. 생명의 기능이 나가버린 육신은 보기 흉하고 이웃에게 짐이 될 것이므로 조금도 지체할 것 없이 없애주었으면 고맙겠다. 그것은 내가 벗어버린 헌옷이니까. 물론 옮기기 편리하고 이웃에게 방해되지 않을 곳이라면 아무 데서나 다비(茶毘, 화장)해도 무방하다. 사리 같은 걸 남겨 이웃을 귀찮게 하는 일을 나는 절대로 절대로 하고 싶지 않다.

스님은 강원도 오두막에 계시면서 "얼기설기 대를 엮어 만든 침상을 방 안에 들여놓았다. 여름철에는 방바닥보다 침상에서 자는 잠이 쾌적하다. 침상은 폭 70센티미터, 길이 180센티미터, 높이 30센티미터로 내 한 몸을 겨우 받아들일 만한 크기여서 뒤척일 때마다 침상 다리가 흔들거리는 것이 마치 요람처럼 느껴져 기분이 좋다. 내가 살 만큼 살다가 숨이 멎어 늘어지면 이 침상 째 옮겨다가 화장을 하면 좋겠다는 생각을 했다. 물론 아무도 없는 데서 제발 조용히 벗어 버린 껍데기를 지체 없이 없애주었으면 좋겠다" 하셨습니다. 열반을 예감하시고는 "수의도 만들지 말고 입던 옷을 입혀라. 관은 짜지 마라. 장례식도 하지 마라. 사리도 줍지 마라. 탑도 세우지 마라"고 상좌들에게 당부하신 말씀이 세상에 알려졌습니다.

마지막까지 강원도 오두막 그 침상에서 다비를 치르길 바라셨지만 눈길이 막혀 강원도로는 갈 수 없었습니다. 신문에서는 "장례식 절차도 없이 과일 하나, 떡 한 쪽 없는 빈소, 조사도 만장도 없이"라고 쓰고 있었습니다. 스님은 길상사에서 하룻밤을 보내고 정말 관도 없이 황색 장삼으로 법구를 덮은 채, 추모하기 위해 길상사에 가득 모인 불자들을 뒤로하고 송광사를 향해 떠나셨습니다. 법구는 송광사 문수전에서 마지막 밤을 지내고 다비장으로 옮겨졌습니다. 그곳은 스님이 불일암에 계실 때 항상 바라보시던 조계산 중턱이었습니다. 장작더미 위에 법구가 눕혀졌고 그 장작더미에 불을 댕겼습니다. 산을 가득 메운 추모객이 눈물을 흘리고 닦았습니다. "스님, 불 들어갑니다. 스님, 뜨겁습니다. 어서 나오셔요" 하는 함성을 새빨간 불길이 삼켜버리고, 스님의 법구는 한 줌의 재로 타고 있는 것을 모든 사람이 TV를 통해 똑똑히 지켜보았습니다.

스님은 열반하시어 공수래공수거, 본래무일물의 큰 소식을 법문으로 설하셨습니다. 모든 것을 지켜본 사람들은 스님의 열반을 '큰 감동'이었다고도 하고 '신선한 충격'이었다고들 입을 모았습니다. 스님은 그간 많은 책을 출간했고 법회 날 길상사에 모인 일천대중을 향해 많은 설법을 하셨습니다. 또한 법구가 빨간 불길 속에 타고 한 줌의 재로 남는 것을 보여주심으로써, 자신에게만은 죽는 날이 올 것이라는 생각도 없이 마치 영원히 살기만 할 것처럼 착각하면서 살아가는 평범한 모든 사람에게 확실한 깨우침을 주셨습니다. 그리고 삶과 죽음에 대해 깊이 생각케 하셨습니다. 열반의 여운은 우렁우렁 산울림으로 오랫동안 메아리칠 것입니다.

스님께서 우리 곁으로 오실 것을 굳게 믿고 있습니다. "육신을 버린 후에 훨훨 날아서 가고 싶은 곳이 있다. '어린왕자'가 사는 별나라 같은 곳이다. 그리고 내생에도 다시 한반도에 태어나고 싶다. 누가 뭐라 한대도 모국어에 대한 애착 때문에 이 나라를 버릴 수 없다. 다시 출가 수행자가 되어 금생에 못 다한 일들을 하고 싶다"라고 「미리 쓰는 유서」에 써놓으셨기 때문입니다.

민심의 향배 바꾸는 영향력
• 김수환 추기경님께

추기경님을 처음 뵌 것은 아주 오래전 성 라자로 마을에서였습니다. 저도 그 무렵엔 성 라자로 마을에 자주 갔던 것 같고 추기경님도 자주 오시는 것 같았습니다. 그곳에 은거하고 있는 노기남 주교를 찾아뵙기 위해서였다고 생각됩니다.

그때 젊은 김 추기경님이 걷는 모습은 '경건' 그 자체였고, 무표정하게 앞만 보고 걷는 모습은 무거운 고뇌의 옷을 치렁치렁 걸치고 계시는 것 같아 보였습니다. 그 무렵 우리나라는 민주화 운동이 들불처럼 번졌고 반독재·반체제 인사 들과 데모하던 젊은 대학생은 명동성당을 피난처로 삼아 숨어 있으면서 한사코 주장을 굽히지 않았습니다. 시국이 너무나도 혼란스럽고, 탄압받는 사람들을 온몸으로 보호하고 계시느라 그렇게 고뇌에 차 보였다고 생각합니다. 그들은 명동성당이 종교적 성역이어서 그곳으로 몸을 숨기려 했던 것이 아니라, 정의로운 추기경님의 따뜻하고 넓은 품안으로 파고들었다고 생각합니다.

그 당시 추기경님은 정의를 위해선 누구와도 맞서려는 듯 당당하셨고 누구의 눈치도 보지 않고 시국선언을 하셨습니다. 그때마다 한 말씀은 민심의 향배를 갈라놓는 지대한 영향력을 가졌습니다. 추기경님이야말로 우리 시대의 큰 지도자이고 어른이셨습니다.

성 라자로 마을에서 이경재 신부님이 노기남 주교의 팔순을 맞아 조촐한 파티를 열었을 때, 그 자리에 초대받아 예쁜 꽃바구니를 드렸습니다. 추기경님도 계셨는데 제가 꽃바구니 드릴 때 찍힌 뒷모습은 50대처럼 보입니다. 제가 성 라자로 마을을 36년 전, 그러니까 1975년부터 드나들었으니까요. 그날 가까운 곳에서 뵙기는 했어도 무슨 대화를 따로 나누었던 기억은 없습니다.

그러다 1987년 성분도 장애자 직업재활원 개원식 날 또 추기경님을 뵈었습니다. 저는 그때 깜짝 놀랐습니다. '이 작은 자리, 장애자 직업재활원 개원식에까지 오시다니' 하는 생각 때문에 말입니다. 천주교의 최고 지도자께서 바쁜 일정도 많을 텐데 그 모든 일을 접어두고 곤지암까지 오셨습니다. 추기경님은 따뜻한 격려의 말씀도 해주시고 한가롭게 오래 머물다 가셨습니다.

그때 추기경님이 소외계층에 대하여 큰 관심을 갖고 배려하고 계심을 깨달았습니다. 그날 그 자리에 계심은 약자들의 어버이임을 웅변적으로 설명하는 것이었습니다. 저는 그날 추기경님을 반갑게 뵈었습니다. 마치 오래 전부터 친분이 두터웠던 분처럼 대했고 추기경님도 저를 반겨주셨습니다. 아마 추기경님도 성 라자로 마을에서 만났던 기억을 떠올리셨을 것입니다. 그날 단 둘이 사진을 찍기도 했습니다. 그 사진은 지금 삶의 이야기가 있는 집 전시실에 붙어 있습니다. 그 사진을 보는 사람들마다 "어머! 추기경님 젊은 모습 좀 봐" 하면서 그 사진 앞에서 발걸음을 쉽게 옮기지 못합니다. 곤지암에서 뵈면서 진실된 종교인을 만난 것 같았습니다. 낮은 곳을 향해 행동하는 추기경님을 뵈었습니다.

저는 그 무렵 성 라자로 마을에서 좋은 관계를 맺고 있던 진 수녀님이 곤지암으로 자리를 옮겨 성분도 장애자 직업재활원을 시작할 때부터 깊은 관심을 가졌습니다. 그래서 개원식에 앞서 장애자 80명이 먹을 식판을 마련하고 그들이 덮을 여름이불 80채를 만들었습니다. 곤지암이 멀다 할 수 있지만 매사가 궁금하고 잘되기를 바라는 마음으로 자주 가곤 했습니다.

저는 종교인들끼리 손잡고 협력하면서 소외계층을 돕는 일이야말로 매우 소중하고 또 아름다운 일이라고 믿고 있습니다. 가톨릭 복지시설인 성 라자로 마을이나 성분도 장애자 직업재활원이 타종교의 일로만 여겨지지 않고 우리 일처럼 생각되었습니다. 저는 멸치·미역 등 마른 반찬을 해 나르고, 하다못해 설탕이 많으면 그것도 덜어서 가져갔습니다. 장애인들이 용기를 갖고 한 가지의 직업에라도 종사할 수 있는 직업인이 되도록 열심히 노력하라고 강연도 했습니다. 그리고 장애인이 만든 물건을 귀하게 여기고 그것을 사 날랐습니다. 지금도 그 물건들은 제 곁에 있습니다. 그렇게 곤지암 장애자 직업재활원에 발을 끊지 않고 10년 동안 다녔습니다.

큰 홍수가 나서 북한 주민들의 식량지원 문제가 긴급하고 절실했을 때 종교인들이 모여 대북지원에 대해 의논했습니다. 저의 사진첩을 보면 추기경님과 강원용 목사님이 계시고 저는 홍일점으로 함께 있었습니다.

성북동 길상사를 개원할 때 함께 초대받아 법정 스님을 중심으로 양옆에 앉아 법요의식에 참석했던 인연도 있습니다. 그리고 또 길상사 음악회 날 법정 스님이 수익금 전액을 가톨릭 복지기관을 돕겠다고 하셨을 때도 여러 수녀님과 함께 그 음악회에 오셨습니다. 추기경님은 저를 보시더니 손을 길게 뻗어 악수하려고 하셨습니다. 저는 가까이 가서 반갑게 악수를 했습니다. 아직 악수하기 전 저의 손끝이 맞닿는 순간을 포착한 사진이 보기 좋았던지 다음 날 『조선일보』 1면에 보도되기도 했습니다.

추기경님은 노경에 젊은 날의 긴장감을 모두 풀어버리고 인자한 할아버지처럼 해맑은 미소를 보여주셨습니다. 많은 사람들은 높은 권위를 다 내려놓고 소박하고 서민적인 느낌을 전해주는 추기경님을 사랑했습니다. 푸근하고 따뜻한 느낌을 주는 큰 어른이 계심을 모두 든든하게 생각했습니다.

천수를 다 누리고 추기경님이 선종하시자 애도의 물결이 그 추운 영하의 날씨에도 온 나라에 가득 넘쳤습니다. 가톨릭 신문은 추기경님의 일생 동안의 업적을 36면 특집으로 꾸몄습니다. 그 신문에는 타 종교 대표 일곱 분이 추도사를 썼습니다. 종단을 대표하는 분은 모두 남성이었습니다. 원불교에서는 제가 추도사를 썼습니다. 원불교만 여성인 박청수 교무가 추도사를 썼다면서 한 신부님이 의아하게 여기는 말을 했습니다. 아마 가톨릭 정서로는 여성이 교단을 대

“ 추기경님은 마지막까지 인자한 할아버지처럼
해맑은 미소를 보여주셨습니다.
많은 사람들은, 높은 권위를 다 내려놓고
소박하고 서민적인 느낌을 전해주는
추기경님을 사랑했습니다. ”

표하는 것이 이해하기 어려웠던 것 같았습니다. 그 글을 쓰게 된 것은 원불교의 선택이 아니라 신문사의 선택이었습니다. 저는 추기경님의 추도사를 쓰게 됨으로써 원불교의 남녀 성차별 없는 면모를 우리 사회에 드러냈다고 생각합니다.

추기경님은 살아 생전 천주교의 높고 높은 자리를 지키느라 힘드셨을 테고, 또 우리 시대가 민주화가 되는 과정에 수호신 역할을 하느라 참으로 뼈마디가 녹아나는 고심을 하셨을 것입니다. 이제는 그 큰 부담, 그 무거운 짐을 다 내려놓으시게 되었습니다. 부디 하늘나라에서 어린왕자들과 친구하면서 평안하시길 빕니다. 존경하옵던 추기경님, 이제 영원한 안식을 누리시기를 빕니다.

힘 빠지거든 오세요

• 박완서 선생님께

　원불교 서울교구가 주관하는 봄가을 바자회 장터가 열리면, 언젠가부터 선생님에게 드릴 색다른 무엇이 나왔는지 살피려고 장터를 한 바퀴 휙 둘러보면서 장보기를 했습니다. 선생님에게 드릴 것은 항상 식품부에서 골랐습니다. 장터에는 해마다 지리산 도토리묵이 출품되었고 그 묵은 어렸을 적에 먹어본 그 맛이었습니다. 그러니까 진짜 도토리묵이죠. 만나기 어려운 그 도토리묵을 해마다 사다드리곤 했습니다. 때로는 꽤 많은 묵을 넉넉히 보내드리기도 했습니다. 선생님은 "그 도토리묵은 진짜 묵이에요. 난들난들한 게 참 맛있어요. 하도 많이 보내주어서 딸 네랑 이웃집까지 널리 나누어 먹었습니다" 하고 흡족해하셨습니다.

　선생님 댁은 서울 시내가 아닌 구리시 아치울에 있기 때문에 좀 멀다 할 수 있습니다. 그래도 지난 10년 동안 보내드릴 것이 생길 적마다, 저의 분신과도 같은 신현대 교도가 기꺼운 마음으로 마치 가까운 이웃집 가듯 다녀오곤 했습니다.

　신현대 교도의 모습이 선생님을 닮았다고들 하는데 선생님은 신현대 교도에게 "당신은 내 동기간 같아요"라고 정스러운 말씀을 하셨다고 합니다. 그가 병약한 몸으로 저의 등 뒤에 조용히 숨어서, 자신의 승용차를 운전하여 이곳저곳 데려다주기도 하고, 나라 밖에 나갈 때는 동행하면서 기록 사진을 찍어오고, 또 자료를 꼼꼼히 챙기고 정리해놓았기 때문에 삶의 이야기가 있는 집 박물관을 꾸밀 때 필요한 자료로 활용할 수 있었던 것을 잘 알고 계신 선생님은 저와 함께 온 신현대 교도를 바라보면서 "이젠 좀 그만 부려먹어요. 너무 혹사시키는 것 같아요" 하며 신현대 교도의 세정을 알아주셨습니다.

작년 가을 바자회 장터에서도 저는 선생님께서 반기실 특색 있는 물건을 골랐고, 신현대 교도가 선생님 댁을 찾아갔습니다. 그때 신 교도는 선생님께서 집에 계시지 않고 집을 비우신 지 여러 날이 된 것 같다는 말을 전하였습니다. 대문에 무엇인가를 알리는 많은 쪽지들이 붙어 있다고 했습니다.

그 소식을 듣고 즉시 선생님의 큰딸에게 전화를 걸었습니다. 수화기에서 "어머니께서 병환이 나시어 수술을 하셨어요"라고 들려왔습니다.

'그렇게도 건강하던 분이 웬일로 수술을 하셨을까?'

지난여름 『못 가본 길이 더 아름답다』를 출간하고 '친애하는 박청수 교무님'이라고 서명하여 보내주신 책을 반갑게 받아 우선 몇 편을 읽으면서 저의 입가에 웃음이 절로 번졌습니다. 그 책이 너무 재미있어서였죠. 책의 일부를 읽고 전화로 "이번 책은 더 재미있어요. 선생님은 자꾸만 글을 쓰셔야겠어요" 했을 때 "그럴까요" 하면서 유쾌하게 전화를 받으셨습니다.

그 책을 출간한 때로부터 2개월 후에 수술을 받으시다니, 도저히 믿기지 않았고, 그 말이 사실인지 확인하려는 듯 곧 문병을 갔습니다. 병실의 넓은 침대에 누워 계시는 선생님은 더 작아보였습니다. 큰딸이, 건강검진을 받다가 발견된 담낭암을 제거하는 수술을 하셨다고 이야기했습니다. 선생님은 딸이 수술 경위를 설명하는 것을 들으면서 잠자코 누워 계셨습니다.

선생님 몸에서 암 부위를 떼어냈다는 이야기를 들으면서 할 말을 잃었습니다. 그리고 마치 미리 준비되었던 것처럼 눈에서는 눈물이 주르르 흘러내렸습니다. 선생님은 아무 말씀도 없는 가운데 울고 있는 저를 바라다보셨습니다. 그러다가 눈을 감으셨습니다. 선생님은 아직도 제가 울고 있는지 살피려는 듯 또 눈을 떠보셨습니다. 그러기를 몇 번 반복하셨습니다. 제가 자리에서 일어서려 하자, 곧 퇴원할 것이라고 이야기하셨습니다. "선생님, 저는 며칠 후 캄보디아에 갑니다. 가서 선생님 입을 예쁜 치마를 사올게요" 하면서 병실문을 나왔습니다.

저는 마치 선생님의 치마를 사러 캄보디아에 간 사람처럼 가게마다 기웃거리면서 예쁜 치마를 찾았습니다. 꽃을 수놓은 자주빛 치마가 예뻐 보여서 그 치마를 골랐습니다. 그리고 실크 스카프도 샀습니다. 캄보디아에서 돌아오자마자 아치울의 선생님 댁을 찾아갔습니다. 퇴원해 집에 계시면서 움직이는 모습은 한결 좋아 보였습니다. 그래서 "선생님 참 좋아 보이시네요"라고 말씀드리자 "이곳은 자연환경이 좋으니까요. 그래서 나는 집을 좋아해요" 하셨습니다.

잠시 후 선생님은 "캄보디아에서 사온 내 치마" 하며 저를 바라다 보셨습니다. 예쁘게 포장한 치마를 꺼내드렸습니다. 선생님은 그 치마를 당장 입어보셨습니다. 한 폭으로 된 넓은 치마여서 몸에 두르고 끈만 매면 되는 편리한 치마였습니다. 선생님은 큰딸을 바라보며 "내게 꼭 맞다. 문병 오는 사람들 앞에 이 치마만 두르고 나가면 되겠다"라며 마음에 들어 하셨습니다.

또 실크 스카프를 꺼내드렸습니다. 선생님은 기장이 아주 긴 그 스카프를 목에 걸어보셨습니다. 자줏빛이 나고 화려한 스카프를 늘어뜨리면서 "내가 황후마마가 된 것 같구나. 박 교무님은 이렇게 곱고 화려한 것을 해볼 수 없으니까 나 같은 사람에게 이런 선물을 사다 주고 대리만족을 느끼는 것 같아"라고 하셨습니다. 그때 아무런 말도 하지 않고 웃기만 했지만, 대리만족 같은 것은 생각해본 적이 없습니다. 그런 물건을 봐도 제 자신이 써봤으면 하는 생각이 나질 않아요. 그저 어느 나라를 가든지 색달라 보이는 것이 있으면 선생님에게 사다드리곤 했습니다. 주로 스카프 종류였지만 어떤 것이 마음에 드실지 몰라, 제 마음에 드는 걸로 두세 개씩 사다 드렸습니다. 모두 값비싼 것은 아니었습니다. 선생님은 그런 선물을 받으실 적마다 항상 "나는 딸이 많으니까 딸들도 주고 나누어 쓰겠습니다" 하셨습니다.

선생님이 살고 계시던 아치울 동네에 처음 와보고 반한 것은 고향 마을과의 유사성 때문인 것 같다고 하셨습니다. 한강으로부터 2킬로미터쯤 떨어져 있어 한강을 조망할 수 있는 점에 반해서 충동적으로 헌 시골집 한 채를 장만했을 때가 68세였고, 그 집을 헐고 새집을 짓고 10년간 사신 셈입니다. 선생님은 "지난 10년 동안은 한강과 친해지고 즐기고 감동한 세월이라 해도 과언이 아니다"라고 하셨습니다.

  선생님은 집에서 보는 한강이 가장 아름다운 때가 해 뜰 무렵이라고 하셨는데, 강 건너에는 순한 짐승이 엎드려 있는 것처럼 능선이 부드러운 산봉우리가 보이고 그 사이로 해가 불끈 솟으면 수면이 금빛·은빛으로, 때로는 주황색으로 부서진다고 하셨습니다. 그 순간은 짧디짧지만 그런 날은 뭔가 좋은 일이 있을 것만 같고 몸도 온종일 개운하다고 하셨습니다. 그러나 황사나 안개에 가려 한강이 보이지 않는 날은 몸도 마음도 울적하게 가라앉는다고 하셨습니다. 선생님은 한강을 즐기고, 사랑하고, 그리고 탐구하셨습니다. 한강만을 연구하는 학자가 아닌 바에 그 누가 한강에 대하여 선생님처럼 지리적으로 역사적으로, 걸출한 인물에 이르기까지 통달한 글을 쓸 수가 있을까요? 선생님 책은 읽는 재미도 크지만 배우는 것도 많습니다.

  선생님께 융숭한 대접을 받은 적이 있습니다. 저를 위해 손수 적은 메뉴를 부엌에 붙여놓고 점심밥을 지으셨습니다. 메뉴는 국·알젓·굴비·전·마늘장아찌·콩자반·파김치·김이었습니다. 특별히 손수 식사 준비를 하시는데도 사양하지도 않았습니다. 선생님이 식사를 준비하시는 동안에 저 역시 주방에 있었지만 우리는 한마디의 대화도 없었습니다. 저는 동쪽으로 나 있는 작은 창문 밖만 내다보고 있었습니다. 그날 주방 안에서는 무거운 침묵이 흘렀고 밥상을 차리느라 그릇이 부딪치는 소리와 선생님의 코 훌쩍거리는 소리만이 간간히 들렸습니다. 그때 무슨 음식이 맛있었는지 아무 기억이 나지 않습니다. 선생님이 적어놓은 메뉴 후면에는 '팔자 속'이라고 적혀 있습니다. 그것은 아마 저를 편잔하신 말씀이었을 것입니다. 이런 내용도 적혀 있었습니다. "이것은 최고의 대접이지. 다른 사람이면 사서 먹이지"라고.

고려인의 참담한 실상으로 가슴 졸이던 날들

저는 그때 우즈베키스탄 누크스 지역 아랄해 물이 말라 더 이상 농사지으며 살 수 없게 된 고려인을 남부 러시아 볼가강가 물이 많은 곡창지대 볼고그라드로 이주시키고 있었습니다. 농가주택 27채를 샀는데 그들 모두가 이주해왔다고 했습니다. 그러나 또 다른 사람들이 이주를 간절히 희망하고 있다기에 미화 5만 달러를 갖고 러시아 볼고그라드로 갔습니다. 그곳에서는 제2회 한인 축제가 열리고 있었습니다. 저는 축제에는 관심이 없고 한시 바삐 이주 고려인들을 만나고 싶었습니다. 드디어 이주민들을 만나러 가는 날이 돌아왔습니다. 볼고그라드 도시를 빠져나와 하염없이 달리자 조그마한 마을이 나왔습니다. 이주해온 고려인들이 살고 있는 마을이었습니다. 그들은 저를 만나기 위해 고려인 대표 정조야 여사의 집에 모여 있었습니다.

정조야 여사는 이주 고려인들에게 "이렇게 텃밭까지 딸린 농가주택을 마련해 이주시켜주신 분이 한국에서 오셨습니다. 원불교 박청수 교무님입니다"라고 소개를 하였습니다. 이주민들을 향해 깊이 머리 숙여 인사했습니다. 이주민 모두가 넋이 나간 사람들처럼 보였습니다. 나를 반기는 눈빛으로 쳐다보는 사람은 한 사람도 없었습니다.

우즈베키스탄 누크스 지역 고려인들이 더 이상 농사지을 수 없을 뿐 아니라 식수를 구하기도 어렵고 소까지 나누어 먹을 물이 없다는 말을 들었습니다. 소에게 물을 못 주었더니 눈알이 앞으로 빠져나오면서 죽어갔다는 소식을 들었습니다. 정조야 여사는 장정 일부 세대라도 물이 있는 곳으로 옮겨주어 대대손손 농사지으면서 살 수 있게 해달라고 울며불며 매달렸습니다. 그래서 남부 러시아 물이 많은 볼가강가에 텃밭 딸린 농가주택 27채를 마련하고 사막으로 변해버려 더 이상 살 수 없는 우즈베키스탄의 누크스 지역 고려인들을 탈출시키기로 결심하고 이주시키고 있었습니다.

사람이 살 수 없는 그곳에 남아 있는 몇 사람이라도 더 이주시킬 생각으로 가지고 간 5만 달러를 며칠 동안 간수하기는 매우 조심스럽고 어려웠습니다. 밤에는 그 돈을 침대 밑에 깔고 잤습니다. 그리고 낮에 활동할 때는 핸드백에 넣고 다니는 일이 위험해서 몸에 간직했습니다. 배에 복대를 두르고 그 안에 넣고 다녔습니다. 우리 돈 5,000만 원을 배에 두르고 일주일간 다닌 셈이죠. 큰돈을 몸에 지닌 저는 우선 뚱뚱해 보였고 앉을 때나 설 때도 불편하고 부자연스러웠습니다.

이주 고려인들의 냉담한 반응에 놀라고 이상하게 여겨져 정조야 여사를 바라보았습니다. 그때서야 어려운 사정을 털어놓았습니다. 정든 고향집을 팔고 떠나오려 해도 이미 사람이 살 수 없는 죽음의 사막으로 변해버려 집도 헐값에 넘겨버리고 그곳을 빠져나오면서, 수중에 간직했던 비상금은 국경을 넘어올 때 우즈베키스탄 수비대에게 빼앗기고, 또 러시아로 들어올 때는 러시아 국경수비대에게 털리고 이곳에 왔다고 했습니다. 이주민들은 밥을 먹고살 길이 없어 호박죽에 수제비를 띄워 먹기도 하고 싸라기 죽으로 연명하면서 살고 있다고 했습니다.

이주민들은 러시아 거주증이 없어 집 밖에 나가기만 하면 경찰에게 잡히고, 잡혔다 하면 25달러를 벌금으로 내야 한다고 했습니다. 그래서 집 안에만 갇혀 살고 있다고 했습니다. "통행의 자유라도 있어야 하루 품팔이 일을 할 수 있을 텐데" 하며 말끝을 흐리는 정조야 여사는 눈물 바람을 했습니다. 너무나도 딱한 사정 이야기를 듣고 이주민 얼굴을 보니 모두 영양실조에 걸린 듯했고, 물이 많고 농사지을 수 있는 곳으로 이주해왔는데도 아무 희망이 없어 보였습니다.

그들에게 당장 희망과 용기를 주고 싶었습니다. 그래서 1만 달러 돈다발을 꺼내 보이면서 "나는 5만 달러를 가져왔는데 한국에서 이 돈을 마련해올 때는 우즈베키스탄에서 이주를 희망하고 기다리는 사람들 가운데 몇 세대라도 옮겨오도록 도움을 줄 생각이었습니다. 그러나 이주해온 여러분의 형편이 너무 어려우니, 이 돈으로 먹고살 식량을 먼저 준비하고, 자유롭게 살 수 있는 거주증부터 만드십시오. 그리고 남는 돈은 내년 농사 자금으로 쓰십시오"라고 말했습니다. 나의 말이 끝나자 한 사람이 손을 번쩍 들면서 그 돈을 지금 당장 나누어달라고 했습니다. 그러자 또 어떤 사람은 "그랬다가는 피를 볼 텐데" 하면서 그렇게 하는 것은 옳지 않다고 했습니다.

이주민을 만나보려던 설레인 마음은 온데간데없고, 참담한 그들의 모습을 보는 것이 너무나도 가슴 아팠습니다. 고려인들은 어느 누구도 통장을 가진 사람이 없어서 그 돈을 놓고 올 수가 없었습니다. 그래서 모스크바에서 의사로 활동하고 있는 정조야 여사 딸에게 맡기기 위해 그 돈을 또 몸에 두르고 볼고그라드에서 모스크바까지 비행기를 타고 갔습니다.

정 여사의 딸이 제가 묵고 있는 호텔로 왔습니다. 그러나 한마디 말도 통하지 않는 딸의 태도가 매우 불손하고, 5만 달러의 큰돈을 전해 받으면서도 퉁명스러운 말을 내뱉었습니다. 정조야 여사는 어머니가 고려인을 돕느라 고생하는 것이 못마땅해서 저런다고 했습니다. 그 딸에게 5만 달러를 전하고 나니 날아갈 듯이 홀가분해졌습니다. 5,000만 원을 몸에 간직하고 다녔던 일주일간의 긴장감은 금세 풀리지 않았고 고려인의 참담한 모습도 쉽게 잊히지 않았습니다.

늘 말 없이 도와주던 후원자

아마 저는 선생님을 만나 뵙고 가슴에 쌓인 고려인들 이야기를 병에 물을 쏟듯 쏟아놓았을 것입니다. 그 이야기를 하고 난 저는 새로 가슴이 벌렁거리고 울렁거려서 마음을 다잡고 안정시키느라 선생님과 같은 주방에 있으면서도 한마디의 말도 할 수 없었습니다. 그래서 선생님께서 저를 위해 밥을 짓고 계셔도 저는 제 자신만을 달래고 있었습니다.

선생님은 집 근처에서 소박하고 맛있는 점심을 사주시면서도 "연락하고 와요. 내가 대접할 테니" 하셨습니다. "지금 이렇게 대접해주시잖아요" 하면 "집에서 장만해야 대접이지" 하셨습니다. 그러나 그 후 따로 대접을 받아본 적은 없습니다. 역시 개성분이어서 때때로 빈대떡은 먹어보았습니다.

선생님은 서재를 가리키면서 "교무님 책 저기에 꽂혀 있어요" 하셨습니다. 그때는 때때로 서재의 책을 솎아낼 때 저의 책은 남겨놓았다는 말씀인 것을 잘 몰랐습니다. 선생님은 가끔 "히말라야 라다크 스님, 상가세나인가 하는 사람, 아직도 돈 달라고 졸라요? 그 사람은 너무 심해, 이젠 그만 줘요"라고 말씀하셨습니다. 책을 읽으셨기에 내용을 알고 하신 말씀이었습니다. 또 "교무님이 신문에 쓴 칼럼을 읽어보면 매번 "대종사 말씀하시기를" 하고 짧게 인용한 법문이 있는데 그 법문이 참 좋아요"라고도 하셨습니다.

제가 허리케인으로 인해 피폐된 남미 4개국을 도울 때 선생님은 정색을 하셨습니다. "교무님, 그러다가 지구촌 다 맡으라고 하면 어쩌려고 그래요"라고 걱정스러워 하셨습니다.

그래도 제가 하는 일마다 종잣돈을 주셨습니다. 연말이 되면 전화로 "계좌번호 불러주세요. 나는 금년 한 해도 이기적으로 살았으니까 속죄하는 마음으로 교무님에게 돈을 드려야지" 하면서 적지 않은 돈을 송금해주곤 하셨습니다. 호암상을 타고는 1,000만 원 큰돈도 저에게 주셨습니다.

　2년 전 어머니가 세상을 떠났을 때는 통장으로 부의금을 100만 원이나 보내주셨습니다. 제가 "웬 부의금을 이렇게 많이 보내셨어요" 하고 감사 전화를 드렸을 때 "그 돈 갖고 장례를 치르겠어요. 좋은 일에 쓰겠지" 하셨습니다. 선생님은 매번 그렇게 용기를 주시고 큰 믿음을 주셨습니다.

　선생님 댁을 방문하여 만나뵐 때는 그냥 반갑게 손잡고 웃으면서 앉지 않았습니다. 아파트에 사실 때부터 선생님 댁을 드나들기 시작했지만, 아마 아치울로 새집을 짓고 오신 다음부터는 만나뵐 때마다 큰절을 드렸던 것 같습니다. "선생님 절 받으세요" 하면 선생님도 사양하지 않고 저만큼 자리하여 앉으시고 큰절을 받곤 하셨습니다. 찾아갈 때마다 아무 말씀도 하지 않고 '오늘은 또 무슨 이야기를 하려고 왔을까' 하는 표정으로 빤히 바라보기만 하셨습니다. 그런 모습은 저로 하여금 많은 이야기를 하도록 멍석을 깔아주신 것과 다름이 없었습니다.

　선생님은 10여 년 동안 저의 많고 많은 이야기를 다 들어주셨습니다. 선생님께 무슨 말씀인가를 드릴 때는 매번 기운 없는 작은 목소리로 이야기를 시작했습니다. 그러다가 이야기를 잘 들어주는 선생님 앞에선 신명 난 사람처럼 큰소리로 이야기하곤 했습니다. 온갖 이야기 다 쏟아놓고 나올 때는, 그 이야기를 함께 듣고 난 선생님의 맏딸이 "집에 들어설 때는 아무 힘이 없어 보였는데 이젠 한결 활기차 보이세요"라고 했습니다. 아무 힘이 없던 제가 선생님께서 다만

" 10여 년 동안을 선생님께선
 저의 많고 많은 이야기를 다 들어주셨습니다.
 아무 힘이 없던 제가 선생님께서
 다만 이야기를 들어주시기만 해도
 기운을 챙기곤 했습니다. "

이야기를 들어주시기만 해도 기운을 챙기곤 했습니다.

저는 일을 할 때마다 한 번도 강남교당 교도들과 회의를 하지 않았습니다. 매번 회의를 했더라면 아마 교도가 많이 떠났을 것입니다. 저는 설교시간에 마치 양념처럼 세계에서 보고 느낀 것들을 소상히 이야기했고, 가슴이 따뜻하고 동정심이 강한 교도들이 자발적으로 희사금을 냈고, 정성을 모아 그 일들을 해왔습니다. 그저 저의 직관력에 의지하여 직감적으로 느껴지는 것을 판단의 척도로 삼아 모든 일을 했습니다.

히말라야 라다크 같은 곳엔 지난 10년 동안 10억 원이 쓰였습니다. 그곳에 꼭 필요한 초중고등학교를 세우고, 또 50개 병상의 종합병원을 세우고, 운영자금을 마련하기 위해 게스트룸을 만드는 등 매년 1억 원씩의 큰돈이 소용되었습니다.

저는 한 해 동안 한 가지 일만 하지 않고 닥치는 대로 다른 일감도 챙겨 했습니다. '그 일마다 소용될 큰돈을 장차 어떻게 마련할 수 있을 것인가' 하는 걱정과 '그 일은 과연 이루어질 수 있을 것인가' 하는 불확실성에 항상 시달렸다고 할 수 있습니다. 어느 누가 그 많은 이야기를 들어주었을까요? 아마 이야기를 듣는 사람들은 왜 사서 고생하느냐고 그만두라고 했을 것입니다.

선생님에게 말씀을 드린다고 해서 무슨 새로운 해결책이 섰던 것은 아니었지만, 그래도 그 어려운 일에서 잠시 탈출하는 것 같기도 했고 가슴에 쌓여 있던 것을 모두 털어버린 것 같은 홀가분함도 있었습니다. 문학을 하는 사람도 아니고 천주교 사람도 아니어서인지 저에게 선생님에 관한 이야기는 도무지 하지 않으셨습니다. 항상 저의 이야기만 들어주셨습니다.

저는 강남교당에 있었던 26년 동안 많은 일을 했습니다. 경험이 축적되기도 했고, 무엇보다 우리나라가 경제적으로 발전하여 우리보다 못한 나라를 도울 형편이 되었기 때문에 할 수 있었습니다. 저는 우리나라가 경제적으로 성장한 그 과실을 따다가, 여러 나라의 절실한 문제에 정성을 쏟았습니다. 가령 캄보디아에 지뢰를 제거한다거나, 미얀마에 196개 마을에 식수를 제공하고, 지뢰 최다 보유국 가운데 하나인 아프가니스탄의 지뢰 피해자 1,595명에게 의족·의수를 마련해주기도 했습니다. 강남교당에 있을 때는 돕기회 조직도, 지로용지도, 사무실도, 사무원도 없었습니다. 오직 회보에 수입·지출을 투명하게 밝혔고, 일마다 성과가 바로 드러났습니다.

강남교당 신축비 말고, 세계 55개국을 돕느라 쓴 돈만 해도 105억 원이나 되었습니다. 그 많은 돈을 동정심 강한 분들이 더운 손으로 직접 주었습니다. 긴 세월 동안 그 많은 돈을 주셨던 분들 중에 아무도 영수증을 달라고 하지 않았습니다. 선생님은 기부금 영수증이 꼭 필요한 분이어서 매번 희사금 영수증을 챙기셨습니다. 저는 은근히 선생님이 후원자이신 것을 자랑하고 싶어서 아무도 달라지 않는 기부금 영수증을 선생님만 꼭 챙기신다고 말하기도 했습니다.

사실 선생님은 제가 여러 가지 일을 하는 것을 썩 좋게 여기지 않으면서도 다만 지켜보셨습니다. 한번은 은밀한 음성으로 "박 교무님에 대해 많이 생각해봤는데 그렇게 여러 가지 일을 하는 것도 다 팔자소관이라고 생각해요. 그런 일을 하려면 힘이 들고 애를 쓰지만 그래도 그 모든 일이 결국 되었잖아요. 그러니까 앞으로 무슨 일이든지 주어지는 대로 다 하세요. 그러다가 힘 빠지거든 내게 오세요"라고 말씀하셨습니다.

삶의 이야기가 있는 집에 오시라고 청하면, 먼 길 마다하지 않고 자주 오셨습니다. 선생님은 제가 대안교육에 관심을 갖고 영광 성지 송학중학교와 용인 헌산중학교를 설립하는 것을 좋게 여기고 관심도 많이 가져주셨습니다. 헌산중학교 개교식 때는 축사도 해주셨고 삶의 이야기가 있는 집 개관식 날도 기쁜 마음으로 참석해주셨습니다. 선생님은 3층 저의 처소를 좋아하셨습니다. "저 앞산이 참 좋아요. 큰 나무, 작은 나무가 숲을 이루고 있어 정겨워요. 박 교무님, 난 이렇게 크고 좋은 집 말고 저만큼 산중턱에 집필실 하나 마련하도록 도와주세요"라고 농담하셨습니다. "아차산 우리 집에서 바라보는 앞산은 애국가에 나오는 '남산 위에 저 소나무 철갑을 두른 듯'처럼 칙칙하고 무성해서 숲길이 성긴 맛이 없어요"라고 말씀하시면서 제가 사는 곳을 좋게 여기셨습니다.

어머니를 모시고 온 맏딸은 앞으로 누군가 개인박물관을 꾸미려면 이 전시실이 중요한 전범(典範)이 될 것 같다고 했습니다. "이 박물관에는 교무님이 했던 일을 일목요연하게 알 수 있도록 잘 만들어졌어요"라는 칭찬의 말도 듣기 좋았습니다. 그분은 경기여고 박물관 운영 위원회 일을 맡고 있으니까 전문성을 갖고 하는 말이기 때문에 더욱 믿음이 갔습니다.

아주 난처했던 경험도 있습니다. 관에서 큰 손님이 '헌산중학교를 방문하겠다'는 전갈을 받았습니다. 그분이 오시면 차를 대접하고, 학교를 시찰하고, 전시실을 둘러보시도록 하겠다고 생각하고 있었습니다. 그 문제로 전화를 한 실무자는, "윗분이 가시면 어떻게 모시겠느냐"는 문의를 했습니다. 학교를 시찰하고 박물관을 둘러보시게 하겠다고 했더니 답변이 신통치 않게 여겨졌던지 더 생각해보라고 했습니다. 그 말의 뜻을 곰곰이 생각해보았는데, 아마 우리 사회의 훌륭한 분이 환영해주기를 바라는 것 같았습니다.

선생님에게 손님 응접위원으로 오라는 말씀을 드리기가 딱한 일이어서 망설여졌지만 달리 방도가 없어서 말씀드렸습니다. 선생님은 흔쾌히 그날 오겠다고 약속해주셨습니다. 그런데 갑자기 큰 손님 방문 날짜가 변경됐다며 한 달 후쯤으로 연기된 날짜를 알려왔습니다. 큰 낭패감을 느끼면서 선생님에게 그 소식을 알려드렸습니다. 약 이틀 뒤에 또 본래 약속했던 대로 오겠다고 재통보가 왔습니다. 너무 번거롭다고 여기면서도 할 수 없이 다시 말씀드렸습니다. 선생님은 "그러면 원래 그 날짜 그 시간에 가면 되겠네요?" 하면서 명쾌한 답변을 주셨습니다.

감사하기도 하고 또 송구스럽기도 하여 여러 말씀을 드렸더니 "내가 박 교무님에게 그러는 줄은 우리 식구들이 다 알아요" 하셨습니다. 선생님 말고 저의 청을 거절하지 못한 고마운 응접위원이 몇 분 더 계셨습니다. 그날 오신 손님은 역시 선생님을 반기며 많은 대화를 나누었습니다. 그 손님은 많은 사람을 대동하고 왔다갔습니다. 선생님은 손님이 떠난 후 "박 교무님은 대단한 연출가예요"라고 하셨습니다. 저는 아직도 그 말씀 뜻을 잘 알지 못하고 있습니다.

1995년 북한이 100년 만의 큰 홍수가 나서, 꽉 막혔던 남북한에 처음으로 북한을 돕는 길이 대한적십자사를 통해 열렸습니다. 그 첫날 성금을 기탁했습니다. 이제는 길이 트였으니 어려운 북한동포들을 열심히 도와보리라는 각오를 단단히 했습니다. 저는 곧 실천에 들어갔습니다. 맨 처음 접한 소식은 북한은 간장도 귀하다는 것이었습니다. 그것은 북한에 간장뿐 아니라 된장·고추장도 없다는 것을 짐작케 했습니다. '식량은 귀하다지만 간장도 없이 어떻게 반찬을 만들 수 있을까?' 잠시도 그 걱정 때문에 견딜 수가 없었습니다.

나라 밖에 물건을 보낼 때마다 항상 컨테이너에 담았기 때문에, 간장도 컨테이너에 담겠다고 했습니다. 그러자 간장 회사에서는 간장을 어떻게 컨테이너에 담을 수 있느냐고 반문해왔습니다. 큰 콜라병 같은 것에 담아 차곡차곡 쌓아 보내면 되지 않겠느냐고 의견을 말했습니다. 결국 그와 같은 방법으로 2만 7,000리터의 간장을 두 대 컨테이너에 담아 보냈습니다.

1999년 우리 민족 서로 돕기 공동대표 자격으로 평양을 방문했습니다. 북한에 가보니 그곳의 어려움은 누군가가 설명하지 않아도 피부에 절실하게 와닿았습니다. 그래서 평양에서 돌아와, 제가 봉직하고 있는 강남교당에서 북한 돕기 생활화 운동을 전개했습니다. 북한동포들의 자존심을 상하게 하지 않을 만한 새것이면 무엇이든지 다 받아 모았습니다. 그 무렵, 원불교 여성회로부터 강연초청을 받았습니다. 그때 선생님을 모시고 가서 선생님 말씀을 받들기도 하고 또 강연도 했습니다. 그때 강연에서, 북한 돕기 생활화 운동을 전개하면서 강남교당 교도 세창상사 이창근 사장이 북한여성 5,000명이 입을 수 있는 스판벨벳 새 옷감을 컨테이너 한 대 반이나 희사해준 것을 이야기하였습니다. 그 일이 너무나도 신기하고 기뻐서 좋은 일은 시작하면 다 되더라고 강조했습니다. 저의 검정치마를 넓게 펴 보이며 이 넓은 치마폭에 가득 쌓이더라고 했습니다.

지난 10년 동안 북한동포를 돕기 위해 온갖 일을 다했다고 할 수 있습니다. 옥수수·비료·간장도 보내고, 미숙아 우유 공급을 위해 사용하는 가는 튜브도 보내고, 임산부가 미숙아를 낳지 않게 비타민 국수를 만들어 비타민도 공급했습니다. 유진벨 재단을 통해서 결핵환자들을 돕고 약이 귀한 북한에 야전병원 하나를 꾸밀 수 있는 의약품도 보냈습니다. 북한에 생리대도 귀하다고 하여 3개월 동안 천을 짜서, 20만 개 분량의 천을 컨테이너에 담아 보냈습니다. 지난 10년 동안 아홉 대 컨테이너를 북한에 보냈습니다. 나중엔 북한 초등학생 교과서를 제작할 용지도 보냈습니다. 그리고 용천역 폭발 사고를 끝으로 북한 직접 돕기를 스스로 그쳤습니다. 그 까닭은 북한에서 이탈한 청소년이 한국사회에 적응하고 교육을 받도록 정부지원 100억 원을 받아 한겨레중고등학교를 설립·운영하고 있기 때문입니다.

그때 선생님을 모시고 했던 강연을 테이프로 만들어 북한 돕기 홍보물로 썼습니다. 그 테이프 표면에 「소설가 박완서 님과 박청수 교무의 북한 이야기」라고 쓰고 선생님과 함께 찍은 사진을 테이프 앞얼굴로 만들었습니다. 그런 수선을 떨어도 선생님은 잠자코 계셨습니다. 이제 와서 생각하면, 결코 호락호락한 분이 아니신데 어떻게 매번 청을 거절하지 않고 모두 들어주셨을까요?

선생님 품안이 벌써 그립습니다

우리나라 이름 있는 문인은 모두 문학관이나 기념관을 세웁니다. 선생님은 고향이 개성과 가까운 경기도 개풍이어서 "통일이 되지 않은 지금 어떻게 하면 문학관을 세울 수 있을까요" 하고 넌지시 말씀드려보았습니다. 선생님은 "나는 문학관 같은 거 세우지 않겠어요. 요즈음 우리 집 아래층에 서가를 마련하고 작품을 그곳에 꽂아두었습니다. 자식이나 손자들이 내 책을 꺼내 읽고 아껴주기를 바랄 뿐입니다"라고 하셨습니다. 그래서 아래층에 꾸며놓은 서가를 구경하러 갔습니다. 벽 둘레를 따라 탄탄한 선반을 만들고 선생님 작품집과, 다른 책을 꽂아놓으셨습니다. 그 서가에서 초기 작품과 또 다른 책들을 구경했습니다. 선생님의 많은 작품이 외국어로 번역되어 있는 것도 알게 되었습니다. 아치울 자택이 곧 선생님의 문학관인 셈이라고 생각되었습니다. 선생님은 날만 밝으면 호미를 들고 나가 잔디밭 정원을 돌보셨는데 '후손들도 나처럼 이렇게 정원을 가꾸었으면 좋으련만' 하고 상상하실 것 같았습니다.

선생님이 완쾌되시리라고 굳건하게 믿고 자주 선생님의 딸에게 전화를 했습니다. 딸은 어머니가 숨차 하셔서 바꿔드리지 못한다고 했습니다. 그리고 잘 지내고 계시다고 했습니다. 그런데 어느 날은 "어머니께서 잠시 다시 입원하셨어요. 박 교무님이 가져다놓은 흑임자 깨죽 가루로 죽을 쑤어오라 하셔서 지금 그 죽을 갖고 병원에 가고 있어요. 우리가 어떻게 박 교무님을 잊어요?"라고 했습니다.

  선생님께서 세상을 떠나기 전날 식사도 잘하셨고 막내딸과 오붓하게 지내시라고 모두들 집으로 갔다고 했습니다. 그런데 갑자기 새벽에 상태가 나빠져서 세상을 떠나셨다고 했습니다. 갑작스러운 부음을 접하고 정말 믿을 수가 없었습니다. 저는 빈소에 3일 동안 갔습니다. 영결식이 있던 날은 이른 새벽에 빈소를 찾아가 마지막 큰절을 올리면서 소리 없이 울었습니다. 선생님 세상 떠나심을 허망하게 여기고 슬퍼하는 저를 위로하기 위해 두 따님이 따라나와 "어머니는 아름답게 떠나셨어요" 하면서 어깨를 토닥여주었습니다. 선생님께 입은 은혜를 어떻게 필설로 다 말할 수 있을까요? 선생님께 마음으로 큰절을 드립니다.

선하고 좋은 사람들

• 와다 여사와 실비아 여사를 생각하며

퇴임하고 삶의 이야기가 있는 집에서 지내면서 일본의 와다 여사가 방문하도록 여러 차례 초청을 했다. 그분은 매번, 초청은 고맙지만 나라 밖 여행이 이제는 어렵다면서 사양을 했다. 그런데 9월 16일에 90세를 맞게 된 와다 여사의 생신 축하파티에 104명의 손님이 모여 뜻깊은 행사를 했다는 이야기를 본인으로부터 직접 들었다. 와다 여사는 매우 행복한 음성으로 그 소식을 전해주었다.

이제는 더 이상 그분을 한국으로 초청할 수 없음을 깨달은 나는 일본으로 가서 더 늦기 전에 그분을 꼭 뵙고 와야겠다는 생각이 들었다. 그래서 와다 여사에게 "당신을 뵙기 위해 일본을 방문하겠다"라고 연락했다. 그렇게 해서 나의 길벗 신현대 교도와 일본을 방문했다. 하네다 공항에 도착했을 때는 밤늦은 시간인데도 와다 여사의 딸 마리안네가 공항에서 기다리고 있었다. 우리는 약 1시간 반 만에 와다 여사의 집에 도착했다.

현관문이 열렸고 와다 여사를 만나려는 순간, 뜻밖에도 낯설게 여겨지는 노인 한 분과 마주쳤다. 와다 여사임에 틀림없을 테고, 그분을 만나기 위해 직접 일본까지 왔는데도, 그분은 선뜻 나를 반기지 못하고 마치 처음 보는 사람처럼 빤히 바라다보고만 있었다. 서로가 누구인지를 잘 알고 있음에도 선뜻 다가서지 못하고 조금 뜸을 들이고 있었다. 엊그제 국제전화로 통화할 때는 너무 친숙하게 이야기했는데, 서로가 17년 전의 모습을 기억하면서 그렇게 다정하게 말했던 것이다. 내 눈에 비친 와다 여사는, 우선 체구가 전보다 거의 절반쯤으로 줄어들어 보였고, 눈언저리 피부는 위아래를 연분홍색으로 테를 둘러놓은 것 같아 보였다. 그리고 콧날만 유난히 오뚝해 보였다.

낯설어 보이는 와다 여사 곁으로 다가가서 "정말 너무 오랜만입니다"라고 말문을 열고 잠시 그분을 품에 안았다. 그때서야 그분도 "참 오랜만이죠? 마지막 만난 때가 아마 17년 전쯤 됐을 거예요"라고 말했다. 그분 또한 젊음이 사라져버린 내 모습이 익숙지 않아서 아마 그렇게 빤히 바라다보았을 것이다. 그분은 손수 따뜻한 차를 준비해 우리 앞에 내놓으면서 금세 다정한 모습을 보였다.

와다 여사와 나는 1년이면 몇 차례씩 전화통화를 하고 지냈다. 내 편에서 전화를 걸면 그분은 항상 내게 할 이야기가 많았다. 그렇게 국제전화로 가까운 관계를 유지해왔다. 아마도 서로가 17년 전 모습을 기억하면서 그렇게 자연스럽고 다정하게 이야기했을 것이다. 그러나 막상 만나고보니 서로를 반길 수 없는 세월이 가로막고 있었다. 어찌하랴! 늙어감을, 그 변화의 무상함을 새삼 느낄 수밖에 없었다.

우리 사이에는 그분이 일방적으로 베푼 긴 세월의 아름다운 이야기가 있다. 1988년 한국에서 열린 MRA 세계 대회 때 와다 여사를 처음 만났다. 나야 그때의 옛일이 잘 기억나지 않지만, 와다 여사는 채식주의자인데 내가 매번 식사 때마다 채식을 먹을 수 있도록 배려해주었다고 회상했다. 그리고 17년 전쯤 어느 나라를 여행했는지 기억나지 않지만, 다른 나라로부터 일본에 잠시 들러 와다 여사의 집에서 한밤을 묵은 일이 있었다. 그 모두는 유키카 소마 여사의 주선이었을 것이다. 그때도 밤늦게 도착했지만 그분은 나를 맞기 위해 한국음식을 준비하는 등 세심한 배려를 했다. 나의 처소는 2층이었는데 호텔보다 느낌이 더 좋은 매우 쾌적한 환경에서 한 밤을 잤다.

아침에 일어나 집 구경을 했을 때는 모든 것이 매우 신기했다. 노인의 집 같지가 않았다. 방 안에는 예쁘고 아기자기한 것들이 많아서 놀라운 마음으로 그 모두를 눈여겨보았다. 그분 특유의 섬세함과 특별한 취향을 갖고 있음을 알았다. 그때 그분은 나를 위해 한국음식을 준비했다며 닭고기전을 먹으라고 권했다. 그러나 한 번도 먹어본 적이 없는 닭고기전을 맛있게 먹지 못해 매우 미안했다. 와다 여사는 유키카 소마 여사가 가르쳐준 대로 만들었다고 했다. 자기가 한국음식을 잘 만들지 못하자 내가 거들었다며 마치 어제의 일처럼 재미있게 회상했다.

어떻든 그런 짧은 인연이 있었을 뿐인데 와다 여사는 아주 오래전부터 나의 여권에 기록된 생일날에 맞춰 매번 생일카드를 보내고 손수건이나 세숫비누, 그리고 과자를 선물로 보내주었다. 그날은 나의 진짜 생일날이 아니었다. 아마 아버지는 내가 출생한 날보다 석 달쯤 늦게 호적에 올렸던 것 같고 호적에 기록된 출생일로 모든 서식의 생년월일을 채우고 있다.

 아무 생각 없이 지내다보면 또 와다 여사는 그 틀린 생일날에 정성껏 카드와 선물을 보내왔다. 뜻밖의 생일카드를 받았을 때 생일날이 틀렸지만 민망해서 차마 그날이 아니라는 것을 밝히지 못했다. 그 다음부터는 진실을 말할 용기가 더욱 없어졌다. 여권에는 그날로 생년월일이 적혀 있는 것이 사실이지만 도대체 와다 여사가 어떻게 여권을 보았으며 그 틀린 생일날을 알아냈을까? 틀린 생년월일이 명시된 곳은 여권밖에 없는데 말이다. 와다 여사는 참 오랫동안 카드와 생일선물을 보내오곤 했다. 그분의 고마운 카드와 선물을 받을 때마다, 생일날이 아니기에 생일선물을 받은 기분은 나지 않았지만, 일본에 전화를 걸어 감사하다는 인사를 했다. 그래도 나는 그분의 생일날을 물어본 적이 없다. 어떻게 그렇게 무례하고 뻔뻔스러운 짓을 했을까!

 그분은 오스트리아 빈 태생으로 일본인 치과 의사와 결혼해 일본에 살면서 영어도 가르치고 요리도 가르쳤다고 했다. 그분이 나를 그토록 각별히 생각하고 카드와 선물을 보내게 된 것은 아마 일본의 소마 여사와 스위스의 실비아 여사가 자주 나에 대해 좋게 이야기했기 때문이었을 것이다. 일본에 갔을 때 와다 여사는 인도의 상가세나 스님이 나에 대해 영문으로 쓴 『The Divine Mother』라는 책을 보여주면서 그 책을 통해서 나를 이해하게 됐다고 옛일처럼 회상했다. 그 책은 내가 히말라야 라다크 설산 사람들을 위해 한 일들을 기록한 것이다. 그분의 책꽂이에는 나의 여러 편의 다큐멘터리 테이프가 꽂혀 있고, 와다 여사는 눈길을 그곳에 주면서 "저런 자료들이 당신을 이해하는 데 큰 도움을 주었다"며 이웃 사람들과도 함께 보았다고 말했다.

　이번 방문기회에 "누구로부터 내 생일을 알게 되었어요?"라고 물어보았다. 와다 여사는 망설이지 않고 당신이 알려주지 않았느냐고 도리어 반문했다. 진짜 생일날이 아니라는 말을 도저히 할 수가 없어서 잠시 빙긋이 웃어보였다. 나는 평생을 어느 누구의 생일도 기억하지 못한 채 살아왔다. 이번에 가서야 겨우 그분의 생일을 자연스럽게 알아냈다. 훨씬 연상인 와다 여사는 내가 한 번도 당신의 생일을 기억하지 못했는데도 그 무례한 나, 한국 사람에게 어떻게 그렇게 오랜 세월 동안 쉼 없이, 정성스럽게, 일방적으로 생일카드를 보내고 선물을 보낼 수 있었을까? 좀처럼, 도저히 있을 수 없는 일이 그간 일어나고 있었던 것이다.

　이승에서 살아 있는 동안 꼭 그분을 찾아뵈어야 최소한의 도리일 것 같고 또 후회하지 않을 것 같아 불현듯 일본에 갔다. 챙겨간 작은 선물을 받으면서 너무 예쁘다고 감탄하다가 또 다른 선물을 받을 때는 눈물 바람을 하셨다. 어떻게 하여도 그 은공에 보답이 될 수는 없겠지만 그래도 너무 늦기 전에 최선을 다했다. 그분 딸의 말을 빌리면, 내가 먼저 전화라도 걸면 와다 여사는 아주 흥분하고 행복해하신다고 했다. 오랫동안 전화통화를 할 때면 "나는 정말 당신을 자주 생각해요. 그리고 당신이 그 많은 일을 잘할 수 있도록 건강하게 해달라고 항상 기도하고 있어요"라고 했다.

직접 만난 기회야 두 번밖에 안되지만 국제전화로 쌓아온 정을 밑천 삼아 시치미를 딱 떼고 응석을 부리기 시작했다. 그분은 내가 그런 태도를 보이는 것을 퍽 좋아하시는 것 같았다. "무엇을 원해요?" 하고 무엇인가 주고 싶어하는 그분에게 "끓인 맹물, 하다가 아니, 커피 한 잔 주세요" 하면 더 기뻐했다. 그분은 90세인도 매우 정정했다. 특히 정신적으로는 젊은이 못지않게 센스가 있었다.
　딸 마리안네는 그 집의 경제를 담당한 호주여서 주방일은 연로하신 어머니의 몫이었다. 도시락을 싸고 병에 차를 끓여 담아 출근하는 딸이 들고 갈 수 있도록 미리 준비해놓곤 하셨다. 노인이지만 할 일이 아직 있고 살림살이 전반을 책임지고 있기 때문에 오히려 더 건강하신 것 같았다. 와다 여사는 좀 하기 어려운 말을 눈치를 보면서 꺼냈다. "내가 다리에 힘이 없어서 이제 오래 서서 요리할 수 없어요. 미안한 얘기지만 점심은 음식점에서 주문해서 먹어요"라고 말씀하셨다. 우리는 그거 재미있는 일이라고 기꺼이 동의했다.
　원래 4월 방문을 제안했지만 사려 깊은 와다 여사는 5월에 일본 MRA국제회의가 있고, 그때 인도의 라즈모한 간디(마하트마 간디의 손자, 저널리스트, 역사가, 현재 미국 일리노이대학교 교수, 국제 MRA 총재)가 일본을 방문하여 특별강연을 할 테니 그 기회에 오는 것이 더 좋을 것이라고 했다. 그리하여 그 회의에도 참석하여 좋은 강연을 듣고, 일본 MRA 실무자 나가노 기요시 씨의 특별 배려로 라즈모한 간디 총재 내외와 점심식사 기회를 마련해놓고 있었다. 나는 간디 총재를 스위스 코 MRA 본부에서 만난 적도 있고 작년엔 인도 판치가니 아시아센터 창립 40주년 기념대회에서도 만났다. 일본에서의 만남을 통해 그분은 나에 대하여 그동안 궁금하게 여겼던 많은 것을 물어보았다. 그분들과 그날 특별한 만남을 인연으로 좋은 관계를 맺게 되었다. 사려 깊은 와다 여사의 배려가 아니었으면 그런 기회가 만들어질 수 없었을 것이다.

잠시 일본을 방문한 기회에 2010년 1월 13일에 91세로 세상을 떠난 스위스 MRA 지도자 실비아 여사의 추모모임 자리가 마련되었다. 그 모임장소는 23년 전에 실비아 여사를 따라 한국에 와서 며칠간 강남교당에서 머문 적이 있는 히사코의 집에서였다. 우아한 모습의 중년이 된 히사코를 또 얼른 알아보지 못했다. 그녀는 삼남매를 둔 주부로 큰 저택에서 매우 유복해 보이는 안주인이 되어 있었다. 실비아 여사 추모 모임에 10명이 모였는데 한 사람만 낯설었다. 우리는 서로 오랜 만남의 소중한 사람들끼리 자리를 함께했다.

실비아 여사는 나의 인생에 지대한 영향을 끼쳤던 분이다. 와다 여사의 딸 마리안네가 그분의 사진을 모셔놓고, 우리는 저마다 생전에 실비아 여사와의 깊은 인연에 대해 말했다. 실비아 여사는 5개 국어에 능통하여 스위스 코 마운틴 하우스에서 세계 사람들을 대상으로 능통하게 각국의 언어로 말하면서 전화받는 자원봉사를 했다. 그분은 일본어를 할 줄 몰라 65세 때 일본에 와서 일어공부를 하여 글도 쓰고 말도 했다고 한다. 내가 미처 몰랐던 일이다. 아마 실비아 여사는 일본어 공부를 할 때 한국을 방문했던 것 같다. 그때 와다 여사의 집에서 함께 지냈고 마리안네는 그분과 많은 인생상담을 하여 자신의 앞길을 열어왔다고 했다.

　히사코 씨나 메구미 씨도 실비아 여사로부터 정신적으로 큰 영향을 받고 자랐다고 회고했다. 그 자리에는 히사코의 부모님도 함께 있었고 나가노 씨도 함께 있었다. 실비아 여사는, 나의 일본에 대한 증오의 감정을 나가노 씨를 통해 풀게 해주었고, 그때 인연으로 나가노 씨와는 각별한 인연을 유지하고 있다. 우리는 실비아 여사를 중심으로 가깝고 소중한 인연임을 새삼 확인했다.

　실비아 여사가 세상을 떠났을 때 꼭 스위스를 가려 했으나 장례 기간이 짧다며 한국과 스위스는 너무 먼 거리이니 다음 기회가 더 좋을 것이라고 만류하여 가지 못했다. 가지는 못했어도 그분 영전에 편지 글월을 올렸다. 일본 추모의 자리에서 마리안네가 그 글을 읽었다.

　실비아 여사에 대하여 「정신적 어머니 실비아 여사」라는 제목으로 나의 다섯 번째 저서 『마음눈이 밝아야 인생을 잘살 수 있다』에 이미 발표했다. 나는 내가 하는 일을 세상 사람 모두가 몰라주어도 실비아 여사 한 분만 알아주면 일을 할 때 새 힘이 샘솟았다. 그 세월은 20년보다 더 긴 세월이다. 그분은 스위스의 꽃 카드나 아름다운 풍경 카드에 항상 긴 편지를 보내 나를 격려하고 고무시켰다. 편지를 받을 때마다 우선 아름다운 카드를 보는 신선한 기쁨이 있었고, 편지 사연은 항상 자상하고 정겨워 형언할 수 없는 충족감이 채워지곤 했다. 힘겨운 일상 속에서 정서가 메마르다가도 그분의 편지를 받고 나면 마치 밤이슬을 맞은 식물처럼 싱그럽게 다시 소생하는 자신을 느끼곤 했다.

그분은 내 인생의 정서의 습도를 조절해준 고마운 분이었다. 나는 그분을 해바라기처럼 바라보며 살아왔다.

실비아 여사는 독신으로 한평생 살면서 MRA 운동에만 전념해오신 분이다. 마리안네와 메구미 씨, 그리고 히사코 씨 모두는 금년 스위스코에서 열리는 세계 MRA 대회도 참석할 겸 묘역을 찾아가 참배하고 올 것이라고 했다. 추모 모임을 통해서 실비아 여사의 아름답고 값진 한평생을 깊이 음미하고 또 추모하며 기렸다.

와다 여사를 뵙기 위해 잠시 방문했던 일본에서 뜻 있는 좋은 경험을 많이 했다. 내가 떠나려 하자 그분은 방에서 무엇인가를 들고 나오셨다. 무늬가 수수해서 수도자도 쓸 수 있는 고동색 숄을 내놓으면서, 오래 전에 받은 선물인데 장롱 속에 간수해 두었던 것이라고 했다. 그분은 그것을 선물하고 싶다며 건네주었다. 울 70퍼센트에 실크 30퍼센트여서 매우 따뜻할 것이라고 했다. 그 선물을 고맙게 받으면서 반드시 당신을 기억하며 내 자신이 쓰겠다고 약속했다. 마음속으로는 이승에서 다시 뵙기 어렵다는 섭섭한 생각을 머금고 떠나려고 하는데 와다 여사는 "우리 또 곧 만나요" 하면서 행복한 미소로 배웅해주었다.

내가 모신 육타원 스승님

육타원 스승님이 열반하신 지 하염없는 세월이 흐르고 있어도 그 어른을 흠모하는 정은 한결같다. 내 자신이 그분의 인격을 호흡하면서 살던 총부 금강원 시절이 더욱 소중한 세월로 기억된다.

법위(法位)가 출가위(出家位)에 오르시고 한때 교단의 어진 어머니로 살다 가신 이동진화 종사(李東震華 宗師) 님의 법호(法號)가 육타원(六陀圓)이다. 열아홉 내 눈에 비친 육타원 님은 교단의 높으신 웃어른, 큰 안어른으로 많은 대중이 존경하고 극진히 모시는 여성지도자 가운데 한 분이었다.

그때 생각으로는 열심히 수도하면 모두 그 어른 같은 인품을 지니게 되는 줄로만 알았다. 그러나 세상을 살아가는 동안 많은 사람을 접해보면서 그 어른과 같은 분을 다시 만나지 못했다. 그래서 그분의 드높은 인격과 훈향(薰香)이 더욱 그리워진다. 인생을 살아가는 동안 인격과 인품이 훌륭한 분을 만나뵐 수 있다거나 그러한 분을 가까이에서 모실 수 있다는 것은 개인적으로 더없는 청복(淸福)이고 행운이라는 생각이 든다.

살아가는 동안 두 번 다시 만나뵙기 어려운 육타원 스승님을 가까이 모시고 잔시중을 들어드렸던 그 철없던 세월이 새삼 행복하게 회상된다. 그때 나는 어린 나이였는데도 밤 10시면 취침종을 치고 새벽 5시면 기상을 알리는 종을 치는 책임을 맡고 있었다. 종을 치는 순간은 짧아도 정확한 시간을 놓치지 않고 치기란 결코 쉬운 일이 아니어서 매양 긴장이 되었다. 그러던 어느 날 새벽, 종을 치지 못한 일이 생기고 말았다. 그 실수로 총부 대중이 제 시간에 맞추어 좌선하는 일이 어긋났다. 아마 어른들은 각기 처소에서 좌선을 하셨을테지만, 젊은 사람들은 일어나지 못한 채 아침까지 자버렸을 수도 있었다. 너무나 큰 실수를 저지르고 어쩔 줄 몰라하는 나에게 육타원 님은 "네가 소임에 충실치 못해 이 많은 대중이 아침 좌선을 거르게 됐으니 처소마다 다니면서 용서를 빌어라" 하셨다.

그날 대중의 처소마다 찾아다니며 "아침 종을 치지 못한 저를 용서해주십시오. 앞으로는 더욱 조심하겠습니다"라고 아주 작은 목소리로 문 밖에서 사죄했다. 곧 울어버릴 것만 같았던 그때의 실수도 이제는 모두 아름다운 일로 기억된다.

전주여고를 갓 졸업했을 때 마치 모판에서 자란 모가 때가 되면 논에 내다 심어지듯 그렇게 원불교에 몸담게 되었다. 정녀(貞女)의 길을 걸으면서 원불교 교무가 되겠다는 뜻이 떡잎만큼 파랗게 자라 있었기 때문이다. 처음 출가한 나는 원불교 중앙총부 사무실에서 새로 입교한 교도의 원명부를 정리하는 일을 했고, 안에서는 총부를 내방하는 손님에게 차를 준비하여 내는 소임을 맡았다. 아무것도 할 줄 모르던 나는 육타원 스승님이 시키는 대로, 냉장고가 없던 그 시절 여름에는 오미자차를 깊은 우물 속에 담가 시원하게 준비해서 대접했고, 겨울이면 미삼으로 차를 달여 내었다. 그때는 찻감도 흔치 않았을 뿐더러 아주 귀한 손님이 아니면 차를 대접하지 않는 것이 보통이었다. 그때 육타원 어른을 모시고 손님 응접하는 범절을 배웠다.

비록 열아홉의 어린 나이긴 해도 그분의 일거수일투족을 가까이에서 모두 뵈었던 일은 인생에 큰 보감이 될 산 경전을 얻은 것과 같았다. 또한 나로 하여금 교단을 생명처럼 여길 수 있도록 마음의 뿌리를 키워주셨음을 철이 든 뒤에야 깨닫게 되었다.

그 당시 총부 구내의 여자 숙소였던 금강원에서는 육타원 님을 모시고 대가족처럼 함께 지냈다. 소나무 숲 속에 자리한 금강원은 여닫는 미닫이 문을 사이에 두고 큰방과 작은방이 있었다. 작은방은 육타원 어른의 처소였고, 큰방은 용타원 님을 모신 여사무원들의 공동숙소였다. 사무실에서나 금강원에서나 가장 나이 어린 사람이어서 잔심부름은 모두 내 차지였다.

1950년대 중반, 그 무렵은 나라살림도 어려웠고 교단도 초창기 시절이어서 총부에 전화가 한 대밖에 없었다. 외부에서 전화가 걸려오면 나는 그 넓은 총부 구내를 이리저리 뛰어다니며 전화를 받도록 연락했다. 그때는 총부 대중을 위해 지방에서 음식이 들어와도 으레 육타원 님에게 올렸다. 그러면 그 어른께서는 빠짐없이 몫을 지어주시고 나누는 분량을 요량해주셨다. 나는 그것을 들고 세탁부·산업부 등 각 처로 날랐고 그 그릇을 다시 거둬들여야 했기 때문에 매양

“ 그분의 일거수일투족을 가까이에서 뵈었던 일은
내 인생에 큰 보감이 될 산 경전을 얻은 것과 같았다.
나로 하여금 교단을 생명처럼 여길 수 있도록
마음의 뿌리를 키워주셨음을 철이 든 뒤에야 깨달았다. ”

종종걸음을 쳤다. 그 무렵 고무신이 3개월마다 한 켤레씩 닳곤 했다.

　나는 아직도 육타원 님을 알아볼 수 있는 눈을 갖지 못하고 있다. 그러나 참으로 이상한 일은 세상을 살아갈수록 그 어른을 더 깊이 이해하게 되고 마음속 깊은 곳에 모시며 높이 우러르게 된다.
　육타원 스승님의 성품은 외유내강하여 밖으로는 온후하고 자애로워도 안으로는 매우 강직하고 엄격하셔서 도무지 흩어진 모습을 뵐 수가 없었다. 그분 특유의 몸에 밴 정중한 예절 때문에 모든 사람은 그분 앞에서 마음의 옷깃을 여미었다. 또 말씀은 적어도 무언의 감화력을 갖고 계셔서 남녀 대중이 다 함께 따르는 큰 스승님이었다. 특히 상봉하솔(上奉下率)의 도가 투철하시어 위로 종법사 님을 받들고 모시는 정성이 남달랐다. 그리고 대중을 두루 살피는 가운데 병약하거나 부족한 사람은 더욱 감싸며 알뜰히 챙기셨다. 지방에서 소식이 적조하거나 어려움을 겪는 듯한 교무에게는 자주 대필의 하서를 내리셨다. 총부에 오는 교무들은 육타원 어른 방에 들어가면 오랫동안 말씀을 드리곤 했다. 교화 현장에서 보람 있었던 일은 기쁜 소식으로 전해 드리고 또 처리하기 어려운 일을 의논하면 지혜로운 방도를 일러주시는 것 같았다. 시련을 겪고 있는 사람에게는 깊은 세정을 알아주며 격려하여 새 힘을 얻게 하셨다.
　그분은 교단의 따뜻한 품이었고 두루 덮어주는 큰 이불이었다. 그처럼 많은 사람을 접하고 많은 말을 들어도 절대 입 밖에 내지 않으셨고 누구의 허물도 겉으로 드러내지 않으셨다. 이제 생각하면 그 어른은 교무들의 훌륭한 스승이며 상담자이셨다.

경성지부 여자 교무 시절이나 총부 순교감의 책임을 맡고 계실 때는 설법을 하시면 대중이 많은 감명을 받았다고 하지만, 그 무렵은 육십만 넘어도 상노인이었다. 그래서 이미 육십이 넘은 육타원 님도 단상에서 말씀하시는 일은 거의 없었다. 오히려 한발 물러서듯 금강원 안에 조용히 계시면서 교단을 밖으로 드러내는 일보다 안으로 빠진 곳을 더 챙기셨다.

대종사 님 재세 시에도 교단의 어려운 일은 모두 육타원 님이 하명하여 수습하셨다고 한다. 원불교가 서울에 최초의 교화 터전을 마련할 때도 창신동 가옥을 희사하는 등 교단 초창기에 물질적 공헌이 많으셨다지만 한번도 자신의 행적을 말씀하는 일이 없었다. 그리고 평생을 두통으로 고생하며 약봉지를 곁에 두고 지내시면서도 그 고통을 말씀하지 않았고, 불편한 안색을 지어보이지 않으셨다. 그리고 좀처럼 눕는 모습을 뵐 수 없었다.

육타원 님의 무릎 아래는 고양이의 따뜻한 보금자리였고, 마루를 내려서면 개가 반겨 꼬리를 저으며 뒤를 따랐다. 손수 정성을 다해 가꾸던 온실의 화초는 모두 윤기가 흘렀고 철따라 잎 피우고 꽃 피웠다.

육타원 님이 젊었을 때는 미모에 대한 칭송이 자자했을 것 같다. 단아한 용모에 어깨선이 곱게 흘러내려 어떠한 옷을 입어도 자태가 곱고 인격의 은은한 향을 체취처럼 풍기며 사뿐사뿐 걸을 때는 그 모습이 참으로 우아했다. 미소를 머금은 얼굴에 잔주름을 일구며 그

윽한 눈빛으로 멀리 바라다보실 때는 육도사생(六道四生)을 두루 살피는 어진 어머니의 모습 같았다.

그분은 필요없는 일에는 절대로 관심을 두지 않으셨다. 홀로 계실 때는 단정하게 정좌하고 선(禪)을 하셨다. 그럴 때의 육타원 님은 맑음을 머금은 듯 조촐하고 한가로움을 정적으로 지키셨다.

대중 가운데 살아가자면 어찌 마음 번거로운 일이 전혀 없을 수 있을까……. 그러나 그분에게서 인간적 번민이 스치는 모습을 한번도 뵌 일이 없다. 이제 와 생각하면 모든 것을 초탈한 듯 살아가던 육타원 스승님은 사바세계에 사는 분 같지 않았다. 금강원의 솔바람 소리처럼 청정하고 고결한 인품을 간직한 육타원 님은 모든 수도자의 맑은 거울이었고 숨은 도인의 큰 사표였다. 은발 머리를 유난히 곱게 빗던 육타원 님은 인간의 원숙한 경지를 표본처럼 보여주셨다.

내가 스물일곱 살 젊은 나이로 종로교당 부교무의 소임을 맡고 있을 때 분망한 생활태도를 지켜보시던 육타원 스승님은 "애야! 너는 오늘만 살고 말 거냐? 너의 정신 쓰는 것을 보니 마치 조자룡이 헌 칼 쓰듯 하는구나. 쉴 줄도 알아야 한다. 건강을 해치지 않도록 조절하며 살려무나" 하며 근심 어린 눈빛으로 바라보셨다.

그 모든 옛일이 그 어른의 큰 가르침과 따뜻한 사랑으로 회상된다. 육타원 스승님을 흠모함은 나의 은밀한 행복이다.

회상의 법모, 용타원 스승님

갓 출가하여 금강원에서 한 방을 쓰면서 뵙던 용타원 종사님은 아마 그 무렵 40대 초반쯤 되셨을 것이다. 그분은 오랜 병환 중에 계시는 정산 종법사님에게 항상 마음이 향해 있었고, 함께 모시고 있는 육타원 종사님을 지성으로 섬겼다. 총부 구내 청아원에 계시는 구타원 종사님에게는 더 큰 조심을 갖고 작은 법도도 어긋남이 없이 봉대했다.

그때는 금강원 큰방 하나에서 총부를 내왕하는 모든 교무가 함께 머물던 때라 용타원 종사님은 그야말로 상봉하솔을 반듯하게 하느라 매양 긴장을 풀지 못한 채 생활하셨다. 당시 그 어른이 맡은 소임은 감찰부장이었다. 평소 잘 웃지도 않고 항상 그 큰 눈으로 매사를 살피면서 교단의 대의를 바루셨다. 그래서 한 방에 모시고는 있어도 그 어른이 어렵기만 했다. 어쩌다 정색을 하고 바라보시기만 해도 시선을 똑바로 보지 못했다. 다만 발부리를 내려다보며 행여 무엇을 잘못하고 있지는 않나 자신을 살폈다.

그렇게 엄격하고 엄중해 보이던 용타원 종사님이 노경에 수도원에 계실 때는 그 모습이 참으로 인자하고 온화했다. 대하는 사람마다 미소로 반기며 알뜰히 챙겨주셨다. 그 어른의 품은 따뜻하고 넓어 교단의 어머니로 통하였다. 그리고 누구에게나 사표가 되어주는 큰 스승님이었다. 나는 수도원에 계신 용타원 종사님에게 강남교당에서 발행하는 『강남회보』를 빠짐없이 매주 보내드렸다. 그분은 젊은 이를 시켜 『강남회보』를 읽도록 하여 모든 소식을 소상히 알고 계시면서 세세곡절까지도 다 헤아려 항상 격려해주셨다.

1991년 나는 북인도 히말라야 설산 라다크에 다녀왔다. 그곳은 3,600미터 고산지대여서 1년 중 4개월만 농사를 지을 수 있고 8개월 동안은 눈과 얼음 속에 갇혀 살고 있었다. 설산이니 당연히 땔감 나무도 없다. 그곳 사람들은 기르는 가축의 똥을 말려 밥을 짓고 그 온기를 집안에 가두어 추위를 견디며 살고 있었다. 그곳은 시베리아 다음으로 추운 곳이지만 따뜻하게 덮을 이부자리도 없었다. 그들은 아무리 부지런해도 8개월 동안은 눈과 얼음에 갇혀 살아야만 하는 자연환경 때문에 가난하게 살 수밖에 없었다.

히말라야 골짜기 계곡물이 흘러내리는 곳에는 나무가 자라고 그곳에 작은 마을이 있다. 설산 사람들은 자녀를 학교에 보낼 수 없어 1만 리나 떨어진 남인도 방갈로르 마하보디 소사이어티로 대여섯 살 난 어린 자식을 유학 보내고 있었다. 부모와 떨어져 남인도에서 공부하고 있는 어린이들은 적어도 10여 년 세월이 지나 자신의 집을 찾아갈 수 있을 때까지 고향에 가지 못한다고 했다. 나는 방갈로르에서 80여 명의 히말라야 어린 소년을 먼저 만났다. 그리고 그들의 고향 라다크에 가서 설산 사람들의 혹독한 자연환경에 대해 더 잘 알게 되었다. 사람이 교육을 받고 배우는 것도 중요하지만 공부를 하기 위해 10여 년을 부모자식이 만나지 못하고 산다는 것은 추운 곳에서 사는 것 말고도 인간의 또 다른 비극이라고 생각되었다.

강남교당을 신축한 지 오래되지 않은 때여서 나는 건축에 대한 경험과 상식이 있었다. 우리를 초청한 상가세나 스님은 세계 여러 나라 손님인 우리에게 학교 건축 기초석을 놓는 봉고기도를 하게 했고, 떠나는 날에는 학교 건축도면을 보여주었다. 나는 설계도면을 살핀 뒤 인건비가 얼마냐고 물어보았다. 한 사람 인건비가 2달러(2,000원)라고 했다. 그 당시 우리나라 목수 한 사람의 인건비는 7만 원이었다. 돈의 차이를 계산해보니 1억 원 정도면 학교를 세울 수 있을 것 같았다. 결심을 굳히고 나서 선언적으로 그곳에 학교를 세우겠다고 말했다. 학교를 세워 부모자식이 떨어지지 않고 공부할 수 있도록 해야겠다고 생각했다.

히말라야 설산에서 내려온 나는 우선 강남교당 법회에서 그곳 실상을 보고하고 학교를 세우자고 호소했다. 사람만 만나면 설산에서 찍은 사진도 보여주고 그곳 사정을 말하면서 어떻게든 학교를 세우려 한다고 했다. 지금도 1억 원은 큰돈이지만 20년 전에는 참으로 큰돈이었다. 어떻게든 그 돈을 마련해야 된다는 일념으로 누구에게나 뜻을 밝히면서 마음속으로 동참을 바랐다. 강남교당에서 봉직했던 26년 동안 히말라야 라다크에 학교를 세우는 일은 세계 55개국을 돕는 첫 사업이었다.

교도들은 히말라야 설산 사람들의 이야기를 들으면서도 마치 세상 밖 외계 사람의 이야기를 듣는 것 같았다. 반응이 냉담했다. 어느 한 사람도 그곳에 학교를 세울 돈을 선뜻 희사하지 않았다. 그 당시 미아샛별 어린이집을 운영하던 나는 그곳 학부모 모임에서 히말라야에 학교를 세우는 일에 동참해달라고 호소하여 작은 종자돈을 마련했다. 대놓고 말하는 사람은 없어도 강남교당 교도 중에는 우리나라에도 어려운 사람이 많은데 왜 비행기를 타고 멀리 외국에까지 가서 돕는지 모르겠다고 수군거린다고 했다.

어느 법회 날, 동냥은 못 줄망정 쪽박은 깨지 말라고 했다. 그리고 누가 무슨 말을 해도 히말라야에 학교를 세울 것이라고 단호하게 말했다. 만약 이 일을 하다가 교도들이 하나 둘 떠나가는 한이 있어도 학교부터 세우고 나서 다시 강남교당을 일으켜야 되겠다고 마음먹었다. 그 무렵 나는 아무나 만나면 그 이야기를 꺼내곤 했다. 설산에 학교를 세울 생각으로 사무쳐 있던 때였다.

그러던 어느 날 용타원 종사님은 "아무도 알 수 없는 외국 일을 혼자 다니면서 하지 마라. 네가 보고 느끼고 말하고 싶은 것을 『원불교신문』 기자나 『원광사』 기자들을 데리고 다니면서 동행 취재하여 알리도록 해라" 하셨다. 나는 한 사람 가는 비행기 값도 비싼데 어떻게 기자를 동행하느냐며 어려운 일이라고 말씀드렸다. 그러자 그분은 "아무 물정도 모르는 사람이 청수는 앉기만 하면 제가 하는 일을 갖고 제 자랑만 한다고들 한단다. 그러니 반드시 기자를 데리고 다녀라" 하셨다. 당부의 말씀은 매우 단호했다.

그 어른의 말씀 따라 중국 훈춘에 장애자 특수교육학교를 신축하고 개교할 때나 히말라야 라다크에 50개 병상의 카루나 종합병원을 짓고 개원할 때도 교단의 신문기자뿐 아니라 일반 신문 기자들까지 동행했다. 그리하여 라다크에 병원을 설립한 일과 힌디어와 라다키어로 경전이 번역된 데에 대해 다음과 같이 신문에 대서특필되었고 장안의 큰 화제를 모았다.

히말라야 오지인 라다크의 종합병원 개원 및 힌디어·라다키어 교전출판기념식 현장을 가다: 박청수 교무의 '행동하는 자비'
• 『한울안신문』, 1999.9.3

'삼동윤리 실천한 은혜의 현장' 강남교당 후원, 북인도 히말라야 라다크에 종합병원 설립, 상가세나 스님, 힌디어판『원불교 교전』, 라다키판『정전』 출판
• 『원불교신문』, 1999.9.3

감격의 눈물이 만년설 녹인다
• 『여성신문』, 1999.9.10

히말라야에 꽃핀 부처의 자비
• 『중앙일보』, 1999.8.21

원불교 인도 오지에 '자비병원' 설립
• 『한겨레신문』, 1999.8.21

북인도 오지에 자선병원 개원: 박청수 교무 주도로 라다크에 카루나 병원 개원. 힌디어판·라다키판『원불교 교전』 번역 출판도

일궈내
- 『한울안신문』, 1999.8.20

히말라야에 '인술의 장' 열었다
- 『대한매일』, 1999.8.18

원불교, 북인도 오지에 자선병원 개원: 강남교당 박청수 교무 주도로 착공 3년만에 50개 병상 갖춰
- 『세계일보』, 1999.8.14

원불교 지원 히말라야에 병원 세워
- 『조선일보』, 1999.8.14

히말라야 오지에 핀 원불교 '사랑의 의술'
- 『경향신문』, 1999.8.14

북인도 히말라야에 자선병원
- 『한국경제』, 1999.8.14

Won Buddhist Order Builds Hospital in Indian Village.
- 『코리아 타임즈』, 1999.8.14

북인도 라다크 오지에 인술의 보시
- 『문화일보』, 1999.8.13

지구촌 오지에 사랑 심는 '티베트의 마더'
- 『문화일보』, 1999.8.11

나는 수도원에 계시는 용타원 종사님 문 앞에만 서면 가슴이 두근거리며 설렜다. 밖에서 "저 청수입니다" 하고 조용히 문을 열고 들어

서면 용타원 종사님은 마치 방금 올 줄 알고 기다리기라도 한듯이 온 마음 큰 품으로 반겨주셨다. 일이 힘겹다가도 용타원 종사님만 뵙고 나면 모든 어려움이 눈 녹듯이 사라지고 새 힘이 샘솟았다. 어른께서 내가 한 일마다 따뜻한 음성으로 노고를 치하하며 그 보람을 내 손에 쥐어주셨다. 그분이 각별한 사랑으로 키워주신 은혜를 어찌 말과 글을 빌려 만 분의 일이라도 표현할 수 있을까.

쏜살같은 세월 속에 살다가 14년 전 내 자신이 회갑 나이가 되었을 때 용타원 종사님은 다음과 같은 글로 나를 크게 격려하셨다.

祝 回甲
세계 인류의 어머니로
세계 인류의 스승님으로
대종사님께 孝女로
대도 사업에 보은자로
우리 정녀계의 자랑으로
세계의 여왕으로 우뚝 솟은 우리 청수.
아름다운 동지여, 참으로 고맙고 자랑스럽다.
쳐다보기도 아깝도다. 장하고 소중하도다.
앞으로 더욱더 건강하여 하고픈 일 다 이루고 성불하소서.
기도하고 있네.
• 원기 82년(1997년) 7월

눈빛이 형형한 상타원 전종철 님

상타원 님! 우리 육안에 비친 상타원 님은 참으로 가냘프고 왜소하셨습니다. 그러나 마음 눈으로는 우러러보아야 하는 거인이었습니다. 우리 회상의 정신적 거인 상타원 님! 시끄러운 종로 5가 보화당 한약방 2층, 그 침침한 골방에 은거하던 숨은 도인 상타원 님!

전무출신으로 봉직한 40년 동안 지방 교화 4년을 빼고는 36년간을 줄곧 중앙 총부를 지키며 항상 대의를 바루고 회상 발전의 정신적 초석을 다지시던 상타원 님! 상타원 님은 우리 회상의 혈심인이었습니다. 남이 거들떠보지 않는 일, 자투리 같은 일을 갈무리하여 온전하게 하는 데 혼신의 열정을 바치시던 상타원 님! 겉으로는 차갑게 보여도 안으로 뜨거운 가슴, 그 품 안에 뭇 생령을 끌어안고 한 기운이라도 살려내려고 알뜰히 챙기시던 상타원 님!

상타원 님의 그 형형한 눈빛을 영원히 잊지 못할 것입니다. 거짓과 사심이 있는 사람은 감히 바라뵙기조차 두려운 눈빛, 사불범정(邪不犯正)의 그 눈빛으로 이 회상을 지키셨고, 그 눈빛은 모든 사람이 자신을 비추어볼 수 있는 지공무사(至公無私)의 거울이었습니다. 상타원 님이 한 마음으로 꿰뚫어 보면 모든 법리가 밝아지고 바른 질서가 열렸습니다. 상타원 님의 냉철한 판단과 강직한 모습은 모든 사람의 불의를 예방하는 우리 회상의 방부제였습니다.

상타원 님이 성업봉찬 전무위원으로 구타원 종사님을 보필할 때는 그 법도가 하도 완벽하여서 교단 선진을 상봉하는 본을 보여주셨고, 회상의 신의를 지키기 위해서는 어떠한 희생이라고 감수하셨습니다. 초창기에 헌신한 원로들을 모신 여자 수도원을 이룩할 때도 상타원 님의 이소성대와 근검절약이 토대가 되고 천신만고 갖은 노력 끝에 이루어낸 터전입니다.

모든 정녀가 한평생 사무친 서원과 투철한 사명감으로 살아갈 수 있도록, 그리고 정화단의 바른 위상을 정립하기 위하여 정화단의 모든 법규를 제정하고 그 틀을 짜시느라 얼마나 애쓰셨습니까? 또 모든 정녀를 한 모습으로 만들기 위해 수용품을 마련하느라 그 병약한 몸으로 남대문시장과 동대문시장 골목을 얼마나 누비셨습니까?

상타원 님은 이 시대 우리 사회에서 육십 평생을 살다 간 모든 사람 가운데 어느 극빈자보다도 최소한의 물질을 소모하고 떠나신 분이라고 증언할 수 있습니다. 공사 간 아끼고 절약하는 그 검약 정신은 어느 누구도 흉내낼 수 없습니다.

상타원 님은 자신에게는 가혹하리만큼 엄격한 구도자이자 수도자였습니다. 올곧은 한평생은 우리의 큰 사표이고 남기신 자취 그대로가 보보일체대성경(步步一切大聖經)입니다.

종법사 님은 밤낮으로 견디기 어려운 큰 병을 지니고도 그 많은 일을 했으니 그것이 큰 기적이며, 만인억래 만신억고(萬人億來 滿身億苦)의 거룩한 생애라고 위로해주셨습니다. 또 상타원 님은 대종사 님, 그리고 삼세 제불 제성들이 손꼽을 제자라 하시며 상타원의 신성은 구천에 솟고도 오히려 남고, 키우고 키운 서원은 시방에 두루 하고도 넘친다고 하며 이렇게 인증해주셨습니다.

　　상타원 님이여. 상이요 상이요 두렷한 일원상이었고
　　밭이 밭이었으나 복혜의 큰 밭이었으며
　　높고 높아 일원대도로 솟았으니
　　밝고 밝은 빛 삼세와 시방에 두루 하리라.

박청수 교무 연보

1937   박정기 · 김영순의 장녀로 전북 남원 수지면 홈실마을에서 출생 (음 10.21).
1944   남원 수지국민학교 입학.
1945   부친 열반.
        원불교 입교(연원: 최도림 조모).
1950   수지초등학교 졸업.
        전북여자중학교 입학.
        6·25전쟁 발발.
1953   전주여자고등학교 입학.
1956   전주여자고등학교 졸업.
        원불교 교무가 되기 위해 출가(추천인 전기철).
        교화부 근무(2년), 서울교구 종로교당 근무(1년).
1959   익산 원광대학교 교학대학 원불교학과 입학.
1963   원광대학교 교학대학 원불교학과 학사 졸업.
        원불교 서울교구 종로교당 부교무로 봉직(2년).
1966   동국대학교 대학원 불교철학과 입학.

1969   동국대학교 대학원 불교철학과 석사 수료.
        원불교 서울교구 사직교당 교무로 봉직(9년). 교화 시작.
        원불교 서울지구 청년회 담임교무(4년).
        한국보육원 후원 시작.
        육군사관학교 생도 교화(3년).
1970   동파키스탄 이재민 구호성금 2만 4,000원 원불교 서울교구에 기탁.
        원불교 서울지구 청년회 25명 화천 7사단 전방부대 위문공연.
        원불교 점자요람 30부 발간(맹인 육병일).
1971   시각장애자 교화 시작. 국립 맹학교 교양강좌 초청 강연.
        원불교 정전 · 성가 점역 완료.
1972   맹학생 정례법회 시작.
        시립 아동병원 기아 후원 시작. 아기 천기저귀 만들어 보급.

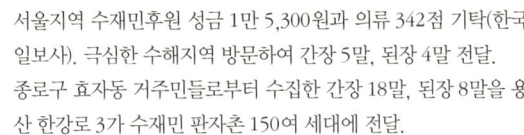

서울지역 수재민후원 성금 1만 5,300원과 의류 342점 기탁(한국일보사). 극심한 수해지역 방문하여 간장 5말, 된장 4말 전달. 종로구 효자동 거주민들로부터 수집한 간장 18말, 된장 8말을 용산 한강로 3가 수재민 판자촌 150여 세대에 전달.

1973　원불교 정전·성가 점역 완료. 75권 출판.
1974　원불교 대종경 점역 출판.
1975　원불교 서울교구 사직교당 신축 봉불(연건평 114평. 1층 50평, 2층 50평, 지하 14평).
　　　국립 맹학교에 원불교 장학금 전달.
　　　가톨릭 복지기관 성 라자로 마을 첫 방문.

1976　성 라자로 마을 나환자 추석 위문. 종교협력 활동 시작(31년).
　　　『도산 안창호』 점역, 국립 맹학교에 기증.
1977　성 라자로 마을 원장 이경재 신부 초청 사직교당 법회에서 설교.
　　　원불교 전북교구 원평교당 교무로 봉직(2년). 농촌 교화.
1978　성 라자로 마을 후원회 운영위원(10년).
　　　성 라자로 마을 나환자 공동 생일선물 발송 시작.
1979　원불교 서울교구 우이동 수도원 교당 교무로 봉직(2년).
　　　성 라자로 마을 나환자 후원 위해 엿장사 시작(15년).
1981　원불교 서울교구 강남교당 교무로 봉직(26년).
1982　이리 성모의원 재가 나환자 후원(7년).
1983　일본·대만 청소년단체 시찰.
　　　국가 발전을 위한 지도자간담회 참석(정신문화연구원).
　　　가톨릭 가르멜 수도회 방문.
　　　가톨릭 산청 성심인애병원 나환자 후원(8년).

1985　원불교 전국 청년회장(3년).
　　　원불교 강남교당 신축 봉불(대지 227평, 연건평 332평, 3층).
　　　원불교 강남 원광유치원 원장.

1986　인천 예화여자상업고등학교 근로소녀 위한 강좌를 계기로 후원 시작.
　　　가톨릭 샬트르 성 바오로 수녀회 베타니아 집 은퇴수녀들과 교류 시작(20년).
　　　말레이시아 싱가폴 청소년 단체 시찰.
　　　인도 판치카니 MRA 아시아대회 참석.
1987　인도·스리랑카 등 동남아 5개국 방문.
　　　스위스 코 마운틴 하우스 세계 MRA대회 참석, 유럽 5개국 방문.

가톨릭 복지기관 성분도 장애자 직업재활원 후원 시작(9년).
전남 영광 성지고등학교 후원 시작.
1988 한국에서 열린 세계 MRA대회 참석(정신문화연구원), 캄보디아 난민 후원 시작.
전남 영광 농촌 영세가정 후원(2년).
1989 성 라자로 마을 후원회 부회장(10년).
『기다렸던 사람들처럼』 출간.
일본 주최 세계 MRA대회 참석.

1990 미아샛별 어린이집 원장(8년).
인도 라다크 마하보디 소사이어티 라다크 의장 상가세나 스님을 처음 만남. 상가세나 스님 통해 히말라야 라다크 후원 시작(10년), 소년소녀가장 후원 시작(8년).
국제 연등불교회관과 교류 및 후원(5년).
1991 TOU(다종교협력기구) 중동 평화를 위한 종교인 순례 참석. 이스라엘·시리아·이집트·요르단 등 4개국 방문.
인도 방갈로르 마하보디 소사이어티 창설 100주년 불교도 대회 참석.

인도 라다크 첫 방문.
스리랑카 마카다와라 아난다 스님을 처음 만남.
1992 스위스 MRA 본부 후원.
TOU 라틴아메리카 원주민을 위한 종교인 순례, 6개국 방문.
TOU 이사(4년).
루이스 돌란 신부방한을 계기로 통일을 위한 종교지도자 모임 주최.
동구 세르비아 난민 후원(TOU).

티베트 난민 후원(8년).
KCRP 여성분과 위원장.
(사)시민모임 맑고 향기롭게 운동 후원 및 교류.
아프리카 12개국 의약품 지원(국제협력단).
기독교 사랑의 쌀 보내기 후원(4년).
도시 빈민 및 출소자 쉼터 '은혜의집' 지원 시작(9년).
인도 라다크 마하보디 기숙학교 신축지원 설립으로 개교(초중고).

1993 인도네시아 등 3개국 방문.
스리랑카 불교계(마카다와라 아난다 스님)와 교류 및 후원 시작.
베트남 라이따이한 후원 시작.
『마음으로 만난 사람들』 출간.

인도 라다크 마하보디 기숙학교 방문.
인도 라다크 인을 위해 겨울의류 수집 시작.
TOU에 중동평화를 위한 기금 지원.
아프리카 12개국 의약품 지원. 남아공 · 스와질랜드 · 이디오피아 · 케냐 방문하여 의약품 전달(국제협력단).

1994 인도 라다크 마더 박청수 자선재단 이사장(상가세나 스님 공동).
인도 라다크에 겨울의류 등 여섯 대 컨테이너 발송. 라다크 방문. '나눔의 잔치'에 강남교당에서 보낸 의류 등을 직접 전달.

한 · 베트남 청소년 문화교류 후원회 공동회장. 한 · 베트남 투덕 직업훈련원 후원, 개원식 참석.
한국 수필문학진흥회 이사.
대한 성공회 나눔의 집 자문위원으로 후원(4년).
원불교 수위단원 피선.
원불교 평양교구장(13년).
스위스 코 마운틴 하우스 세계 MRA대회 참석, 유럽 5개국 방문.
손 수베르 씨를 통해 캄보디아 고아원 후원 시작.
가톨릭 원주교구 '천사들의 집' 중증 장애자 후원(1년).
르완다 난민 후원.

1995 민주평통자문위원.
범종단 남북교류 추진위원회 부회장.
캄보디아 첫 방문. 스레임필 고아원 신축 후원, 개원식 참석.
캄보디아 지뢰 제거 후원(영국 할로 재단).

캄보디아 승려 장학금, 단기교사 양성기금 후원, 67개 마을에 우물을 파고 식수 공급, 저수지 2개 설립비 후원.
중국 훈춘 등 방문, 조선족 후원 시작.
북한 수재민 후원 시작.

캄보디아에 의류 · 신발 등을 모아 여섯 대 컨테이너 보냄(대한적십자사).
세계 각국에 총 30대 컨테이너 발송.
인도 델리 방문. 달라이 라마 60회 생신 기념 심포지엄 참석.
인도 라다크 방문. 마하보디 기숙학교 증축낙성식 참석.
상가세나 스님으로부터 카루나 종합병원 설립 지원 요청받아 모금 시작(5년).
스리랑카 방문. 원불교 소개서 신할리즈어판 출판기념식 참석.
러시아 연해주 고려인 후원 시작.

남아공 어린이 후원.
방글라데시 의약품 지원(한국국제협력단).
필리핀 수재민 후원(대한적십자사).
라오스 난민 후원(스위스 MRA).

1996 원불교 서울 총부 사무소 소장.
대한 적십자사 박애장 금장 수상.
'96 자랑스런 신한국인' 대통령상 수상.
현대 수필 문학상 수상.
스위스 코 마운틴 하우스 세계 MRA대회 참석, 유럽 5개국 방문.
아프가니스탄 지뢰 피해자에게 1,596개 의족 제공(대한적십자사).
몽골 화재민 후원(지구촌나눔운동).
미얀마 우물 196개 파주기(대한적십자사).
이디오피아 한국전 참전용사 후원.
스리랑카 난민 후원. 의류 한 대 컨테이너 발송.
인도 불가촉천민 후원. 의류 세 대 컨테이너 발송.

1997 캄보디아 방문. 마하 고사난다 스님의 담마 예트라(평화대행진) 참석.
스리랑카 방문. 『원불교 교전』 신할리즈어 출판기념식 참석.

와타라마사원 보수 후원. 점안식 참석.
아부왕가라 마더 박청수 어린이집 설립 후원. 개원식 참석.
마더 박청수 자선협회 설립. 마갈로고다사원 후원. 개원식 참석.
전국 사회교육 인성교사 위촉.
북한 식량 및 간장 2만 7,000리터, 의류 세 대 컨테이너 발송(우리민족서로돕기운동본부).
이란 지진 피해자 후원.
용인 은혜의집 매입 및 후원.

1998 중국 훈춘교당 설립.

중국 훈춘 장애자 특수교육학교 설립지원 개원식 참석.
중국 훈춘 경신진 중심소학교 신축 후원 및 장학금 전달.
『나를 사로잡은 지구촌 사람들』 출간.
중국 연변 조선족 자치주의 조선족 여성회 고문.
연변대학교 여성문제 연구소에 한국어 도서 8,000권 발송.
가톨릭 종교 문화센터 후원 및 교류.

고려인 재생기금회 김텔미르 회장 통해 연해주 고려인 후원 시작.
북한 농업 협력기금, 의약품 등 후원.

중남미 4개국(니카라과 · 온두라스 · 엘살바도르 · 과테말라) 태풍피해자 후원.
중국 '98 두만강지구 훈춘 국제투자무역상담회' 참석.
IMF 고통분담금 2,000만원 농촌영세가정 2년간 20세대 후원(전남 영광군 백수면).

1999 북한 첫 방문. 식량, 영양제, 비료, 고아원 완구, 의약품, 새 의류, 세탁비누, 새 구두, 학용품, 스판벨벳 새옷감 10,410야드(세창상자) 등 의류 세 대 컨테이너 보냄.
남아프리카 세계 종교인 대회 참석.
러시아 연해주 우수리스크 고려인마을 후원 방문.
제2회 효령상 수상(사회 공익 부문).
'우리민족서로돕기운동본부' 공동대표.
지구촌 나눔 운동 이사.
사회복지 공동모금회 인선위원.

『원불교 교전』 힌디어 · 라다키어 번역본 출간.
인도 라다크 마하보디 카루나 종합병원(50개 병상) 개원식. 『원불교 교전』 번역본 출판기념식 참석.
캄보디아 시엠레아프 · 바탐방 지역 74개 마을에 우물 파주기.
코소보 난민, 터키 지진 피해지역, 대만 지진 피해지역 후원.
『중앙일보』 오피니언 칼럼리스트 활동(총 16회 기고).
YTN 「박청수 교무 특별대담」 「히말라야에 심은 사랑」 방영(9.24).
전주KBS 「아침마당」 초청특강 「새천년 어머니상」 방영(7.17).
『나를 사로잡은 지구촌 사람들』 영문번역서 『LOVE, LIFE, LIGHT』 출간.

2000 캄보디아 시아누크왕으로부터 사하메트레이 훈장 수상(ORDRE ROYAL DU SAHAMET REI).
제10회 일가상 수상(일가기념재단, 사회 봉사 부문).
아리랑TV 다큐멘터리 「The Lonely struggle」 방영(3.13).
아리랑TV 특집 다큐멘터리 「고려인, 연해주로의 귀향」 방영(10.25).

러시아 우수리스크 방문, 한인 우정마을 입주식 참석.
러시아 한인 새집 2채 건설 후원(대한주택건설사업회).
김대중 대통령 노벨평화상 수상식 초청손님으로 참석.
(사)원불교 청수나눔 실천회 설립(이사장).

스위스 코 마운틴 하우스 세계 MRA대회 참석.
원불교 대봉도 서훈.
외국인 노동자 후원(2년, 아리랑TV).
르완다 키갈리 인디펜던트 대학교 도서구입비 지원.
북한 어린이 분유, 젊은 여성 20만 명 위한 생리대 발송.
YTN 특집방송 「히말라야에 심은 사랑: 나눔의 정신과 사랑 실천」 방영(9.24, 25).
KBS 1TV 「히말라야에 펼친 나눔의 사랑」 방영(11.15).
아리랑TV 다큐멘터리 「Start a Fresh in Siveria: 고려인 연해주로의 귀향」 방영(10.25).
모잠비크 수재민 후원.
레바논 MRA 후원.
캄보디아 반테이 민체 지역 작은 댐 두 개 건설.

2001

제37회 용신봉사상 수상(한국 여성단체 협의회).
사단법인 나눔문화연구소 고문.
시민의 방송(RTV) 운영위원.
학교법인 영산성지학원 이사장.
원불교 러시아 우수리스크교당 설립.

해외 한인 입양아 후원 시작.
러시아 볼고그라드 한인마을 방문. 우즈베키스탄 누쿠스 지역 고려인을 러시아 볼고그라드로 이주 지원 시작.
북한동포 러시아 연해주에 농사짓기 후원. 폐결핵 환자를 위해 의약품 후원(유진벨 재단).
몽골 유목민 후원(지구촌 나눔운동).
호주 MRA 후원.
'여성, 삶의 이야기 10人전'에 선정(서울시 북부 여성발전센터).
이화여자대학교 '여성 지도자가 되려면' 특강.

2002 전남 영광 성지 송학중학교 설립 개교(특성화 학교).
제1회 평화여성상 수상(평화를 만드는 여성회).
국민훈장 목련장 수상.

(사)해외 한인 입양연대(GOAL) 이사.
클린 인터넷 운동 자문위원.
북한 초등학교 교과서 제작용 용지대금 후원(우리민족서로돕기 운동본부).
북한 방문(MBC특별공연).

일본 세계 MRA 대회 참석.
스위스 코 세계 MRA 대회 참석.
캄보디아 바탐방교당 및 구제병원 관련 부지매입 후 신축 시작.
아프가니스탄 지진 피해자 후원.
콩고민주공화국 화산 이재민 후원.
『스탈린시대(1934~38) 정치탄압 고려인 희생자들』 3권 출간 후원(모스크바 삼일문화원).

2003 학교법인 전인학원 이사장.
경기도 용인 헌산중학교 설립 개교(특성화 학교).
캄보디아 바탐방 원불교 교당 봉불 및 무료 구제병원 개원.
'평화인물 100人' 선정(문화일보).
제1회 자랑스런 전주여고인 선정.
원불교 중국 단동교당 설립.

호주 세계 MRA 대회 참석. 「MRA Action For Life」 프로그램 후원.
이라크 전쟁 부상자 의약품 지원(대한적십자사).
러시아 볼고그라드 한인마을 방문. 우즈베키스탄 누쿠스 지역 한인 러시아 볼고그라드로 27세대 이주 지원.

2004 인도 원불교 델리교당 설립.
국제명상센터 부지 매입(전남 영광 대신초등학교 분교. 현재 옥당박물관 터전).
명예 철학박사 학위 수여(홍익대학교).
북한 용천역 폭발사고 피해동포 후원.
북한 이탈 청소년을 위한 한겨레중고등학교 설립 시작.
인도네시아(남아시아) 지진 해일 피해지역 후원.

2005 가톨릭 가르멜 수도회 캄보디아 프놈펜 수도원 설립 후원.
동티모르 어린이 후원.
네팔 포카라 어린이집 후원.
파키스탄 지진 피해자 후원.

2006 한겨레중고등학교 개교.
독일 레겐스부르크교당 후원.
인도 히말라야 라다크 원불교 국제선센터 봉불.
인도 원불교 델리교당 신축 기공식.
원불교 종사위 승급.
『하늘사람』 출간.
『언론이 본 박청수 교무』 출간. 총 1,233회 보도

(1973.6~2006.8).
- 2007 원불교 서울교구 강남교당 은퇴.
경기도 용인 헌산중학교 내 '삶의 이야기가 있는 집' 개관.
『The Mother Park Chung Soo』 화보집 출간.
『마음눈이 밝아야 인생을 잘 살 수 있다』 출간.
인도 델리교당 신축 봉불.
러시아 연해주 원불교 우수리스크교당 설립 신축 봉불.
독일 레겐스부르크교당 증축 후원. 봉불식 참석.
- 2008 캄보디아 바탐방 오인환교육센터 건립 개관(건평 100평).
'삶의 이야기가 있는 집' 박물관 등록(2.5.).
호주 원주민 후원(3년).

- 2009 농어촌청소년육성재단 이사장 취임(2월).
호암상 사회봉사상 수상(6월).
러시아 연해주 고려인 후원(10월).
북한 물절약 수도꼭지 제작, 1만 1,500세대 제공(동북아평화연대).
캄보디아 바탐방 무료구제병원 한 해 2만 3,014명 치료.
캄보디아 수도 프놈펜 품크메루 빈민지역 언덕마을 70명 무료탁아소 운영. 어린이집 500평 부지 매입.
소녀가장 2명 지원
- 2010 노벨평화상 후보 최종 10인 선정.
- 2011 사단법인 '한반도 비전과 통일' 고문 위촉(9월).
TV 방송국 설립 후원.
캄보디아 바탐방 무료 구제병원 연인원 13만 명의 환자 혜택(청수나눔실천회).
캄보디아 바탐방교당에 광타원 김창원 기념법당 신축 봉불.
『원불교 경전』 크메르어로 번역 출간.